(Nouvelles)
Morales provisoires

Raphaël Enthoven

(Nouvelles) Morales provisoires

Éditions de L'Observatoire

ISBN : 979-10-329-0510-4
Dépôt légal : 2019, janvier

170 *bis*, boulevard du Montparnasse, 75014 Paris

Pour Marylin Maeso,
son frère d'arme.

« Chacun des grains de cette pierre, chaque éclat minéral de cette montagne pleine de nuit, à lui seul, forme un monde. La lutte elle-même vers les sommets suffit à remplir un cœur d'homme. »

Albert CAMUS,
Le Mythe de Sisyphe

Avant-propos

Une idée fleurit comme un flocon développe six branches.

Dès qu'on la trempe dans un peu de patience, elle s'épanouit avec la sûreté de l'instinct, à la vitesse de l'encre sur le derme d'un buvard.

L'édifice qu'elle compose est inédit, improbable, mais ordonné. Et tout en lui, après coup, relève de la nécessité. Il est juste, en cela, de dire que nul n'est propriétaire d'une idée. Nous ne sommes pas la source de nos idées, nous en sommes l'outil de cuisson. Nous mettons nos mots à la disposition des capricieuses qui naissent sans prévenir et parfois s'estompent alors qu'imprudemment on les regardait s'ébattre au lieu de les consigner – et laissent au cœur un sentiment de cendres chaudes.

Comme une graine bien plantée, une idée se déploie si vite que les phrases pour la décrire ressemblent aux parapets qu'un géant bienveillant disposerait à la hâte, au passage de l'imprudent sur une crête. Mais comment écrire assez légèrement pour ne pas enfermer l'idée dans les mots qu'on emploie ? Comment être, littéralement, aux ordres d'une intuition et la servir *dans son jus* à des esprits affamés ? Tandis que l'idée danse et menace de s'envoler, les mots composent un filet avec son ADN, dans l'espoir qu'elle y tombe.

« Hélas, mes pensées, qu'êtes-vous devenues, maintenant que vous voilà écrites et peintes ! Il n'y a pas longtemps, vous étiez si diaprées, si jeunes, si malignes, pleines de piquants et de secrètes épices qui me faisaient éternuer et rire – et à présent ? Déjà vous avez perdu la fleur de votre nouveauté, et quelques-unes d'entre vous, je le crains, sont en passe de devenir des vérités... », gémit Nietzsche à la fin de *Par-delà Bien et Mal.* Comme si l'écriture était du marbre. L'élan d'une idée s'abîme-t-il dans la matière des mots (à la façon dont un choix abolit une infinité de possibles) ? Un texte n'est-il que cela : la trace d'une intuition, le polaroid d'un éclair ? L'idée, comme l'oiseau de pluie, refuse-t-elle de chanter dans la cage du verbe ? Nietzsche est injuste avec lui-même. Tout paragraphe de son livre est une rose du désert qui s'ouvre généreusement, chaque fois qu'un lecteur y verse l'eau de son regard. L'oiseleur n'est pas toujours un assassin.

Est-ce un constat, ou bien l'effet d'une fréquentation assidue des conservateurs subversifs[1] qui, tout en décryptant les mécanismes du pouvoir, préfèrent le maintien de l'ordre établi à son renversement – penseurs que Clément Rosset appelle « terroristes[2] »

1. Montaigne, qui, tout en rappelant qu'un roi n'est jamais assis que sur son cul, déclare préférer « l'injustice au désordre ». Pascal, qui, tout en disant que nul n'est roi de droit divin, trouve essentiel de sauver les apparences et de maintenir au duc le respect qu'il ne mérite pas davantage qu'un autre. Et Spinoza, qui ne défend la liberté de culte que parce qu'elle semble, à ses yeux, la meilleure garantie de la paix de l'État.

2. « Terrorisme philosophique, qui assimile l'exercice de la pensée à une logique du pire : on part de l'ordre apparent et du

(et dont le travail de termites, à l'inverse de ceux qui construisent des systèmes rassurants comme autant de miroirs où l'humanité s'offre un reflet avantageux, consiste à saper, déconstruire et interroger la valeur des valeurs qu'on se donne) ? Le fait est que les chroniques qui composent ce recueil ont été largement rédigées sous la dictée de l'intuition suivante : dans un monde où l'histoire fait l'objet de tentatives de réécriture destinées à en bannir les traces d'injustice, où les gens sont condamnés en ligne avant d'être jugés en droit, et où les livres sont passés par des censeurs au tamis de ce qu'il est convenable de dire, *nos libertés sont en train de mourir, avec le sentiment de guérir* – comme on se tire une balle dans la tête pour s'ôter la migraine.

Et pour cause. Aucun monstre, apparemment, ne menace nos libertés. Aucune adversité caricaturale ne prétend faire obstacle – comme l'Union soviétique ou le Troisième Reich – à l'exercice de nos droits. Nul titan dont l'unanime rejet fortifie les peuples et soude les volontés. Nulle injustice légale, nul apartheid, dont l'abolition serait un changement de régime. Non. La démocratie ne promet qu'elle-même

---

bonheur virtuel pour aboutir, en passant par le nécessaire corollaire de l'impossibilité de tout bonheur, au désordre, au hasard, au silence, et, à la limite, à la négation de toute pensée. La philosophie devient ainsi un acte destructeur et catastrophique : la pensée ici en œuvre a pour propos de défaire, de détruire, de dissoudre – de manière générale, de priver l'homme de tout ce dont celui-ci s'est intellectuellement muni à titre de provision et de remède en cas de malheur. Tout comme le vaisseau par lequel Antonin Artaud, au début du *Théâtre et son double*, symbolise le théâtre, elle apporte aux hommes non la guérison, mais la peste », Clément Rosset, *Logique du pire. Éléments pour une philosophie tragique*, PUF, coll. « Quadrige », 2013.

et n'est menacée que par elle-même, comme les escarres viennent à un corps immobile et dénutri. De l'intérieur.

Vaincu par sa propre victoire, saisi par l'ennui, un régime de droits égaux se voit mis en accusation par des révolutionnaires désœuvrés, partagés entre le dépit d'être nés à l'époque où la loi est la même pour tous et le désir d'avoir encore une place, fût-ce un strapontin, au banquet des victimes – et qui, pour cette raison, persistent à croire qu'ils vivent dans un « État raciste », ou que la défense de l'universel n'est qu'un discours de « dominants ». Une radicalité insatisfaite, dont l'unique méthode est de disqualifier ceux qui n'en partagent pas les diagnostics, ne pardonne pas à un régime de libertés de n'être pas le mal absolu, et s'évertue, par tous les sophismes, à repeindre en tyrannie le mode de gouvernement qui – parce qu'il n'est pas une tyrannie – lui en donne le droit.

Étrange inversion des urgences au terme de laquelle, par exemple, le sort réservé aux homosexuels dans plus de 70 pays qui pénalisent l'homosexualité (et, pour 10 d'entre eux, la punissent de mort) passe après la dénonciation du *pinkwashing* occidental ou de l'« impérialisme gay ». Où des « féministes » qui banalisent le port du voile islamique en le comparant au port du short (ou des talons aiguilles) en viennent à interdire la critique des symboles patriarcaux dès lors qu'ils relèvent d'une culture ou d'une religion extra-occidentale. Où des antiracistes, en guerre contre les discriminations ancrées dans la société française, multiplient les discours séparatistes et racialistes, et indexent la façon de penser sur la couleur de la peau. Spectaculaire inversion des valeurs, au terme de laquelle, au lieu de lutter contre l'excision ou aux côtés des Iraniennes qui vont en prison pour être sorties tête nue, on bataille, en France, pour la suspension temporaire de la mixité, contre le droit de critiquer le féminisme quand on est un homme (ou d'être antiraciste quand on est un Blanc), ou encore pour une orthographe épicène et des pansements de couleur... Tels sont les paradoxes d'un esprit révolutionnaire, mais docile, qui choisit ses victimes et ses combats non en fonction du degré de gravité des oppressions subies, mais de leur origine, afin de ne pas froisser des alliés auxquels il se soumet comme à des maîtres. Militants d'un camp plutôt que d'une cause. Convergence des potes.

Il existe trois manières d'être vaincu par cette peste bénévolente.

La première est de flatter la personne qui tient de tels discours. Par lâcheté, d'abord (parce qu'on ne veut pas d'emmerdes avec la pensée marginale majoritaire), mais aussi par paternalisme. Quelle meilleure façon de rester un dominant, justement, que d'endosser l'unique responsabilité de tous les maux de la Terre ? Quel meilleur témoignage de racisme et de *dominatisme* que d'en lire les contours à la lumière des crimes qu'on reproche à ses ancêtres ? Les derniers hérauts de la pensée coloniale sont des universitaires en peau de lapin qui persistent à tenir le Blanc pour la cause de tout. Et comme Sartre, purgeant indéfiniment la peine d'être né bourgeois, mettait son image et son verbe au service du Parti communiste, des intelligences exceptionnelles, surdiplômées et bénies par la République, mettent leur érudition au service de leur culpabilité. La bêtise est imperméable à la connaissance. Quand on se cultive, on lui donne des armes.

La deuxième façon d'être vaincu consiste à opposer l'Universel, ou l'idéal républicain, au communautarisme. Idée contre Idée. Face-à-face. En chiens de faïence, qui s'aboient à la gueule. Ou comme on brandit une croix devant un assassin. Combattre une idéologie en brandissant l'idéologie adverse est absolument inutile, ou ne sert qu'à nourrir son ennemi en lui offrant le contrepoint d'un reflet. On ne lutte pas contre le Mal par le Bien, sous peine de ressembler à deux mammifères qui font un concours de plumes.

La troisième défaite contre la peste est de devenir soi-même un bubon en racialisant le débat à son tour, en parlant (au mépris de l'histoire) de « racisme anti-Blanc », en réduisant la francité à une question de traditions, de jambon et de prénoms, et en faisant passer pour une défense de la laïcité (voire de la République) la prédominance d'un folklore. Défendre son identité comme on défendrait une citadelle en péril est un signe d'immense fragilité. Une identité qui se replie sur elle-même est un escargot qui se forme. On devient identitaire quand on devient minoritaire, ou quand on passe de la majorité à la *fierté*.

Tout cela pour dire que le lecteur ne trouvera dans ce livre ni revendication identitaire (et puis quoi, encore ?), ni l'éloge vibrant de valeurs abstraites, ni l'indignation qui réconforte et invite à communier dans un dégoût partagé. L'enjeu n'est pas d'être d'accord. Pourquoi irais-je dénoncer le racisme ? Défendre la France ? Dire « non à la faim » ? Agonir la haine ou chanter la tolérance ? La politique ou la télévision s'en chargent. Les portes ouvertes ne s'enfoncent pas avec des plumes. Et mes opinions, aussi banales, ou bancales, que les vôtres, n'ont aucun intérêt.

L'enjeu est de comprendre avant de juger. Car comprendre, c'est combattre. Et non l'inverse.

L'enjeu est de substituer inlassablement le principe de contradiction (et l'échange d'arguments) aux logiques d'opposition (qui n'échangent que les invectives).

L'enjeu, le jeu, est de saper les certitudes, et de glisser la nuance comme un pétard vicieux entre les moellons des amalgames, de travailler ce qui distingue (et non ce qui rapproche) le blasphème de l'intolérance, la révolte de la révolution, l'excuse de l'alibi, la défiance du doute, le pancrace du dialogue… « Nous luttons justement pour des nuances, dit Camus, mais des nuances qui ont l'importance de l'homme même. »

Car la liberté n'est pas seulement de dire ce qu'on veut, de confondre ce qu'on croit et ce qu'on pense, et de l'affirmer hautement. La liberté repose d'abord sur la capacité – par la nuance et la mutation d'un combat en débat – à maintenir la qualité d'adversaire à celui qui voudrait, à tout prix, devenir votre ennemi.

Monsieur, bonjour !

> « Sentiments distingués. Cela ne veut rien dire. »
>
> Albert Camus, *L'Étranger*

Le banal « Bonjour Monsieur » n'a rien à voir avec le splendide « Monsieur (ou Madame), bonjour ».

Tout un monde est contenu dans cette anastrophe[1].

Dans le « Bonjour Monsieur », la politesse (le « bonjour ») précède l'hommage (le « Monsieur »). Le respect vient après l'accomplissement des rites que la civilité commande. On est bien élevé, mais on *n'élève pas bien* celui à qui l'on dit bonjour, puisque sa qualité (d'être un Monsieur) vient après l'expression convenable de nos propres bonnes manières. Bonjour, monsieur ? Moi, d'abord.

En revanche, quand on dit « Monsieur, bonjour », l'inversion des mots recouvre une décision morale de

1. Quand j'étais petit, l'anastrophe était bannie. Quiconque disait le « mélancolique regard » au lieu d'un « regard mélancolique » passait aussitôt pour une précieuse ridicule. L'autorisation d'inverser l'ordre des mots m'a été donnée par la lecture du *Voyage au bout de la nuit*. Car Louis-Ferdinand Céline excelle à le faire au bon moment : pour s'en convaincre, il suffit d'imaginer les militaires ivres et déterminés à purifier le pont du bateau de la « putride présence » de Bardamu…

grande ampleur. « *Monsieur,* bonjour… », autrement dit : c'est bien Lui, ce monsieur-ci, ce client-là, que vous saluez, et aucun autre. Et en Lui-même, vous saluez un *Monsieur* (ou une *Madame*), c'est-à-dire quelqu'un dont, *a priori*, la dignité est absolue. Le « bonjour » qui suit est littéralement secondaire, tant il y a de considération dans ce « Monsieur » liminaire. D'ailleurs, il est fréquent, lorsqu'on dit « bonjour » en second, de baisser un peu la voix (« MONSIEUR, bonjour… »), non parce qu'on a honte de dire bonjour et qu'on voudrait que l'autre ne l'entende pas, mais tout simplement parce que tout l'élan du salut a été dévoré par « Monsieur ». Toute l'énergie est partie dans l'enthousiasme d'une reconnaissance. La dignité de l'autre a écrasé de son volume et de ses intentions l'avaricieuse politesse qui dit bonjour à tout le monde de la même façon…

Et c'est toute la différence entre une *bonne manière* et une *manière bonne*.

Une *bonne manière* s'adresse à l'autre comme à n'importe qui (« Bonjour Monsieur »).

Une *manière bonne* vous élit parmi d'autres, comme le destinataire exclusif de la salutation (« Monsieur, bonjour »). « Bonjour Monsieur » peut être glacial ; « bonjour » ne contraint à aucune douceur. Mais il est difficile d'être antipathique quand on déclare « Monsieur, bonjour », puisque l'expression accorde à l'individu une attention dont la spécificité excède les usages.

Si, par exemple, deux collègues de bureau soudain séparés par une décision de leur hiérarchie se recroisent quelques années plus tard, ils ne se diront pas « Bonjour X » comme ils faisaient chaque matin, mais plutôt « X, quelle surprise, bonjour ! ».

La singularité du moment et de la retrouvaille exigera le décor d'une inversion, au terme de laquelle la considération supplante la politesse.

C'est cela qu'on devrait appeler une *salutation* (ou un sentiment) *distinguée*.

La formule sert aux courriers administratifs, qui, précisément, ne vous distinguent pas. Mais si on la prend au pied de la lettre, la salutation distinguée consiste à dire « *Monsieur*, bonjour » en un geste qui sépare temporairement son destinataire du troupeau des autres.

Est-il possible (ou bien contradictoire) de « paraître au naturel » ?

« Plus ils se déguisent, mieux on les connaît. »

Jean-Jacques Rousseau,
Émile ou De l'éducation

« Il y a cette injonction à être sexy, toujours, cette injonction à être glamour… Or, une femme, ce n'est pas que ça », a déclaré Sara Forestier, qui s'est présentée sans maquillage lors de l'entretien qu'elle a donné à Léa Salamé (dans l'émission « Stupéfiant », sur France 2)… Et la comédienne de citer l'exemple d'Alicia Keys – chanteuse américaine devenue l'égérie du *no make-up* –, qui met un point d'honneur à *paraître au naturel*.

Mais comment *paraître* tout en paraissant *au naturel* ?

Comment montrer une image qui n'en soit pas une ?

Le fait même de l'apparition ne contraint-il pas à la mise en scène ?

À l'en croire, c'est le sentiment qu'elle était « superficielle » à se soucier constamment de son image qui a conduit Alicia Keys à prendre cette décision (et Sara Forestier à lui emboîter le pas) : qui suis-je, moi qui ne pense qu'à la façon dont je parais ? se demandent les vedettes, dont le souci de l'intériorité prend les contours d'un rousseauisme avéré.

En effet, après avoir étendu le domaine du mensonge à tout ce qui relève de l'apparence, Jean-Jacques Rousseau fustige effectivement le maquillage comme une catégorie de l'artifice. Aux yeux du philosophe, vous ne mentez pas seulement quand vous mentez, mais aussi quand *vous faites semblant*. Vous n'êtes pas seulement insincère quand vous dites sciemment une contre-vérité, mais aussi quand vous cachez la franchise sous la politesse, quand vous dites « Bonne journée » à la personne dont la journée vous est indifférente, et surtout (si vous êtes une « Parisienne ») quand vous dissimulez sous un maquillage outrancier la décence et la modestie qui, seules, conviennent aux femmes estimables. Rousseau estime que nos sociétés dépérissent de l'image mais que – comme le visage de la statue de Glaucus[1] temporairement défigurée par le lichen marin – notre « nature » attend sa résurrection sous le linceul des apparences et les faux airs du maquillage. Et c'est depuis ce jour, cette ombrageuse prophétie, que l'on se contente naïvement, pour montrer sa vraie nature, de se montrer *au naturel*.

L'erreur de Sara Forestier n'est pas de croire que sa vraie nature se trouve cachée sous la surface du maquillage. Peut-être est-ce le cas ? Peut-être la vérité est-elle enfouie sous le masque de nos coquetteries ?

1. « Semblable à la statue de Glaucus que le temps, la mer et les orages avaient tellement défigurée qu'elle ressemblait moins à un dieu qu'à une bête féroce, l'âme humaine altérée au sein de la société... » (*Discours sur l'origine et les fondements de l'inégalité parmi les hommes*).

Son erreur est, plus profondément, de croire qu'il suffit, le cas échéant, pour atteindre le fond, d'effacer la surface. *L'erreur est de se persuader qu'elle n'est pas maquillée quand elle n'est pas maquillée.*

Parler sans maquillage à l'œil d'une caméra, c'est se maquiller en celle qui ne se maquille pas. Quand Sara Forestier tombe le masque, elle porte le masque de celle qui tombe le masque. Quand elle *joue* la fille qui se moque de son image, elle donne, à juste titre, l'image de la fille qui s'en moque. Son image est embellie par l'audace de se montrer telle qu'elle est – c'est-à-dire telle qu'elle est au réveil (on n'est pourtant pas davantage *soi-même* parce qu'on a la marque de l'oreiller sur le front). Avec le gros pull et les cernes qu'elle porte comme l'étendard de son insoumission à la société du spectacle, Sara Forestier n'était pas moins maquillée, ni moins apprêtée, ni plus sincère, ni moins déguisée, que Léa Salamé, qui (selon ses propres termes) avait ce soir-là, pour l'agrément des spectatrices et des spectateurs, fait « péter le décolleté ». C'est la caméra qui maquille, et non le maquillage.

(Il y a une erreur dans cette chronique : ce n'est pas parce que Sara Forestier admire, à bon droit, l'intransigeance d'Alicia Keys qu'on doit lui faire, comme je l'ai fait, le procès d'intention de partager sa vision du monde. Car Mme Forestier ajoute : « L'important, pour moi, c'est le désir des femmes. L'important, c'est qu'elles écoutent leur désir. Si vous avez envie de vous maquiller, oui. Si vous n'avez pas envie, non. » En d'autres termes, ce n'est pas le rejet du maquillage qui dicte sa démarche, mais le rejet de

l'obligation de se maquiller. Dire, comme elle le fait, qu'une femme a le droit de ne pas se maquiller [si tel est son souhait] n'est pas exactement dire qu'on est plus près de son véritable soi-même quand on se montre à visage découvert. Toutes mes excuses à l'intéressée.)

Dès qu'on se montre, on se cache

> « Être naturel est aussi une pose, et la plus irritante que je connaisse, s'exclama en riant Lord Henry. »
>
> Oscar Wilde,
> *Le Portrait de Dorian Gray*

Nul besoin d'être une comédienne pour montrer, malgré soi, que la mise en scène du naturel est peut-être une contradiction en soi.

Un président de la République y suffit.

À première vue, la discussion n'a rien d'officiel.

Le Président est en bras de chemise, assis à son bureau, et sermonne ses collaborateurs : le texte qu'ils ont remis ne ressemble à rien, il est « aberrant » (« on dirait, dit-il, des lasagnes avec de la paille d'or ») et le Président leur donne des pistes de travail dans un langage qui, comme par hasard, est *soigneusement non châtié*...

Car le Président n'ignore pas, évidemment, qu'il est filmé. On imagine mal sa chargée de communication (Sibeth NDiaye) le filmer à son insu avant de mettre la séquence en ligne. Si la meuf avait fait ça, elle serait *dead*. Et quand Agnès Buzyn, ministre de la Santé, justifie l'emploi (par Emmanuel Macron, sur cette vidéo) de l'expression « pognon de dingue » en déclarant que « c'était une conversation privée », elle confond une conversation privée avec le spectacle d'une conversation privée. Ce qu'on regarde quand on regarde la séquence, ce n'est pas le Président au naturel… Mais le Président *en mode naturel*. Ce qui n'a rien à voir.

Dans les *Fragments d'un discours amoureux*, Roland Barthes prend l'exemple de quelqu'un qui a pleuré mais dont, pour son malheur, les larmes sont passées inaperçues. Vexée, la pleureuse met des lunettes noires, non pour cacher des larmes qui ont séché depuis longtemps, mais pour *montrer qu'elle cache ses larmes*, ce qui lui vaut la compassion (devant la douleur qu'elle éprouve) et l'admiration (devant la dignité qu'il faut avoir pour cacher cette douleur).

Seulement, une douleur dont on montre qu'on la cache n'est pas une douleur qu'on cache, mais une douleur qu'on montre deux fois. Au lieu d'estomper les artifices et de se montrer tel qu'il est, le Président se grime en celui qui ne joue plus. Il se déguise en chef d'État qui n'est pas déguisé. Tout ça n'est donc, spectaculairement, qu'une mise en scène, et même une mise en scène au carré, puisque c'est la mise en scène d'une absence de mise en scène. Ce procédé porte un nom : on appelle ça la « téléréalité », c'est-à-dire (littéralement) la réalité mise à distance.

(C'est même, quand on y réfléchit, la raison pour laquelle les émissions dites de « téléréalité » se présentent comme de la vie sur le vif et sans préparation, alors qu'elles sont, en réalité, intégralement scénarisées. On a tort d'y voir une arnaque. Ce n'est que l'effet d'un même paradoxe : ce qu'on montre, on le façonne en le montrant. L'image de la réalité n'est jamais que la réalité d'une image.)

L'antiparlementarisme parlementaire

« Ce qui les inquiète, c'est que cette Assemblée nationale devienne une tribune populaire. » François Ruffin n'avait pas de mots assez solennels pour commenter la décision du président de l'Assemblée, François de Rugy, de doter cette dernière d'un code vestimentaire, après que lui-même est apparu à sa tribune avec le maillot vert de l'Olympique Eaucourt – club de la commune d'Eaucourt-sur-Somme.

Le député La France insoumise évoque et fait valoir, sans modestie, les « millions de vues » suscitées par son initiative – ce qu'il interprète non pas comme le signe de la curiosité des gens qui n'ont pas l'habitude de voir un homme en maillot de foot à la tribune de l'Assemblée, mais (plus flatteusement) comme l'irruption du peuple en personne dans l'Assemblée… Or les députés, ajoute Ruffin, « ne savent pas quoi faire avec ça ». C'est la raison pour laquelle, à l'en croire, on l'a indignement sanctionné (et privé d'un quart de son indemnité parlementaire, soit 1 378 euros).

Faut-il pourtant mépriser le peuple (et s'en faire l'idée qui nous arrange) pour estimer qu'on lui ressemble quand on porte un maillot (ou quand on laisse dépasser sa chemise de son pantalon)… Au début du siècle, en 2002, dans la foulée du plébiscite antifasciste que furent le second tour de l'élection présidentielle et l'humiliation de Jean-Marie Le Pen par Jacques Chirac, Jean-Pierre Raffarin avait forgé l'expression de « France d'en bas » pour parler du *peuple*, oubliant un peu vite que, pour dire *France d'en bas*, il fallait la regarder d'en haut. Aujourd'hui, c'est la France en maillot que Ruffin porte au pinacle. Le syntagme a changé ; le mépris est de même nature.

Raffarin jurait, la main sur le cœur, qu'il préférait les boulangers aux énarques.

Ruffarin jure, la main sur la couture du maillot, qu'il préfère les joueurs de foot aux députés. En réalité, l'un et l'autre ont en commun de faire la cour à l'idée (rudimentaire mais opportune) qu'ils se font du « peuple ». Mais Raffarin n'a jamais porté le tablier du boulanger à la tribune de l'Assemblée, alors que, sans vergogne, Ruffarin s'est grimé. Raffarin voulait plaire. Ruffarin veut impressionner. Raffarin était conservateur. Ruffarin veut tout changer, à commencer par la garde-robe.

À l'origine du sentiment qu'on incarne LE peuple quand on se déguise en ce qu'on croit qu'il est – et de l'illusion qu'en portant un maillot de foot à la tribune de l'Assemblée on est enfin comme tout le monde –, il n'y a pas seulement une très pauvre idée du peuple. Il y a aussi le sentiment que les institutions ne sont pas les gardiennes de la loi, mais les gardiennes de l'ordre social. Et que les critères vestimentaires, implicites ou légaux, ne relèvent pas du respect qu'on doit à ses électeurs, mais sont uniquement des marqueurs sociaux.

Si les mesures strictes de François de Rugy (ni signe religieux, ni uniforme, ni logo, ni message publicitaire) semblent à l'Insoumis une décision prise en catastrophe pour maintenir l'Assemblée nationale à bonne distance du peuple, c'est qu'à ses yeux le but des députés, en s'habillant correctement, est uniquement de s'éloigner autant que possible du corps électoral. À prêter des intentions de cette nature aux représentants du peuple, François Ruffin laisse entendre que les lois elles-mêmes sont fabriquées dans un hémicycle scélérat dont l'unique raison d'être est de dépouiller le peuple du pouvoir qu'il a cru déléguer en se donnant des députés. On appelle ça de l'« antiparlementarisme parlementaire ». Aussi n'est-ce pas le peuple dont l'Assemblée se protège en interdisant qu'on se déguise (en footeux ou en boulanger), mais bien le populisme.

Le paradoxe de la comédienne

« La première chose qu'on a vue, c'était quoi ? Un gars devant les grilles, avec la tête complètement explosée, une flaque de sang énorme, et là [*sanglots réprimés*]… les CRS, leur réaction, c'est de nous pousser, nous ! À ce niveau, on a vu un camion de pompiers qui est venu chercher la personne qui est actuellement dans le coma, avec une hémorragie interne… Donc, on n'a pas de nouvelles… Dans un coma profond [*sanglots réprimés*]… Et on a aussi trois autres personnes qui sont blessées, une parce qu'elle s'est fait marcher dessus deux fois, juste là… parce qu'on nous a expulsés puis nassés juste à l'angle. À ce moment-là, personne ne pouvait sortir ni entrer… La même personne qui s'est fait nasser juste en voulant traverser le passage piétons (parce qu'il avait la cheville cassée et qu'il avait besoin de s'allonger) et dans la nasse, il n'avait absolument pas d'espace. Voilà [*sanglots réprimés*], ça a été pompiers toute la matinée, ça a été des cris, des pleurs, du gaz [*sanglots réprimés*], des coups de matraque toute la matinée… »

Ce récit n'est pas le compte-rendu d'une émeute à Soweto dans les années 1970, ni d'une insurrection étudiante à Pékin, mais de l'évacuation de l'université de Tolbiac au printemps 2018 par la police républicaine française.

Malheureusement, la narratrice, Leïla (militante dans les rangs de La France insoumise, qui s'est fait passer pour une étudiante et, dans un premier temps, pour un témoin oculaire), n'a pas du tout assisté aux événements qu'elle décrit avec maints détails et trémolos. Ce drame dramatiquement relaté et abondamment relayé par Le Média[1] n'est donc pas un témoignage, mais une performance. Et quelle performance ! Tout ce qu'elle dit, on le voit : les étudiants plaqués, les coups de matraque, le hurlement des sirènes, une personne dans le coma (un « coma profond »), l'arrivée des pompiers, les CRS qui poussent des innocents au lieu d'aider l'homme gisant à leurs pieds, dans une flaque de sang… Nous y sommes ! Nous y sommes, alors qu'elle-même n'y était pas. En une minute trente, sa voix se brise et contient un sanglot à quatre reprises et à intervalles réguliers, chaque fois juste avant d'*envoyer du lourd* : un assaut de CRS, une personne dans le coma, des étudiants gazés et un piéton qu'on traîne malgré sa cheville cassée… C'est remarquable.

À ce niveau de talent, l'imposture disparaît sous l'interprétation.

Avant d'être une grosse menteuse, et une militante sans éthique dont le pipeau emprunte le canal d'un média complaisant pour délivrer un catéchisme flicophobe, Leïla est une authentique actrice. Elle aurait, avec la même force de conviction, vendu du PQ, parlé des derniers Jedi, décrit la défaite allemande face à la Corée du Sud ou raconté l'assassinat de Kennedy. Une amie comédienne m'a dit un jour : « Tu sais, moi, je

1. Le Média, qui se défend vainement, depuis sa création, d'être la web TV de La France insoumise.

peux tomber amoureuse d'une chaise » – ce qui était un peu vexant. Mais cette phrase (qu'à l'époque, déjà, j'entendais comme une menace) prend tout son sens, ici. Leïla se fiche éperdument de ce qu'elle raconte. Son histoire n'est pas son problème. Tout est contrefaçon.

Un tel décalage entre ce qu'on vit et ce qu'on raconte – entre le calcul glacé du mensonge en train de se faire et la chaleur qu'elle injecte dans son récit – n'a été, à ma connaissance, décrit qu'une seule fois, par Diderot, dans le *Paradoxe sur le comédien*. Pour être un grand comédien, il faut être froid, et n'avoir nulle sensibilité, explique le philosophe (qui, dans ce texte, renonce étonnamment à son propre matérialisme). Les acteurs qui éprouvent ce qu'ils jouent n'ont aucune tenue. « Ils en font trop ou pas assez. Ils manqueront demain l'endroit où ils auront excellé aujourd'hui… » En revanche, le comédien de sang-froid, réfléchi, qui a tout mesuré, combiné, appris et ordonné dans sa tête, dont le travail est de se souvenir et d'imiter, ce comédien-là est toujours parfait. Car moins il *sent* ce qu'il dit, mieux il rend les signes extérieurs du sentiment. S'il envoie du feu, c'est qu'il est comme la glace. « Les cris de sa douleur sont notés dans son oreille. Il sait quand il tirera son mouchoir, quand les larmes couleront. Ce tremblement de la voix, ces mots suspendus, ces sons étouffés ou traînés, ce frémissement des membres, ce vacillement des genoux, ces évanouissements, ces fureurs… Pure imitation, grimace pathétique, singerie sublime ! » À la fin, le comédien est fatigué et nous sommes stupéfaits. Il s'est démené sans rien sentir, nous avons *tout* senti sans bouger un orteil… Et tout le monde est content. À la condition de ne jamais oublier, rappelle Diderot, que « ce n'est pas son cœur, c'est sa tête qui fait tout ».

La victoire posthume de Béline

> « Il faut faire mon testament, m'amour, de la façon que monsieur dit ; mais, par précaution, je veux vous mettre entre les mains vingt mille francs en or que j'ai dans le lambris de mon alcôve, et deux billets payables au porteur, qui me sont dus, l'un par monsieur Damon, et l'autre par monsieur Gérante.
>
> — Non, non, je ne veux point de tout cela. Ah !... Combien dites-vous qu'il y a dans votre alcôve ?
>
> — Vingt mille francs, m'amour.
>
> — Ne me parlez point de bien, je vous prie. Ah !... De combien sont les deux billets ?
>
> — Ils sont, ma mie, l'un de quatre mille francs, et l'autre de six.
>
> — Tous les biens du monde, mon ami, ne me sont rien au prix de vous. »
>
> Molière, *Le Malade imaginaire*

Nul ne sait si Lætícia a lu Molière, mais peut-être Molière a-t-il lu Lætícia.

Jusqu'à nouvelle décision, Lætícia Hallyday est l'unique légataire de l'ensemble du patrimoine et des droits d'artiste de Johnny Hallyday. Et ce, aux dépens de Laura Smet et David Hallyday, qui ont décidé de mener toutes les actions de droit pour que le testament, en l'état, ne soit pas appliqué. Une telle histoire est vieille comme les familles, et la littérature regorge de ces guerres entre la belle-mère et les enfants.

Dans *Le Malade imaginaire* (la dernière pièce de Molière), le vieil Argan, qui se croit toujours malade et sur le point de trépasser, épouse en secondes noces – et, croit-il, pour son bonheur – la très jolie Béline, et entre eux ils s'appellent « m'amours[1] ».

« Qu'avez-vous, mon pauvre mari ? Qu'est-ce que c'est donc qu'il y a, mon petit-fils ? – M'amour, on vient de me mettre en colère. – Hélas ! pauvre petit mari ! Comment donc, mon ami ? » Béline, qui ne se sépare jamais de son notaire (au cas où), déborde d'attentions spectaculaires pour son mari, le couvre d'amour, de caresses, de flatteries, lui met des oreillers sur la tête et lui enfonce son bonnet jusqu'aux oreilles dans l'espoir que ça l'étouffe un peu, qu'il meure enfin, et qu'elle puisse tout récupérer. Et elle manipule si bien Argan que, convaincu de mourir bientôt, ce dernier décide, en toute conscience, de modifier son testament pour faire d'elle son unique héritière : « Ma femme m'avait bien dit, monsieur [le notaire], que vous étiez fort habile et fort honnête homme. Comment puis-je faire, s'il vous plaît, pour lui donner mon bien et en frustrer mes enfants ? »

Mais Béline est démasquée.

1. « M'amour » est le surnom que Lætícia et Johnny se donnaient publiquement. Et M'amour SARL est aussi, jusqu'à nouvel ordre, le nom d'une société qui récupère les bénéfices des concerts et produits dérivés du chanteur.

Contrairement à d'autres, elle commet deux erreurs : la première est de croire que la servante, Toinette, est dans son camp, alors que cette dernière travaille en vérité pour Angélique, la fille d'Argan, dont Béline voudrait se débarrasser en l'envoyant au couvent.

Sa seconde erreur est de croire que *M'amour* est vraiment malade.

Or, Argan n'est malade que dans sa tête (les hypocondriaques ont raison, d'ailleurs, de croire qu'ils sont malades puisque le fait de croire qu'on est malade quand on ne l'est pas *est* une maladie... mais pas mortelle).

Sous les conseils de Toinette, Argan contrefait sa propre mort, afin de voir qui, de sa femme ou de sa fille, l'aime davantage, et aussitôt le masque tombe, la réaction de Béline est sans appel : « Quelle perte est-ce que la sienne, et de quoi servait-il sur la Terre ? Un homme incommode à tout le monde, malpropre, dégoûtant, mouchant, toussant, crachant toujours, sans esprit, ennuyeux, de mauvaise humeur... Il y a des papiers, il y a de l'argent, dont je veux me saisir, et il n'est pas juste que j'aie passé sans fruit auprès de lui mes plus belles années... »

Et voilà. Exit m'amour, bon débarras. *Happy end.*

Ici-bas, c'est une autre histoire.

Qui est Sosie ?

> « J'ai toute la vie de Claude François devant moi. »
>
> Bernard Frédéric, épigraphe de *Podium*, de Yann Moix

Comme Don Juan, Tartuffe, ou Poubelle, Sosie est un personnage avant d'être un concept. Sosie est une antonomase – son nom propre est devenu un nom commun.

Sosie est le serviteur du roi Amphitryon, dont l'épouse, Alcmène, est convoitée par Jupiter en personne. Mais Alcmène est si vertueuse que Jupiter lui-même serait éconduit s'il se présentait sous sa forme divine. Aussi, pour parvenir à ses fins, le roi des dieux se présente-t-il à elle sous l'apparence de son mari, plus tôt revenu de la guerre. Pour être certain de concevoir avec une femme tant aimée un héros qui soit hors du commun (ce sera Hercule), Jupiter *retient la nuit* et en double la durée. Et se fait aider, dans ses manœuvres libertines, par son acolyte, le dieu Mercure, qui se déguise lui-même en valet d'Amphitryon, c'est-à-dire en Sosie…

Le prodige de ce vaudeville – au-delà des quiproquos – est qu'Amphitryon ne cesse jamais d'être

Amphitryon (ni Sosie d'être Sosie[1]) ! Sur scène, le mari et l'amant sont la *même personne*, et c'est si vrai qu'Amphitryon pardonne aisément au roi des dieux d'avoir couché avec sa femme car, si ça se trouve, c'est *lui* qui l'a fait[2]. Le cocu d'un dieu est peut-être lui-même l'artisan de son propre cocufiage. Qui le sait ? Quand le roi des dieux, rendu à son identité véritable, déclare sans vergogne : « Un partage avec Jupiter n'a rien du tout qui déshonore », son impunité ne vient pas seulement du fait qu'il « ne peut être que glorieux, de se voir le rival du souverain des dieux », mais aussi du doute éternel sur la personne de l'amant. Et d'ailleurs, en grec ancien, le nom même d'Amphitryon signifie « celui qui exténue des *deux* côtés » – ce que l'on peut comprendre, au moins, de deux façons. Son serviteur, Sosie, qui résume parfaitement la chose en disant à son maître : « De même que moi, monsieur, *vous* êtes double. »

Un sosie ne se contente pas de ressembler à un autre, il *est* cet autre.

C'est pour cela qu'il n'est pas vraiment nécessaire de ressembler à Johnny pour être un sosie de Johnny. La barbe qu'on taille, le cuir et les santiags sont secondaires. Quelqu'un qui *est* Johnny, un vrai sosie, est celui-là tout le temps. Le reste de la vie

1. « D'où vous vient, à ce mot, une rougeur si grande ?
Ai-je fait quelque mal, de coucher avec vous ? »
Alcmène, *Amphitryon*

2. « L'histoire n'est pas longue. À vous je m'avançai,
Pleine d'une aimable surprise :
Tendrement je vous embrassai
Et témoignai ma joie, à plus d'une reprise.
— Ah ! D'un si doux accueil je me serais passé. »

lui semble un déguisement, ou bien une comédie. Quand il est en civil, il est encore Johnny, mais à l'insu des autres. Un sosie n'est pas un reflet, ni une altérité qui tenterait péniblement d'avoir nos traits. Un sosie est un autre moi-même qui *me* regarde peut-être comme un usurpateur.

Martin Luther King face à la non-mixité

> « Je rêve que mes quatre petits-enfants vivront un jour dans une nation où ils ne seront pas jugés sur la couleur de leur peau, mais sur la valeur de leur caractère. »
>
> Martin Luther King, Chicago, 1963

Arthur Schopenhauer avait coutume de dire que l'idée de son propre corps dévoré par des vers lui était plus supportable que l'idée de sa propre pensée dévorée par des professeurs.

Heureusement (pour lui), il n'est guère enseigné.

Martin Luther King eût aimé, au contraire, qu'un demi-siècle après sa mort, tout le monde revendiquât et crût comprendre sa parole. Elle est pourtant défigurée. Des racistes se sont occupés de son corps en lui mettant une balle dans la gorge, mais sa pensée a été rongée – et détournée de son sens – par des *identitaires racisés* qui se proclament aujourd'hui, sans honte, les « héritiers » du Pasteur magnifique.

Prenons un exemple : la non-mixité.

Partant du principe, opportunément indémontrable, que l'État français est raciste par définition, qu'il est une émanation du « pouvoir blanc » (tout comme il était une émanation de la bourgeoisie aux yeux des marxistes), la non-mixité est un dispositif qui consiste (*pour* lutter contre le racisme) à destiner certaines réunions (des « camps décoloniaux » aux « ateliers non mixtes ») uniquement aux gens que concerne ce « racisme systémique » (ou « racisme d'État ») – c'est-à-dire aux non-Blancs. Autrement dit, la non-mixité (qui truffe l'espace public de zones où les Blancs *ne sont pas invités*) combat le racisme en inversant symboliquement, et ponctuellement, l'exclusion : la non-mixité pourfend la ségrégation en triant à son tour les gens selon la couleur de leur peau. Lutter contre le racisme par la racialisation (c'est-à-dire la non-mixité) est aussi absurde que de lutter contre la violence en diffusant des armes à feu.

Peut-on pour autant parler d'un racisme à l'envers, sous le prétexte que des discours ouvertement antagonistes (comme le racisme et l'antiracisme) produisent des comportements identiques ? Ce serait trop facile. Racisme et non-mixité ne s'opposent pas tout à fait comme le noir et le blanc. Le racisme prétend abolir la mixité. Toujours. Et partout. Le racisme est une vision du monde. Alors que la non-mixité prétend *suspendre* la mixité. Elle se présente comme le moyen (provisoire et localisé) de lutter contre le racisme en donnant à ceux qui en souffrent l'occasion de s'exprimer (et en présumant que la présence d'un Blanc les en empêche)… Ce n'est donc pas parce qu'un camp décolonial[1] ressemble à un bar

1. Les « camps décoloniaux » sont apparus à l'été 2016, à l'initiative de Sihame Assbague et Fania Noël, et, sous le prétexte de « s'inscrire dans la tradition des luttes d'émancipations décoloniales

identitaire que racisme et non-mixité sont à mettre sur le même plan.

Est-il moins grave – et seulement contradictoire – de pratiquer la ségrégation au nom de la lutte contre le racisme ?

Ou est-il plus grave d'être un racisme qui s'ignore qu'un racisme qui se connaît ?

Le fait est que le racisme est une faute. Quand la non-mixité n'est qu'une erreur.

Mais c'est une erreur grave, car la France n'est pas l'Afrique du Sud (des années 1960 à 1980), ni l'Amérique de Martin Luther King – dont on peut dire, à bon droit, qu'elles sont structurellement racistes. L'expression du racisme, en France, est un délit. Et l'idée d'un droit différencié en raison de l'appartenance à une communauté – fût-ce sous le sceau d'une histoire douloureuse – n'a aucun sens en République aux yeux de laquelle n'existe que la communauté nationale. Malgré de considérables injustices et des préjugés tenaces, la France demeure un État de droit, avec une police des polices, un suffrage universel et des lois qui punissent l'expression de la haine.

Ce n'est pas *parce que* la France est un État raciste qu'il y a de la non-mixité, mais c'est *pour* se donner, comme une raison d'être, un ennemi suffisamment raciste afin de justifier un remède de cheval que la non-mixité s'évertue, par tous les sophismes, à présenter l'État français comme *institutionnellement* intolérant. La non-mixité prétend s'abolir dans la disparition du « racisme d'État », mais comme l'État n'est pas raciste,

---

anticapitalistes et d'éducation populaire », sont interdits d'accès à toute personne qui ne serait pas « victime de racisme structurel », c'est-à-dire... aux Blancs.

elle peut attendre longtemps. Comment voulez-vous guérir d'une maladie dont vous ne souffrez pas ? La non-mixité se présente comme temporaire, mais en se donnant la suppression du racisme systémique (voire du *racisme en soi*) pour condition de sa propre disparition, elle s'assure d'être là pour l'éternité. La non-mixité est un but en soi, qui se prend pour un moyen. Un racialisme qui se vit comme un rééquilibrage.

Il est, à cet égard, légèrement contradictoire, peut-être, que les militants « antiracistes » qui promeuvent la non-mixité revendiquent également le message de Martin Luther King, dont la non-mixité eût été le cauchemar. Il suffit, pour s'en apercevoir, de reprendre le texte bien connu de son fameux discours du 28 août 1963, à Washington (« *I have a dream* »)... King déclare que, dans un pays où la ségrégation est encore légale, « le Noir n'est toujours pas libre », mais que l'esprit militant ne doit pas (*sic*) « nous entraîner vers la méfiance de tous les Blancs, car beaucoup de nos frères blancs, *leur présence ici aujourd'hui en est la preuve*, ont compris que leur destinée était liée à la nôtre. L'assaut que nous avons monté ensemble pour emporter les remparts de l'injustice doit être mené par une armée *biraciale*. Nous ne pouvons marcher tout seuls au combat ». En un mot, l'idée que la défense des Noirs passe par l'exclusion (fût-elle temporaire) des Blancs serait insupportable au pasteur.

Les antiracistes communautaires d'aujourd'hui vivent dans un pays (la France) où le racisme est un délit, et pourtant le remède qu'ils proposent, combattant la haine par la haine, est d'inverser l'exclusion au lieu de la supprimer.

Et les mêmes revendiquent l'héritage du grand homme.

De la sororité

> « Ma sœur… Voyons, ma sœur ??? Et d'abord je vais vous dire une bonne chose : je n'ai jamais eu de sœur ! Tenez-le-vous pour dit ! »
>
> Tryphon Tournesol dans *Tintin et les Picaros*

« Liberté, Égalité, *Sororité* », pouvait-on lire sur certains panneaux brandis par les manifestantes rassemblées samedi 25 novembre 2017 à l'occasion de la Journée internationale de lutte contre les violences faites aux femmes.

Dans l'esprit de (celles et) ceux qui le brandissent, le vilain mot de « sororité » prétend remplacer « fraternité ». Le mot se veut, au moins, l'équivalent féminin d'un syntagme dont la masculinité contredit l'universalité. Malheureusement, loin d'être l'autre face de la fraternité, sororité en vient à dire exactement le contraire.

Et pour cause : il n'y a pas d'équivalent féminin à « fraternité », dans la mesure où les femmes n'en sont pas exclues. Fraternité est un mot féminin, un terme générique – et généreux – qui inclut frères et sœurs comme les « droits de l'homme » incluent ceux des femmes. On peut déplorer, naturellement, que le langage formule les choses ainsi, mais le mot n'est pas la chose.

C'est sur fond de solidarité que la sororité prétend réunir les individus.

Solidarité féminine, bien sûr, au début, face au patriarcat triomphant, puis, par extension, solidarité entre des individus du même genre (ou bien du même combat).

La sororité désigne la fraternité sans la tutelle du mâle, c'est-à-dire la fraternité concrète et non l'universel désincarné que les mâles (les Blancs ou les bourgeois, voire les hommes noirs) inventent pour justifier leur emprise sur l'ensemble de la société. Ce qui distingue *sororité* de *fraternité* n'est pas le genre, mais l'intention.

Le mot de « sororité » concerne toute minorité qui, en réaction à une tutelle imaginaire ou réelle, éprouve son appartenance comme une valeur en soi et privilégie les siens sur les autres. On pourrait même appliquer, à la rigueur, la sororité aux groupes d'hommes qui se retrouvent entre eux aux cris de « Mon pénis a des droits ![1] ». L'essentiel est d'*être* entre semblables et d'éprouver la solidarité palpable qui unit les gens de même famille… Le grand remplacement de fraternité par sororité n'aurait donc pas seulement pour effet d'enlaidir la devise de la République, mais, surtout, de la communautariser. De la parcelliser en entités ethniquement, culturellement ou sexuellement homogènes. En

1. Quel meilleur exemple de sororité que ces mâles désemparés qui, dans le film *Magnolia*, de Thomas Anderson (1999), s'en remettent à la tutelle d'un gourou masculiniste, incarné par Tom Cruise, aux cris de « *Respect the cock !* » ?

s'offrant comme le reflet (et l'antidote) à la machiste *fraternité*, la sororité, qui n'est ni républicaine, ni démocrate, ni féministe, ni égalitaire, tente de faire descendre la fraternité au niveau qui est le sien : celui de la défense d'un clan. La sororité est à la fraternité ce qu'un club de supporters est à une nation.

Quand les luttes convergent, elles finissent par s'opposer

« Le féminisme sans intersectionnalité, c'est juste la suprématie blanche. »

Lu lors de la Woman's March, 21 janvier 2017

Qu'est-ce que le harcèlement de rue ?

C'est une agression sans attouchement.

Des sifflements, des injures, des menaces, des intimidations…

« Harcèlement de rue » désigne le droit que les hommes se donnent de parler aux femmes comme à des objets, des poupées, des trophées – c'est-à-dire comme à des merdes. Ce sont des hommes qui insultent les femmes parce qu'elles se cachent le visage, et d'autres qui les sifflent parce qu'elles le montrent. C'est une femme qui, parce qu'elle est une femme, se fait cracher dessus, couvrir de glaires par des mâles de toutes les couleurs, à longueur de journée, sur la voie publique, et dans *tous* les quartiers…

Voilà le comportement, l'incivilité majeure, dont l'association soi-disant féministe Lallab (qui « veut faire entendre les voix des femmes musulmanes ») déclare *refuser la pénalisation*, en faisant valoir que la (désormais votée) future loi sur la pénalisation (ou la verbalisation) du harcèlement de rue[1] serait (*sic*) « une instrumentalisation du féminisme pour renforcer les dérives racistes et sécuritaires de l'État français ». Traduction : sous le vil prétexte de sanctionner les connards qui parlent aux femmes comme à des sacs à pus, l'État français (qui est un État policier et blanc) tente sournoisement de promouvoir le racisme.

Comment ces « féministes » (que le racisme inquiète plus que le harcèlement) en viennent-elles, au nom de la lutte contre l'oppression des femmes, à refuser qu'on verbalise le type qui les insulte et les humilie ?

Que disent les « porte-parole des femmes musulmanes » aux femmes à qui le port du voile vaut une interpellation graveleuse – ce qui arrive tous les jours ?

Et que disent-elles à la musulmane qui, parce qu'elle choisit de retirer son voile, se fait traiter de « salope » et de « putain » par des mollahs ?

Vont-elles mener l'enquête pour savoir si c'est en tant que femmes ou en tant que musulmanes, ou en tant que « racisées », que les deux femmes ont été insultées ? Et si c'est seulement en tant que femmes, ou si l'insulteur n'est pas blanc, les *féministes antiracistes* de Lallab vont-elles passer leur chemin ?

Quel est ce féminisme qui, au nom de la justice sociale et de l'antiracisme, protège le patriarcat

1. La loi « renforçant la lutte contre les violences sexuelles et sexistes », adoptée le 3 août 2018, pénalise le harcèlement de rue – caractérisé d'« outrage sexiste » – au travers d'amendes de classe 4 (voire de classe 5) distribuées « en flagrant délit », et pouvant aller de 90 à 750 euros (voire jusqu'à 3 000 euros).

contre la sanction de sa propre violence ? Après le racisme antiraciste, qui remplace une exclusion par une autre, voici le féminisme misogyne, qui perpétue la servitude, au nom de la libération.

Mais le mal vient de plus loin... Et il porte un nom savant : intersectionnalité.

L'intersectionnalité désigne le sentiment que, tout comme les emmerdes, les injustices volent en escadrilles. Pour le dire simplement : la victime d'une injustice est rarement la victime d'une seule injustice. Ainsi, l'intersectionnaliste refuse de séparer la xénophobie de l'injustice sociale, ou le féminisme de l'islamophobie. Tout ça, pour lui, pour elle, doit être le même combat. Or, de la même manière qu'on ne peut pas simultanément brandir tous les principes de la démocratie (et que le droit d'informer, par exemple, rencontre souvent l'obstacle de la présomption d'innocence), l'amalgame des luttes provoque des conflits de loyautés au sein des luttes elles-mêmes. Quand Lallab s'oppose, malgré son « féminisme », à la pénalisation du harcèlement de rue, c'est l'intersectionnalité qui parle, puisque la lutte pour les droits des femmes est tempérée par la lutte contre le racisme, le refus du délit de faciès et l'étrange synonymie, à leurs yeux, de « la rue » avec « les racisés ».

En vérité, l'intersectionnalité est un concept ouvertement contradictoire. Autant qu'un féminisme musulman (ou catholique, ou juif) ou qu'un antiracisme non mixte.

Deux paradoxes (au moins) sont attachés à ce mot savant.

Sous prétexte de convergence des luttes, on module les luttes selon le statut des combattants. On défend le droit de porter le voile (au nom de la liberté), mais on est indifférent aux femmes qui luttent pour l'enlever. On défend les Palestiniennes, mais pas les Iraniennes. Pourquoi ? On approuve #balancetonporc, mais on refuse de pénaliser le harcèlement. On prétend lutter pour tous, mais on voudrait que seuls s'expriment les « concernés ». En un mot : *on oppose la multiplicité à l'universalité.*

Le second paradoxe est plus redoutable encore, pour les « concernés ».

Alors qu'elle semble faire droit à la diversité des combats, l'intersectionnalité est profondément manichéenne, et amalgame sans nuance tout ce qui n'est ni blanc, ni institutionnel, ni bourgeois, ni (parfois) masculin. D'où ce slogan simpliste, lu à la Woman's March de 2018 : « Un féminisme qui n'est pas intersectionnel, c'est la suprématie blanche ».

Un tel slogan avait un sens dans les années 1970, quand le féminisme était effectivement préempté par des femmes blanches et souvent racistes[1] (l'émergence d'un *black feminism* en témoigne). Et c'est d'abord pour rendre compte de la situation de femmes oppressées dont les oppressions s'entre-nourrissaient que le concept d'intersectionnalité a été forgé. Mais

1. Le paradoxe est que, pour penser le *white feminism* (qu'il fallait bien appeler ainsi quand il n'avait pas intégré la couleur de la peau à son combat), il faut se référer à des ouvrages qui théorisent le *black feminism*. Deux textes, ici, peuvent être utilement consultés : Kimberlé Crenshaw (théoricienne de l'intersectionnalité), *Demarginalizing the Intersection of Race and Sex: A Black Feminist Critique of Antidiscrimination Doctrine, Feminist Theory and Antiracist Politics* (University of Chicago Legal Forum, 1989) ; et le livre d'Angela Davis, *Blues Legacies and Black Feminism: Gertrude « Ma » Rainey, Bessie Smith, and Billie Holiday* (Vintage, 1999 ; *Blues et féminisme noir*, traduit par Julien Bordier, Libertalia, 2017).

l'intersectionnalité, dont la raison d'être était d'inclure au sein du féminisme celles qui, jadis, aux États-Unis, en étaient exclues en raison de leur couleur de peau, est devenue l'inverse, c'est-à-dire un corps de doctrine excluant tout ce qui ne lui ressemble pas, qui recourt à la non-mixité, et qui colle impunément l'étiquette de « *white feminism* » sur tout discours critique envers la ligne idéologique décoloniale dominante. L'aboutissement logique de cette « mutation auto-immune[1] » est sa propre négation : à l'image des cochons de *La Ferme des animaux*, d'Orwell, qui deviennent bipèdes et qu'à la fin du livre plus rien ne distingue des hommes, l'intersectionnalité culmine dans des discours qui, au nom de l'antiracisme, assument pleinement de hiérarchiser les luttes, dépénalisent le harcèlement de rue et recommandent aux victimes d'un viol commis par un Noir l'indulgence qu'il faut témoigner à ses « frères[2] ».

Ainsi, tout en se présentant comme une lutte contre la stigmatisation, l'intersectionnalité culmine paradoxalement dans la désignation d'un bouc émissaire. Le Blanc. Le sale Blanc. L'étron blanc. Celui qu'on peut haïr par principe et systémiquement sans être raciste, puisque le Blanc est socialement dominant et que la haine de classe couvre de son rictus généreux une profonde haine de race.

1. Pour reprendre l'expression de Marylin Maeso.

2. « Ce n'est pas en nous en prenant aux symptômes de la violence masculine à notre égard que nous allons transformer notre réalité mais en nous attaquant aux structures. Dans cette lutte notre mobilisation en tant que femmes non blanches sera décisive. Mais me diriez-vous : c'est bien beau tout ça, mais pendant ce temps on étouffe. Oui », Houria Bouteldja, *Les Blancs, les Juifs et nous : vers une politique de l'amour révolutionnaire*, La Fabrique éditions, 2016, p. 92.

La logique d'Arnaud

> « Sans doute puis-je décider que je suis un *homme* ; mais je ne peux, en revanche, réussir à penser que je suis *un* homme, justement celui-là que je suis. »
>
> Clément Rosset, *Le Réel et son double*

Après avoir expliqué qu'il n'était pas un homme, et s'être même vexé qu'en raison de sa barbe, de son prénom et du timbre de sa voix on l'ait ingénument appelé « Monsieur » (et confondu « identité de genre » et « expression de genre »), le très susceptible Arnaud Gauthier-Fawas, administrateur de l'Inter-LGBT, qui organise la Marche des fiertés parisienne, s'est déclaré « non-binaire » en réponse à la question[1] « Mais alors, qu'est-ce que vous êtes ? ». Or, l'expression « non-binaire » est elle-même à entendre de deux façons.

En un sens premier, « non-binaire » désigne l'ensemble des gens qui, comme Arnaud Gauthier-Fawas, ne se sentent ni homme ni femme et ne se retrouvent guère dans la binarisation sexuée de notre univers normatif. De fait, comme son « non » l'indique,

1. Que lui posait Daniel Schneidermann dans « Arrêt sur images » (arretsurimages.net), le 29 juin 2018.

la « non-binarité » est une désignation exclusivement négative. Il existe mille façons de n'être ni homme ni femme, mais toutes ont en commun d'être *non-binaires*. Qu'est-ce à dire ? Que la « non-binarité » n'est pas seulement un ensemble, un groupe, un taxon de l'humanité nouvelle, mais une éthique, une morale, une vision du monde essentiellement définie par le refus du manichéisme[1]. Dire « je suis non-binaire » revient à dire à la fois « je ne suis ni homme ni femme » *et* « j'ai l'esprit plus ouvert que vous ». Ainsi va le militantisme. La construction scientifique d'une catégorie nouvelle est sournoisement assortie d'une charge morale qui se fait entendre, comme un *ultra-son*, chaque fois que le syntagme est prononcé[2].

D'ailleurs, quelques instants plus tard, le même non-binaire Arnaud Gauthier-Fawas s'est indigné que, compte tenu de la couleur de sa peau, on le tienne pour un Blanc : « Je ne suis pas blanc, je suis à moitié libanais. »

Que vaut cette objection ?

Qu'est-ce que la blancheur, s'il suffit, pour ne pas en être, d'être à moitié libanais ?

Quelle idée de la blancheur faut-il se faire pour considérer qu'en dépit des apparences une semi-libanité nous en immunise ?

1. D'un côté, les manichéens.
De l'autre, les non-binaires.
Ainsi rangés comme le Mal et le Bien.

2. Sans compter que, du point de vue d'un non-binaire, le monde se divise entre les gens binaires (qui voient le monde en homme et femme) et les non-binaires (qui sont plus ouverts d'esprit). Or, quoi de plus binaire qu'une telle répartition ? Aucun discours n'est plus manichéen que celui qui, dénonçant le manichéisme, continue d'opposer un camp à un autre.

À coup sûr, la blancheur n'est pas ici une question d'apparence (puisque apparemment, nous avons affaire à un Blanc), mais bien davantage une question d'*appartenance*. Au-delà de l'ADN (qui lui fait une peau blanche) se trouve l'*origine*, où Arnaud saisit sa couleur véritable qui, elle, donc, n'est pas le blanc, mais le *liban*. Le fait qu'il existe des Libanais blancs (comme lui) n'y change rien. Selon la grande logique d'Arnaud, c'est la blancheur elle-même qui, en cas de libanité (même partielle), cesse d'être la blancheur. Car avant d'être une couleur de la peau, la blancheur est manifestement – aux yeux du Blanc qui s'en défend – une disposition du caractère (fondamentalement oppressive) dont son origine libanaise, c'est-à-dire non occidentale, l'aurait heureusement préservé.

Ce discours pose deux problèmes.

Si l'origine est un déterminant plus fondamental que l'ADN lui-même pour qualifier la véritable couleur de quelqu'un, autrement dit *si on a la couleur de son origine plus que la couleur de sa peau*, et si, par conséquent, certains Blancs tout blancs (comme Arnaud Gauthier-Fawas) ne sont en réalité pas blancs, cela veut dire, en vertu du même principe, que certains Noirs ne sont eux-mêmes pas noirs, et surtout, que les personnes *racisées* (qui se définissent par leur couleur de peau et les conséquences qu'elle induit) commettent l'erreur de sacrifier au culte des apparences valant aux naïfs de confondre la couleur de la peau avec la vraie couleur de quelqu'un.

Le second problème est plus redoutable.

Comme en témoigne l'erreur commise par Daniel Schneidermann, qui, avant d'être tancé par son invité, avait imprudemment regretté l'absence de

« diversité » sur son plateau, Arnaud Gauthier-Fawas a beau ne pas être blanc (grâce à sa libanité magique), ni être un homme (malgré sa barbe et ses testicules présumés), il n'en reste pas moins qu'il est perçu comme tel par le commun des mortels !

La blancheur, dans la logique de l'antiracisme décolonial, est le propre des « non-racisés », c'est-à-dire de ceux qui ne subissent pas le racisme. En étant libanais (et donc arabe), on est censé le subir, soit en raison de sa couleur de peau, soit en raison de son nom à consonance étrangère, soit en raison de son accent, soit en raison de sa religion… Mais dans le cas du pauvre Arnaud, aucun de ces facteurs ne fonctionne. Il a besoin de préciser qu'il est à moitié libanais pour que ça se sache. Et c'est toute la tragédie de la situation : Arnaud est blanc comme la pipe de Magritte est une pipe ! Tel Pinocchio, que les humains sans cœur persistent à tenir pour une marionnette, ou Sartre, que les communistes continuaient de tenir pour un bourgeois, cette personne est prise pour ce qu'elle *ne veut* pas être : et son *expérience de race* (si j'ose dire) n'est pas son *identité de race* ! Quoi qu'il dise, quelles que soient l'éthique ou l'origine brandie, les myopes continueront de regarder *Arnaud le non-binaire* comme un homme blanc incurablement homme et blanc, et nanti, par conséquent, de tous les privilèges qu'il conchie. Reste à la victime putative le droit du sang : j'ai du sang libanais, les Libanais sont discriminés, donc j'appartiens de plein droit à la caste des gens à plaindre. CQFD. Quand elle n'est pas quotidiennement vécue et que la victime se retrouve sans bourreau, la discrimination mute, et devient un privilège héréditaire.

Le triste amour de sa petite nation

> « Je veux vous dire tout de suite quelle sorte de grandeur nous met en marche. Mais c'est vous dire quel est le courage que nous applaudissons et qui n'est pas le vôtre. »
>
> Albert Camus, *Lettres à un ami allemand*

Le malheureux qui, les larmes aux yeux, certifie qu'il n'est ni homme ni blanc ressemble-t-il au *patriote* qui, les armes à la main, certifie que sa dictature est le plus beau pays du monde ? D'une certaine manière. Fierté et haine de soi s'entendent souvent.

Des kiosquiers (de Nîmes et de Valence) ont été contraints, au printemps 2018, d'arracher, sous la menace, les affiches de l'hebdomadaire *Le Point* où le président Erdogan est présenté comme un « dictateur »... Étonnamment, les gens qui ont commis ça – et qui ont menacé de brûler des kiosques – ont cru sincèrement, en le faisant, défendre la Turquie. Comment peut-on être assez naïf pour croire qu'on aime et qu'on protège son pays quand on interdit d'en dire du mal ?

Plus que fou, le nationalisme est un amour triste.

C'est un amour qui ne tolère aucun défaut, et qui prend son aveuglement volontaire pour une exigence. Les gens qui s'aiment sous un tel régime divorcent très vite.

Au tout début de ses *Lettres à un ami allemand*, Albert Camus écrit : « Je voudrais pouvoir aimer mon pays *tout en aimant la justice*. Je ne veux pas pour lui de n'importe quelle grandeur, fût-ce celle du sang ou du mensonge. C'est en faisant vivre la justice que je veux le faire vivre. » Et son interlocuteur, nazi, lui répond : « Allons, vous n'aimez point votre pays. »

Mais qui aime le mieux son pays ?

Celui qui en accepte les zones d'ombre (et les pages sombres) ou celui qui les nie ?

Qui, en France, est vraiment patriote, par exemple ?

Celui qui reconnaît que l'État français a profité de l'esclavage et de ses colonies, a organisé des rafles, et ordonné la torture en Algérie ? Ou bien celui qui, au nom d'un lyrisme officiel, voit dans le rappel de ces faits (tous avérés) les accents de l'« anti-France » et la tyrannie de la pénitence ?

Et si on traduit cette question en turc, elle devient : qui aime le mieux son pays ? Celui qui reconnaît le génocide arménien, et qui se désole (au nom de la laïcité dont ce pays fut longtemps l'étendard) qu'un islamiste y fasse désormais la loi ? Ou bien celui qui, parce qu'on le lui a demandé, menace de brûler des kiosques et s'accommode d'une restriction des libertés dont il est pourtant lui-même la première victime ?

Qui aime le mieux la Russie ? Celui qui réhabilite le stalinisme ou celui qui en fait l'inventaire ? Qui aime le mieux l'Allemagne ? Ceux qui refusent de se repentir, ou celui qui s'agenouille ? Qui aime le mieux la Serbie ? Celui qui reconnaît le génocide bosniaque ou celui qui nie l'existence des charniers ? Etc.

Chacun connaît la splendide nuance de Romain Gary, selon qui « Le patriotisme est l'amour des siens. Le nationalisme la haine des autres[1]. » Or il y a une distinction supplémentaire entre les deux : le patriotisme est aussi la bienveillance qu'il faut avoir envers son propre pays pour regarder en face les crimes dont il s'est rendu coupable et les erreurs qu'il commet… Alors que le nationalisme – ce communautarisme étendu à la nation dont soudain *tout est bien parce que c'est mien* – relève de la haine de soi qui, pour ne pas assumer ses crimes, caviarde l'Histoire et avale sans honte la semence glacée du despote.

1. *Éducation européenne.*

Thèse, antithèse, foutaise

Contrairement à ce qu'en disent les incompétents – ou (pire) les professeurs qui baissent les bras devant le niveau de leurs élèves –, le travail de la dissertation de philosophie au baccalauréat ne consiste pas à juxtaposer les arguments en faveur d'une thèse, pour leur opposer dans un deuxième temps les arguments inverses, avant de tenter un compromis. Une dissertation, ce n'est pas 1. noir, 2. blanc, 3. gris (ou bien 1. gauche, 2. droite, 3. En Marche !...).

Prenons la question « Toutes les cultures se valent-elles ? ».

Si vous vous contentez de dire, dans un premier temps, que toutes les cultures se valent, qu'il n'appartient à aucune d'elles de s'estimer supérieure à l'autre, et que l'idée de supériorité culturelle a parfois justifié des crimes, comme ceux de la colonisation... avant de rappeler, ensuite, qu'on ne peut quand même pas mettre toutes les cultures (ou les modes de vie) sur le même plan, que tout ne se vaut pas, et qu'à tout prendre il vaut mieux vivre à New York qu'à Téhéran (ou à Moscou)... vous n'aurez pas dit grand-chose. Vous aurez imparfaitement listé des arguments antagonistes, pour les présenter successivement, sans aucune nécessité et surtout (ce qui est pire) de telle manière que votre première partie aurait pu venir en second, et inversement. Cela – l'opposition stérile et interchangeable – fonctionne sur Twitter, mais pas au bac.

Que faire ?

Lorsqu'on creuse un trou un peu profond dans le sable d'une plage, on finit toujours par tomber sur de l'eau. Une dissertation fonctionne de la même manière. Il faut creuser une thèse, jusqu'au moment où on croise une objection suffisamment forte pour infléchir son propos : une bonne dissertation n'élève pas, elle creuse, elle *descend dans le sujet*.

Reprenons la question : toutes les cultures se valent-elles ?

Si toutes les cultures se valent, qu'en est-il alors, par exemple, de la « culture » qui considère qu'elle est supérieure aux autres ? Et qui refuse de penser que toutes les cultures se valent, au motif qu'elle-même doit prévaloir ? Cette culture-là n'est-elle pas inférieure à celles qu'elle prétend dominer ? Est-ce que l'idée que toutes les cultures se valent ne nous contraint pas, malgré nous, à affirmer l'infériorité de la culture qui se prend pour la culture dominante (à l'image de Lévi-Strauss, aux yeux de qui « le barbare est d'abord celui qui croit en la barbarie ») ?

Ce sont les limites internes au relativisme lui-même.

Dès lors, après avoir coincé la première thèse, on peut enchaîner sur une deuxième partie, qui détaille, cette fois-ci, les raisons pour lesquelles, évidemment, toutes les cultures ne se valent pas... Et ainsi de suite ! Une dissertation n'est pas une balade au pays des arguments. Une dissertation est une méthode, c'est-à-dire un chemin que tracent les arguments eux-mêmes, en s'enchaînant et en finissant par se contredire, ce qui permet de bifurquer et (donc) de changer de partie. La dissertation de philosophie, c'est de la spéléologie. Avec une bonne lampe frontale.

Black Panther

> « Tu as eu tort ! Vous avez tous eu tort ! Il ne fallait pas tourner le dos au reste du monde. Nous avons laissé la peur d'être découverts nous empêcher de faire ce qui était juste. »
>
> King T'Challa

Il est étonnant qu'on ait, avec les meilleures intentions, encensé le film *Black Panther* (qui met en scène le premier super-héros d'origine africaine, le prince T'Challa), alors qu'on a tant reproché à Nicolas Sarkozy d'avoir dit (à Dakar en 2007) que le drame de l'Afrique était que « l'homme africain n'était pas assez entré dans l'Histoire... ». Car *Black Panther* raconte exactement l'entrée du continent africain dans l'Histoire.

Qu'est-ce que le Wakanda – dont T'Challa devient le roi après la mort de son père ?

Un pays multiséculaire et clandestin, dont le sol, gorgé de vibranium, garantit l'avance technologique et la prospérité...

Au fil des siècles, les Wakandais développent une technologie de pointe, tout en prenant soin de passer aux yeux du monde pour une humble nation de bergers. « Wakanda » désigne donc l'éternité d'une science que ses détenteurs refusent de partager avec le reste des hommes : les Wakandais pratiquaient déjà le vol stationnaire quand les Occidentaux inventaient les catapultes. Le savoir dont ils disposent est un savoir éternel, à l'abri de toute contradiction, de toute souillure étrangère, et, surtout, à *l'abri du temps*. Derrière le paravent qui les préserve des vicissitudes de l'Histoire, les Wakandais vivent mieux que les autres, mais ils vivent aujourd'hui comme hier. Comme dit Nicolas Sarkozy (dans son discours de Dakar) : « Dans cet imaginaire où tout recommence toujours, il n'y a de place ni pour l'aventure humaine, ni pour l'idée de progrès. » Et tout l'enjeu du film est précisément (après avoir compris les dangers de cet isolationnisme) d'*entrer dans l'Histoire*, de révéler au reste du monde la science dont ils disposent et de la partager pour le bien de tous.

La seule différence entre *Black Panther* et le « discours de Dakar » tient au fait que, si les Wakandais hésitent à entrer dans l'Histoire, ce n'est pas parce qu'ils sont plus faibles que les autres, mais parce qu'ils sont plus puissants. Le Wakandais n'est pas l'inoffensif berger redoutant l'irruption des machines dans le rythme éternel des saisons, mais le gardien jaloux d'une technologie de pointe, épouvanté par l'idée que des affreux s'en emparent.

Néanmoins, cette différence ne change rien au fait que, dans le discours de Dakar de Nicolas Sarkozy (qui est lui-même un plagiat de *La Raison dans l'Histoire*[1], de Hegel) comme dans le discours du

1. « L'Afrique n'est pas une partie historique du monde. Elle n'a pas de mouvements, de développements à montrer, de mouvements

père de T'Challa (qui veut garder pour son pays le secret de sa puissance), le temps (et l'épreuve en quoi consiste l'entrée dans l'Histoire) est communément représenté comme un danger, voire comme une dégradation.

Si T'Challa est un plus grand roi que son père, c'est que, tout en sachant cela, il abjure officiellement l'isolationnisme du Wakanda pour le faire entrer dans l'Histoire et le mettre à la même enseigne que les autres. « Pour la première fois de notre histoire, dit-il à la tribune de l'ONU, nous allons partager nos ressources et nos connaissances avec le reste du monde. Le Wakanda ne se contentera plus d'observer dans l'ombre. Cela n'est plus possible. Cela n'est plus souhaitable. Nous devons montrer l'exemple, montrer comment, en tant que frères et sœurs qui partageons cette planète, nous avons le devoir de nous respecter les uns les autres... Ce qui nous rassemble est plus fort que ce qui nous divise. Quand les temps sont difficiles, le sage construit des ponts, alors que l'idiot érige des barrières... »

Nicolas Sarkozy n'aurait pas dit mieux.

historiques en elle. C'est-à-dire que sa partie septentrionale appartient au monde européen ou asiatique ; ce que nous entendons précisément par l'Afrique est l'esprit ahistorique, l'esprit non développé, encore enveloppé dans des conditions de naturel et qui doit être présenté ici seulement comme au seuil de l'histoire du monde. »

L'appropriation culturelle

Black Panther met donc en scène l'affrontement de deux conceptions de la « culture » : la culture comme pont (idée chère à T'Challa, roi moderne, jeune et ouvert sur le monde et ses richesses) et la culture comme rempart contre le monde et ses risques d'invasion (conception traditionnelle de la culture, réduite à son folklore par feu son père, T'Chaka). Dans le film, c'est *in fine* l'ouverture qui prévaut. Dans le phénomène de l'« appropriation culturelle », c'est le second. Bizarrement, pourtant, les mêmes qui dénoncent l'appropriation culturelle portent ce film aux nues…

L'appropriation culturelle est le reproche fait au Blanc d'être le prédateur des cultures qu'il consomme. Si vous êtes blanc (et donc « dominant »), toute utilisation des éléments d'une autre culture que la vôtre dépouille de son identité la culture en question – qu'elle réduit d'ailleurs à des stéréotypes pour mieux la soumettre à ses désirs. Ainsi, accusé d'« appropriation culturelle », le groupe Zara a été contraint de retirer du marché une paire de chaussettes dont les dessins rappellent les motifs traditionnels d'une ethnie sud-africaine.

Zara n'est pas la première victime d'un tel procès. Avant l'enseigne espagnole, une université de Boston avait été contrainte d'annuler une exposition sur le kimono (par respect pour l'Asie) ; deux étudiants du Maine encourent l'exclusion de la faculté pour avoir invité leurs camarades à une « fiesta » (ce qui était méprisant pour les Mexicains) ; la compagnie Disney a dû retirer le costume du héros Maui par égard pour les Polynésiens, et Rob Schneider (l'acteur des *Dents de la mer*) a été accusé d'« appropriation culturelle » pour avoir cuisiné une paella dans un plat en verre... Quand un Blanc fabrique un boomerang, il offense les Aborigènes, quand un Blanc achète un tipi pour Noël à ses enfants, il se moque des Indiens. Et quand un Blanc mange un couscous, il fait insensiblement peser sur la culture maghrébine le poids d'un emprunt qui perpétue l'oppression. Etc., etc.

Il est amusant (sinon fascinant) d'observer qu'à l'autre bout de l'échiquier politique les identitaires du Front national ont vivement reproché au félon Florian Philippot d'avoir partagé un couscous avec ses partisans, en faisant valoir qu'il *n'était pas très français* de manger un couscous.

Quelle différence entre les adversaires de l'*appropriation culturelle* qui interprètent le fait de mettre un couscous *à sa sauce* comme une stigmatisation des anciens opprimés du Maghreb et la droite de l'extrême droite qui choisit d'y voir un signe de décadence ? Quelle différence entre le communautarisme outrancier qui interdit au Blanc de se mêler d'une autre culture que la sienne et le racialisme identitaire qui s'indigne de voir un Blanc consommer une nourriture venue d'ailleurs ?

L'un dénonce un envahisseur, l'autre redoute une invasion, mais dans un cas comme dans l'autre, l'Occident est sommé de rester chez lui.

L'accusation d'appropriation culturelle ne combat pas l'intolérance, elle combat l'universel (qu'elle tient pour le cache-sexe de l'impérialisme). Ce n'est pas contre le racisme qu'elle lutte, mais contre l'oppression des minorités par le pouvoir blanc. Et en cela, la critique de l'appropriation culturelle fait cause commune avec tous les suprémacismes, dont elle partage la haine du métissage, la passion de l'enracinement, et l'étroitesse d'esprit qui réduit l'individu à sa culture et la culture elle-même à un folklore. L'accusation d'appropriation culturelle est la face souriante de la xénophobie.

Le « couscousgate »

« Philippot est une ordure cosmopolite[1]. »

Henry de Lesquen

La photo d'un dîner, postée par une militante en septembre 2017, montrant quelques cadres du FN (dont l'imminent futur ex-vice-président, Florian Philippot) s'apprêtant à déguster un couscous dans un restaurant strasbourgeois, a déclenché la fureur d'autres militants frontistes qui leur reprochent de n'avoir pas choisi un « plat du terroir » pour leur dîner. Au-delà de l'anecdote, la question qui se pose est de savoir ce que signifie « être français » pour celui qui s'indigne qu'à Strasbourg on préfère le couscous à la choucroute ? Quelle idée se font de la France les gens qui croient qu'on la trahit, ou qu'on lui tourne le dos, quand on mange marocain en Alsace ?

Une France réduite à sa nourriture ?

Plus petit que ça. Une France réduite à ses usages. Ou à ses traditions.

Aux yeux des « patriotes » qui croient défendre leur pays en célébrant tout ce qui vient de lui, ce

1. Post de l'officiellement raciste Henry de Lesquen sur sa page Facebook, 13 octobre 2017.

n'est pas parce que la gastronomie française est excellente qu'on en est fier, mais parce qu'elle est française. Être français est une valeur en soi. Par un surprenant renversement qui soumet l'universel au particulier, la qualité d'une chose dépend de sa *francité* ! Le résultat d'une telle inversion est catastrophique. Pour deux raisons.

Ceux qui croient aimer la France en considérant que tout ce qui est français est, pour cette raison, plus désirable que ce qui ne l'est pas, sont contraints de fermer les yeux sur tout ce qui, bien que français, n'est *pas désirable* mais épouvantable... Les gens qui s'indignent qu'on mange du couscous (plutôt que de la choucroute à Strasbourg) sont souvent les premiers à nier les crimes de Vichy ou de la colonisation – non parce qu'ils seraient bêtement racistes ou antisémites (quoique), mais tout simplement parce que, l'histoire de France étant ce qu'elle est, ils ont besoin de se mentir à eux-mêmes.

Le plus grave n'est pas là.

Le plus grave est qu'en s'indignant qu'on mange du couscous à Strasbourg ils réduisent la francité à une minorité : la minorité des gens qui mangent de la choucroute à Strasbourg (ou du foie gras dans le Périgord, ou des crêpes à Quimper), c'est-à-dire qui se soumettent aux traditions. En réduisant la défense de l'identité au respect d'un folklore, en dénigrant le couscous non pour son goût, mais pour son origine, bref, en réduisant la France à des rites et des valeurs particulières dont le Français devrait être le supporter, ces drôles de patriotes mettent le Français sur le même plan qu'un militant homosexuel, noir, juif ou musulman : le plan communautaire. En tenant l'« être-français » pour une qualité en soi, ils font des Français eux-mêmes une *minorité* parmi d'autres. Le patriotisme de la bouffe est un communautarisme.

Impose ton porc

On a abondamment reproché au président de la République d'avoir évoqué le risque d'une « radicalisation de la laïcité ». Il est vrai que l'expression est absurde quand elle désigne des antiracistes viscéralement laïcs et républicains[1]. Mais elle prend tout son sens face à des comportements comme celui du maire de Beaucaire (Gard), Julien Sanchez.

« Nous mettrons du porc chaque lundi dans nos cantines, tout le monde est prévenu et ceux qui refusent que leurs enfants en mangent peuvent donc s'organiser autrement... En France, en Gaule, on mange du sanglier depuis Astérix ! » Ainsi parle monsieur le maire, après avoir supprimé les « repas de substitution », qu'il trouvait « anti-républicains ». « L'école publique de la République ne reconnaît aucun culte, fait valoir Julien Sanchez, et le porc n'étant pas un aliment allergène, il n'y a pas d'autre raison que religieuse pour ne pas en manger. » Aux yeux du magistrat, la défense de la République va jusqu'à la Gaule. C'est-à-dire jusqu'à punir des enfants qui n'ont pas le choix en leur imposant un

1. Je pense ici aux fondateurs du Printemps républicain, maintes fois accusés d'être des intégristes laïcs, ce dont ils se défendent avec vigueur, en faisant notamment valoir qu'aucune laïcité n'a jamais commis d'attentat.

conflit de loyauté entre l'école et leurs parents. Et le maire de se présenter impunément comme un soldat de la laïcité, selon qui l'obligation de manger du porc est une façon comme une autre de « ne pas faire entrer la religion dans l'espace public ».

C'est dire qu'il existe bien une laïcité radicale, une laïcité sotte, belliqueuse, qui tourne le dos à la laïcité comme l'islam radical tourne le dos à l'islam. Bien sûr, il n'y a pas d'attentats au nom de cette *laïcité*, mais on y fait quand même pleurer les enfants tout en se donnant bonne conscience, et on fait bien sentir aux musulmans qu'ils ne sont pas chez eux en France. Ce n'est pas du terrorisme. Juste de la terreur. À Beaucaire, la laïcité est l'alibi de la xénophobie, et j'aurais peur, si j'étais musulmane, de porter le voile dans les rues de cette ville.

Quelle différence entre la laïcité au sens noble du terme et la laïcité façon Julien Sanchez ? C'est le jour et la nuit. C'est l'amour et la haine.

La laïcité au sens noble n'a pas de contenu particulier.

On peut être laïc en étant celui qu'on veut, en vivant comme on veut et en mangeant ce qu'on veut. La laïcité n'est pas un ADN dont les traditions seraient les brins. La laïcité n'est pas une qualité. C'est une idée, qui transcende toute forme de particularisme, au profit de l'humanité et du droit que nous avons de vivre, d'agir, de croire ou de ne pas croire, en conscience, et comme nous le souhaitons.

Or Julien Sanchez propose exactement l'inverse. Il confond la laïcité avec le respect de traditions particulières. Au lieu d'élever la laïcité à l'universel, il l'attache à un terroir, il lui met les pieds dans le ciment d'un folklore. Il abaisse le citoyen au rang de hooligan et la République à une question de bouffe. Il *tellurise* la laïcité. Il la communautarise, en la confondant avec la francité dans ce qu'elle a de plus étroit. Les gens qui voient du racisme sous la défense de la laïcité gagneraient à faire la différence entre les républicains qui luttent pour la tolérance et les maires qui (au nom d'une laïcité dévoyée) se conduisent comme les animaux qu'ils imposent. Quand elle impose de manger du porc, la laïcité (mal-nommée) n'est qu'une boucherie.

Liberté, égalité, laïcité

> « Paul Ricœur regrettait que l'on s'oriente vers une "laïcité d'abstention" aux dépens d'une "laïcité de confrontation". Ce terme même que certains pourraient comprendre comme inutilement belliqueux est au cœur de cette capacité protestante à créer la controverse, à la porter dans une fraternité assumée… »
>
> Emmanuel Macron, au collège des Bernardins,
> le 22 septembre 2017,
> à l'occasion des 500 ans de la Réforme

À en croire Emmanuel Macron, qui invoque l'héritage de Paul Ricœur à l'occasion des 500 ans de la Réforme, mieux vaut une « laïcité de confrontation » qu'une « laïcité d'abstention ».

Aux yeux de Ricœur, pourtant, ce n'est pas le cas.

Dans *La Critique et la Conviction*, Paul Ricœur distingue effectivement ces deux significations de « laïcité ». La « laïcité d'abstention » désigne l'État qui ne reconnaît ni ne subventionne aucun culte : « Il s'agit du négatif de la liberté religieuse, dit Ricœur, dont le prix est que l'État, lui, n'a pas de religion. » Cet « agnosticisme institutionnel » est la raison pour laquelle il existe une gestion nationale des cultes – et une communauté religieuse « doit prendre la forme d'une association cultuelle dont le statut est public ». Ce n'est pas la laïcité d'abstention qui est mauvaise en soi : la laïcité d'abstention n'est qu'une façon de suspendre son jugement en matière de religion pour laisser vivre le débat au sein de la société. Emmanuel Macron ne peut pas s'opposer à une « laïcité d'abstention » (bien comprise) puisqu'elle est le sens même de l'État.

C'est également en vertu de la laïcité d'abstention que les enseignants, selon Ricœur[1], doivent être neutres et ne pas porter de signes ostentatoires, et que, de l'autre côté de l'estrade, les élèves ne sont pas soumis au même régime[2]. L'école étant un « lien entre la société politique et la société civile », l'identité des enseignants doit être subordonnée à leur fonction (et donc masquée par elle), mais les élèves, qui sont en formation, doivent pouvoir venir à l'école avec les signes de leur identité religieuse, sous peine d'une « carence de la laïcité de confrontation ». L'argument de Ricœur n'est pas de dire que l'école est inévitablement le lieu d'un débat sur la religion, mais qu'il est absurde d'imposer *avant l'école* ce que l'école doit enseigner aux enfants : la capacité à s'arracher à leurs particularismes, et notamment à leur religion, pour s'élever

1. Qui s'en explique dans une conférence de 2004, au sujet de la loi sur le port des signes religieux à l'école.

2. « Il faut préserver l'école des appartenances religieuses en affirmant haut et fort qu'elle est un lieu de neutralité, où nul ne doit se singulariser en fonction de sa religion », Monique Canto-Sperber et Paul Ricœur, « Une laïcité d'exclusion est le meilleur ennemi de l'égalité », *Le Monde*, 11 décembre 2003.

à l'universel est ordinairement présentée comme une condition de la scolarité, alors qu'elle est, aux yeux du philosophe, l'aboutissement d'une scolarité réussie. En demandant aux élèves d'être vestimentairement neutres, nous mettons la charrue avant les bœufs.

Notre Président, ancien élève de Ricœur, fait donc comme s'il existait une mauvaise conception de la laïcité (qui repose sur l'abstention) et une bonne conception de la laïcité (qui assume le débat), et il a beau jeu, évidemment, de choisir la seconde… Or, les deux laïcités ne s'opposent pas. Elles ne sont juste pas au même endroit. Paul Ricœur ne préfère pas une laïcité à une autre, mais il redoute l'*extension du domaine de la laïcité d'abstention*, c'est-à-dire le moment où la laïcité d'abstention, devenant elle-même une « religion d'État », s'impose à la société civile (en l'occurrence, à la salle de classe) et neutralise le débat en dissimulant l'identité des élèves. En confondant délibérément la « laïcité d'abstention » (qui n'est, en elle-même, ni mauvaise ni bonne) avec son hypertrophie laïciste (que Ricœur croit repérer dans la loi de 2004 sur le port des signes religieux à l'école), Emmanuel Macron joue quatre fois avec le feu.

D'abord, il valide la distinction que Ricœur faisait en 2004 pour justifier son opposition à la future loi sur le port des signes religieux. Emmanuel Macron est-il, comme son maître, hostile à cette loi ?

Ensuite, il présente comme synonymes « laïcité d'abstention » et « extension de la laïcité d'abstention », comme si la neutralité de l'État n'était pas vraiment neutre, mais lestée d'un contenu théophobe dont il faudrait surveiller la *radicalisation* comme le lait sur le feu.

Puis il se joue de ses interlocuteurs. En feignant de dénoncer une « laïcité d'abstention », Emmanuel Macron laisse entendre que la parole des religions sera largement écoutée dans les débats à venir sur l'extension de la procréation médicalement assistée aux mères célibataires. Ce qui est bien. Sauf que ça ne changera rien. La loi passera. C'est un engagement de campagne. Le Président présente comme l'ouverture d'un débat le *recouvrement du passage de la loi par l'illusion d'un débat*. Alors que Ricœur lui-même admet, dès 1995[1], la présence de « différends insolubles » dans une société pluraliste. En un mot, le chef de l'État roule les religions dans la farine. Il met du miel dans leur absinthe. En boxe, on appelle ça une feinte.

Mais le prix à payer de cette feinte est élevé, car, pour ce faire, Emmanuel Macron met enfin sur le même plan le discours de l'État et celui des autorités religieuses. Ce qui lui permet d'affirmer, indûment, que le politique n'a « aucune prééminence sur le religieux » dans ces débats de société. La laïcité de l'État (laïcité d'abstention) implique bel et bien que le politique ait une prééminence définitive sur le religieux[2]. Sinon, la France cesse

1. *Cf.* Paul Ricœur, *La Critique et la Conviction*.

2. Comme une cane fait des petits, on a retrouvé les effets de cette confusion présidentielle dans l'élément de langage le plus répandu des députés En Marche ! sur la question de la laïcité : « L'État est laïc, la société ne l'est pas. » Cette phrase est aussi absurde que dangereuse. Car c'est réduire, dans le sillage présidentiel, la laïcité à la « laïcité d'abstention » et voir dans tout combat contre le port (à l'école) des signes religieux, ou contre l'entrisme religieux dans certains quartiers,

d'être un État laïc pour devenir un monde où les religions ont leur mot à dire sur le mode de vie des gens. Et ce monde-là, c'est l'Enfer.

l'extension maladive de cette laïcité sans âme. Comme si la laïcité était hostile au fait même de croire ! Alors que la laïcité garantit toutes les libertés, à commencer par celle de ne jamais soumettre nos comportements à la moindre injonction religieuse. Si l'État est laïc, la société l'est aussi.

Laïcité *vs* Vérité

Comme en témoigne l'exemple sublime d'Arnaud Beltrame[1], si des catholiques se sacrifient pour la France, ce n'est pas seulement au nom d'idéaux humanistes, mais aussi portés par leur foi et leur pratique religieuses. Telle est la teneur du message que le président de la République a délivré aux évêques de France en avril 2018. Et à ceux qui lui feraient l'objection que ses propos ne sont pas laïcs, le Président répond que la France compte des martyrs de toutes confessions et aussi des athées, et que (*sic*) « reconnaître les uns n'est pas diminuer les autres, et je considère que *la laïcité n'a certainement pas pour fonction de nier le spirituel au nom du temporel, ni de déraciner de nos sociétés la part sacrée qui nourrit tant de nos concitoyens* ».

Cette dernière phrase est soit une évidence, soit un contresens.

S'il s'agit de dire que la laïcité n'a aucune prise sur la liberté de croire ou de ne pas croire (qui est le choix de chacun), alors c'est une évidence. Le

1. Officier supérieur de gendarmerie français, Arnaud Beltrame est décédé le 23 mars 2018 après avoir volontairement pris la place d'une otage au cours d'une attaque terroriste. Un sacrifice qui lui a valu un hommage officiel de la République.

Président enfonce une porte ouverte en affirmant que la laïcité n'est pas l'ennemie de la croyance.

En revanche, la laïcité est l'ennemie du sentiment *d'être seul à détenir la vérité quand on croit ce qu'on croit.*

Quel est l'enjeu de la loi de 1905 (concernant la séparation des Églises et de l'État) ? De garantir la possibilité de vivre ensemble. Et donc, à rebours d'une religion d'État, de présenter la croyance de chacun comme le droit de chacun. Pour ce faire, il est inévitable de dénier à la croyance le privilège de la vérité : comment tolérer d'autres croyances que la sienne si l'on part du principe qu'on a raison de croire ce qu'on croit et que, par conséquent, les autres se trompent ?

Parce qu'elle est une condition de la tolérance, la laïcité ne peut pas tolérer une conviction qui, se prenant pour la vérité, présente comme une erreur (voire une faute) tout autre discours que le sien. La laïcité ne touche pas à l'*intimité spirituelle d'une croyance*, mais elle « désabsolutise » nos croyances (réduites, par elle, à n'être que des opinions parmi d'autres, également acceptables, sur des questions spirituelles). Bref, la laïcité n'est pas l'ennemie de la spiritualité, mais du dogmatisme – ou de la soumission corps et âme au principe spirituel qu'on s'est donné. On vit mieux avec les autres quand on accepte l'idée que, peut-être, ils se trompent moins que soi.

Dans l'avant-propos du *Traité théologico-politique*, Spinoza dit deux choses, apparemment contradictoires.

D'une part, le pire ennemi de l'homme est la peur. Et la peur prend la forme de la superstition. Et la superstition est cyniquement utilisée par les autorités religieuses pour asseoir un pouvoir sans partage sur les consciences humaines[1].

Mais d'autre part, Spinoza célèbre le fait de vivre (pour un temps) dans une « République » (les Provinces-Unies) où chacun est pleinement libre « de juger et d'honorer Dieu selon sa complexion propre » et où tous « tiennent la liberté pour le plus cher et le plus doux des biens[2] ».

Traduction : la possibilité d'un espace tolérant où chacun peut croire ce qu'il veut (raison d'être de la laïcité) repose paradoxalement sur le déracinement d'un certain rapport à Dieu qui, mêlant dogmatisme et superstition, se présente comme la seule vérité. C'est à cette condition (et sous réserve d'une telle déconstruction) que la liberté de culte peut et doit

1. « Ainsi donc, autant il est facile aux hommes de se laisser prendre à toutes sortes de superstitions, autant il leur est difficile de persister dans une seule ; ajoutez que le vulgaire, étant toujours également misérable, ne peut jamais rester en repos ; il court toujours aux choses nouvelles et qui ne l'ont point encore trompé ; et c'est cette inconstance qui a été cause de tant de tumultes et de guerres. Car ainsi que nous l'avons déjà fait voir, et suivant l'excellente remarque de Quinte-Curce (livre VI, chapitre XVIII) ; "*Il n'y a pas de moyen plus efficace que la superstition pour gouverner la multitude.*" Et voilà ce qui porte si aisément le peuple, sous une apparence de religion, tantôt à adorer ses rois comme des dieux, tantôt à les détester comme le fléau du genre humain », Spinoza, *Traité théologico-politique*, préface.

2. « Or ce rare bonheur m'étant tombé en partage de vivre dans une République où chacun dispose d'une liberté parfaite de penser et d'adorer Dieu à son gré, et où rien n'est plus cher à tous et plus doux que la liberté, j'ai cru faire une bonne chose et de quelque utilité peut-être en montrant que la liberté de penser, non seulement peut se concilier avec le maintien de la paix et le salut de l'État, mais même qu'on ne pourrait la détruire sans détruire du même coup et la paix de l'État et la piété elle-même… », *ibid.*

être accordée, ajoute Spinoza, « sans danger pour la piété et la paix de l'État ». Bref, pour que les croyances cohabitent, c'est à l'idée même de vérité qu'elles doivent renoncer.

La foi n'est pas une profession

> « Voyez le spectacle de la nature, écoutez la voix intérieure. Dieu n'a-t-il pas tout dit à nos yeux, à notre conscience, à notre jugement ? Qu'est-ce que les hommes nous diront de plus ? Leurs révélations ne font que dégrader Dieu, en lui donnant les passions humaines. Loin d'éclaircir les notions du grand Être, je vois que les dogmes particuliers les embrouillent ; que loin de les ennoblir, ils les avilissent ; qu'aux mystères inconcevables qui l'environnent ils ajoutent des contradictions absurdes ; qu'ils rendent l'homme orgueilleux, intolérant, cruel ; qu'au lieu d'établir la paix sur la Terre, ils y portent le fer et le feu. »
>
> Jean-Jacques Rousseau,
> *Profession de foi du vicaire savoyard*

« Le message de Jésus est dérangeant et il nous dérange, parce qu'il défie le pouvoir religieux mondain et provoque les consciences[1] », a déclaré le pape François. Seulement voilà. « Le pouvoir religieux mondain » désigne l'Église. « Mondain »

1. À l'occasion de la fête de Saint-Étienne Protomartyr, place Saint-Pierre, mardi 26 décembre 2017.

ne désigne pas la mondanité, mais la *mondanéité*. Le pouvoir religieux mondain est la version terrestre de l'autorité divine. Quand on mesure cela, les paroles du pape prennent une tout autre ampleur. « Le message de Jésus est dérangeant et il nous dérange, écrit-il, parce qu'il *défie l'Église*, et provoque les consciences[1]. » En disant cela, le pape rejoue, mais à l'avantage du Christ, la scène du grand inquisiteur dans *Les Frères Karamazov*, de Dostoïevski[2], où Ivan (devenu athée) raconte à son cadet Aliocha (qui croit fermement en Dieu) l'histoire d'une résurrection.

La scène se passe à Séville, au XVe siècle, où chaque jour flambent des bûchers pour les hérétiques. Au milieu des flammes ou des cendres encore chaudes apparaît soudain, sous la forme qui était la sienne (quinze siècles auparavant), le Christ en personne, dispensateur de miracles. Et tout le monde le reconnaît ! À commencer par le Grand Inquisiteur, un vieillard de 90 ans, sombrement vêtu, roi d'une Église devenue violente, dont les estafiers conduisent immédiatement le Christ à la prison de la Sainte-Inquisition et l'enferment dans une cellule obscure où le Grand Inquisiteur lui rend visite quelques instants plus tard.

« Pourquoi donc es-Tu venu nous déranger ? lui dit-il. Car Tu es venu nous déranger, et Tu ne l'ignores pas. Je ne veux pas savoir si Tu es Lui ou seulement son image, mais, quoi qu'il en soit,

1. *Ibid.*

2. Dostoïevski, *Les Frères Karamazov*, 2e partie, livre V (« Pro et Contra »), chapitre V (« Le Grand Inquisiteur »), Gallimard, coll. « Bibliothèque de la Pléiade », 1952 ; 2009, p. 267.

demain je Te condamnerai et Te ferai périr dans les flammes, comme le plus pervers des hérétiques ; et ce même peuple qui aujourd'hui a baisé Tes pieds, demain, sur un signe de moi, s'empressera d'apporter des fagots à Ton bûcher. »

Pourquoi dit-il une chose pareille ?

Comment le plus haut représentant de l'Église peut-il haïr le Christ à ce point ?

Comme l'enseigne l'exemple du Grand Inquisiteur, la religion est aux antipodes de la foi. La foi libère. « Cette liberté nous a donné bien du mal, mais à présent, c'est fini, dit le Grand Inquisiteur, bien fini… Jamais ces gens ne se sont crus plus complètement libres qu'aujourd'hui, et pourtant eux-mêmes nous ont apporté leur liberté et l'ont déposée humblement à nos pieds. Et c'est nous qui avons fait cela… »

Hormis ses éléments les plus fous, l'Église du XXIe siècle, qui tweete et qui débat, n'a rien à voir avec l'Inquisition. Mais le texte de Dostoïevski parle moins de l'Inquisition que de l'art politique d'invoquer la foi pour domestiquer les hommes. Et cela est toujours vrai. L'Église est une forteresse plus qu'une maison, qui, à force de défendre, en oublie de croire. Tel est le projet, le déni *mondain* de la foi au nom de la religion, que, à en croire le pape François, la survenue du Christ vient contrarier ! C'est cela, c'est cette insolence-là (« se laisser rencontrer par Jésus ») que défend Sa Sainteté. Ce qui fait de lui, pour le meilleur, le discret dynamiteur de l'institution qu'il représente.

Chute !
(L'esquive par le silence)

> « "Ce dont on ne peut parler il faut le taire", assure Wittgenstein. Je dirais, au contraire, que c'est là qu'il faut commencer à parler. »
>
> Clément Rosset, *Le Démon de la tautologie*

Il y a le silence de celui qu'on veut faire taire, et il y a le silence de celui qui n'a rien à dire.

Pour justifier l'affirmation du candidat républicain Roy Moore selon laquelle aucun musulman ne devrait pouvoir être sénateur, son sémillant porte-parole Ted Crockett (qui répondait sur CNN aux questions du journaliste Jake Tapper) a fait valoir qu'un sénateur devait prêter serment sur la Bible – laissant entendre, à la fois, que ce n'est pas par racisme, mais par respect de la loi que Roy Moore a dit ce qu'il a dit, et que c'est même par égard pour les musulmans qu'il ne veut pas leur infliger l'épreuve d'avoir à prêter serment sur un autre texte sacré que le leur. Seulement, en Amérique, on peut prêter serment sur le livre sacré de son choix, et Jake Tapper ne manque pas de le rappeler à son interlocuteur. Lequel se trouve alors tellement pris au dépourvu qu'il se tait. Dix secondes.

Qui n'a jamais vécu dix secondes de silence en direct à la télévision ne sait pas combien de temps cela fait.

...

Que dit son silence ?

Qu'il ne connaît pas la loi.

Qu'il présume, en toute ignorance de cause, que la loi contraint de jurer sur la Bible.

Qu'il a grossièrement tenté de déguiser en respect pour la foi des musulmans ce qui relevait uniquement du racisme anti-arabe.

Que, n'ayant pas eu le temps de se forger la scène par l'imagination, n'ayant jamais envisagé une telle objection, il ne dispose, pour seule repartie, que d'une séance de catalepsie publique, bouche bée.

Qu'il est soit incompétent, soit raciste, soit les deux à la fois.

Qu'il est à court de faux-fuyants (comme en témoignera ensuite la tentative désespérée de dire que lui-même et Donald Trump ont prêté serment sur la Bible, comme si cela prouvait quoi que ce soit).

Que, sous le feu d'une telle question, il se trouve à peu près dans la même situation qu'un homme dénudé dans la rue, qui ne peut rien cacher de son corps, ou plutôt, dans la situation d'un siamois (chat stupide, s'il en est) prisonnier du caddie d'où il pourrait sortir par un simple saut s'il était moins con.

Aucune parole ne délivre autant d'informations en si peu de temps. Seul le silence y parvient. C'est la raison pour laquelle, de façon générale, le silence est tellement inconfortable, et plus encore en compagnie de gens qu'on ne connaît pas. Le silence en dit trop. Tant qu'on parle, on se retranche derrière un discours, des formules ou des réponses, mais quand le silence advient, le réel fait son entrée. « Il ne faut pas croire, dit l'écrivain Maurice Maeterlinck, que la parole serve jamais aux communications véritables entre les êtres. Dès que nous avons vraiment quelque chose à dire, nous sommes obligés de nous taire... Car les paroles passent entre les hommes, mais le silence, s'il a un moment l'occasion d'être actif, ne s'efface jamais[1]. »

De fait. On peut parler pour ne rien dire, et on ne s'en prive pas.

Mais il est impossible de ne rien dire quand on se tait.

1. Maurice Maeterlinck, « Le silence », *Le Trésor des humbles* (1896), Bruxelles, Éditions Complexe, 1997, p. 844.

Le silence à tout prix

> « C'est l'hôpital qui se fou de la psychiatrie c'est vrai que dsk est un prince avec les femmes 😂😂😂😂😂😂😂😂😂😂😂😂😂😂😂 » (*sic*)
>
> Twitter

La haine est un discours qui prend parfois la peine, publiquement, de se déguiser en diagnostic. Dans ces cas-là, c'est à ses contradictions qu'on la reconnaît.

Après avoir applaudi l'enquête de Marion Van Renterghem, parue dans *Vanity Fair* en mars 2018, sur Tariq Ramadan – que l'enquêtrice présente comme passionnément complotiste et antisémite, dont elle raconte qu'il agit en pervers, en manipulateur brutal, dont le plaisir est de séduire ses victimes pour leur pisser dessus (sans leur consentement) après les avoir violées et frappées –, la journaliste Anne Sinclair a fait l'objet d'une campagne étonnante puisque, à la différence de n'importe qui, une foule de gens lui dénient le droit de s'indigner des turpitudes de Ramadan, au motif qu'elle était mariée à Dominique Strauss-Kahn… Et tous fustigent l'« hypocrisie » et le « double discours » de l'ancienne épouse d'un « milliardaire juif » qui aurait, lui, le droit de « violer des femmes noires », et font valoir qu'en raison de son « lourd passé » la débauche et l'immoralité ne devraient pas la choquer tant que ça… Etc., etc.

Nul besoin de sortir l'épée, ici, ni de se pencher sur le contenu, souvent infâme ou antisémite, de leurs messages ; il suffit de montrer que les détracteurs d'Anne Sinclair se contredisent.

Si Anne Sinclair avait (non pas attaqué, mais) pris la défense de Tariq Ramadan, au lieu de dire « Pour qui elle se prend, l'ex-épouse de DSK, à juger un (peut-être) violeur ? », on aurait entendu les mêmes affirmer : « Pas étonnant qu'elle soutienne un violeur présumé, l'ex-épouse de DSK… » Autrement dit, ce n'est pas l'opinion d'Anne Sinclair que les gens critiquent, mais le fait même qu'elle s'exprime. Et pour la réduire au silence, la méthode est de s'indigner, quoi qu'elle dise. Le double discours, ce n'est pas Anne Sinclair qui le tient. Mais des agresseurs qui s'indigneront chaque fois qu'elle parle. Le double discours n'est pas le discours de la femme qui, librement, dénonce des infamies, mais le discours de ceux qui feignent de s'appuyer sur ce qu'elle dit pour dénoncer, en réalité, le fait même qu'elle prenne la parole.

Il était arrivé exactement la même chose à Élisabeth Badinter, dont certains avaient cru devoir dénoncer le « double discours » parce qu'elle pourfendait les vêtements islamiques tout en étant première actionnaire du groupe Publicis (un temps chargé de la communication de l'Arabie saoudite). Mais si Élisabeth Badinter – plus soucieuse de ses intérêts que de ses convictions – s'était soudain mise à défendre le port du voile, les mêmes auraient encore plus (et pour le coup, à juste titre) dénoncé un double discours… Dans le cas d'Anne Sinclair, c'est la même mauvaise foi : aux yeux de ses détracteurs, soit elle se contredit en dénonçant Ramadan *alors qu'elle était mariée à DSK*, soit elle est de mauvaise foi en prenant la défense de Ramadan *parce qu'elle était mariée à DSK…*

En toute hypothèse, elle est coupable.

Ce qu'elle dit n'a aucune importance.

Ce qui compte est uniquement d'empêcher qu'elle parle.

Faut-il annuler un faux colloque ?

C'est l'histoire d'un colloque, qui devait se tenir à l'université Lyon 2 sur le thème de « La lutte contre l'islamophobie », et qui a été annulé sous la pression de l'opinion publique. La pusillanime présidence de l'université a notamment fait valoir que la sérénité des débats n'était pas « assurée après la polémique née autour de ce colloque ».

Il est vrai que le casting du colloque était sujet à caution.

On y trouvait (aux côtés d'universitaires médaillés) d'anciens soutiens du Front islamique du salut, des intervenants homophobes, des militants d'Erdogan, des zélotes de la non-mixité, un ancien dirigeant des Indigènes de la République notoirement fiché S, Souhail Chichah, qui avait appelé à lapider Caroline Fourest et l'avait physiquement empêchée de parler lors de son passage à Bruxelles, et enfin, des « partisans-sanes » de l'écriture inclusive (ce qui reste moins grave).

Certes, l'excellence n'était pas au rendez-vous.

Qui plus est, à se pencher sur leurs « travaux » ou, du moins, leurs actions, on découvrait aisément que tous les participants, universitaires et associatifs, étaient à quelques détails près tout à fait d'accord entre eux. Sur ce colloque (mal nommé) pesait donc le double soupçon de l'islamisme qui avance ses pions sous le prétexte d'une discussion libre, et de l'unanimisme qui remplace le débat par des hochements de têtes.

Pour autant, on a eu tort de l'annuler.

Et ceux qui se sont réjouis de cette annulation ont eu tort de le faire. Pour la seule et simplissime raison qu'*on ne peut pas interdire au nom de la liberté*, sous peine de se contredire, et (dommage collatéral) d'augmenter l'audience de celui qu'on bâillonne. L'annulation du faux colloque est une prise de guerre pour ses organisateurs (comme l'était chaque verbalisation d'une femme en burkini sur les plages de Nice ou de Cannes) qui leur donne le beau rôle et alimente le sentiment absurde que la République elle-même est islamophobe.

Critiquer le casting du colloque, dénoncer les arrière-pensées des participants, pointer l'ambiguïté du mot « islamophobie », organiser un contre-colloque une semaine plus tard… Magnifique !

Mais réclamer la censure donne, à tort, le sentiment qu'on a peur du débat.

Si le but est la liberté, alors la liberté doit être le moyen, et non l'alibi qu'on invoque pour empêcher l'autre de parler. Dans une société mature et démocratique, chacun doit défendre comme *son* bien le plus précieux le droit que son adversaire s'exprime… Quelle meilleure façon de montrer où se trouve la démocratie que de laisser parler ceux qui, s'ils en avaient le pouvoir, vous priveraient de parole ? Interdire ne sert à rien. Contredire est fondateur.

Le pluriel univoque

> « Vous voterez pour les candidats que je recommande à vos libres suffrages. »
>
> Mac-Mahon, 11 octobre 1877

Ne dites plus « Front de gauche », dites « Les Insoumis ».

Ne dites plus « RPR » (ni « UMP »), dites « Les Républicains ».

À la gauche des Républicains, se trouvent « Les Constructifs ».

En quittant le Front national, Florian Philippot a créé « Les Patriotes »...

Sans compter « *les* Marcheurs », « *les* Indigènes », « *les* Verts »...

Au XXe siècle, à l'exception des Verts, justement, le pluriel était réservé aux dissidences internes. Au RPR, ou au PCF, il y a eu les « rénovateurs ». Au PS, on connut les « frondeurs ». Et pour cause. Face à l'ennemi (la direction du parti), des gens différents faisaient taire leurs différences : il n'y avait pas, ou peu, de courants au sein des frondeurs eux-mêmes, comme au sein des rénovateurs, l'unanimité était la règle. L'adversité estompait les désaccords.

Désormais, le nom pluriel n'est plus réservé aux dissidences à l'intérieur même des structures, mais aux partis eux-mêmes, ce qui change tout. L'unanimisme n'est plus au service de la critique interne, mais de la défense d'une ligne unique. Et ce coup de force prend la forme d'une ouverture accrue.

À l'ère des réseaux sociaux, les partis ne sont plus des structures pyramidales où l'on reçoit la parole comme on reçoit la becquée, d'en haut. Cela, c'est fini. Dire « *Les Républicains* », « les *Insoumis* » ou « *Les Patriotes* », c'est ouvrir les bras, accueillir et associer, à hauteur d'homme, tous ceux qui se reconnaissent dans ces projets politiques… Vous tous, les gens !

Certains disent que c'est le sens de l'Histoire.

Mais paradoxalement, ces structures si ouvertes et tolérantes sont, en réalité, totalement hermétiques aux débats. On discute, bien sûr. Mais, sur le plan des idées, on ne s'oppose pas. Il n'y a pas de courants chez les Insoumis. Ni chez les Patriotes. Quant aux Républicains, comme dit Laurent Wauquiez sur un ton martial : « Les traîtres n'ont plus de place dans notre famille politique. » Or, qui est un traître ? Non pas celui qui pactise en sous-main avec l'adversaire (et qui serait effectivement un traître), mais celui qui refuse de tenir l'adversaire pour un ennemi. Celui, celle, qui préfère le dialogue à l'opposition frontale et dogmatique[1]. Plus les mouvements se pluralisent,

1. Comme en témoigne, de façon exemplaire, le cas de Virginie Calmels, dont les positions, plus modérées que celles de Laurent Wauquiez, étaient un gage d'ouverture à l'intention des centristes, mais dont les prises de position (virulentes) contre les initiatives de son chef lui ont valu le genre d'excommunication que pratiquait le Parti communiste du temps de sa splendeur. « Quand le numéro deux, qui est là pour épauler le numéro un, passe son temps à saboter ce

plus ils se rigidifient. Plus ils affichent leur diversité, moins ils laissent de place à la contestation. Le pluriel est un écrasement qui se présente comme une pluralité.

C'est l'évidence : comment voulez-vous contester, ou contredire, un ordre qui ne vient pas d'en haut, mais d'à côté ? Comment voulez-vous lutter contre une orientation politique que (comme en témoigne le pluriel) *tout le monde* a choisie ? Là où (apparemment) il n'y a pas d'orthodoxie, il n'y a pas de dissidence ! Pourquoi protester puisque nul désormais n'est au-dessus du lot ? Ce serait absurde. Faisait-on la grève en URSS, dans ce beau pays démocratique où les travailleurs, *via* les soviets, avaient enfin pris le pouvoir ? Quand les noms pluriels deviennent ceux des partis eux-mêmes, cela veut juste dire qu'un seul discours doit prévaloir, et que tout opposant interne mérite qu'on le traite en factieux.

que nous sommes en train de faire pour remonter la droite, il ne faut pas s'étonner que ça ne fonctionne pas et qu'en pareilles circonstances Laurent Wauquiez ait décidé de limoger Virginie Calmels », a déclaré Nadine Morano. Ce qui est intéressant n'est pas ce qu'elle dit, mais la façon dont elle le dit : appliquer le lexique du « sabotage » à ce que l'intéressée elle-même vivait comme une entreprise de refondation (sur des bases plus stables que rigides) relève exactement de la propagande. Les contradicteurs sont des *saboteurs* comme les cadres du parti communiste étaient, au gré des palinodies, successivement tenus pour des « ennemis du peuple ».

Le point Godwin

> « Enthoven est tellement rétrograde/périmé qu'aux States, il serait considéré comme affilié au KKK. »
>
> Yasmina Bennani, Twitter, 10 mai 2018

« Plus une discussion en ligne dure longtemps, plus la probabilité d'y trouver une comparaison impliquant les nazis ou Adolf Hitler s'approche de 1. » Telle est la loi (dite de) Godwin, du nom de l'avocat américain Mike Godwin. En d'autres termes : plus on s'engueule en ligne, plus on a de chances de se traiter de « nazis », ou (par extension) de « fasciste », de « raciste », d'« antisémite », etc. Or, évidemment, plus on s'insulte de cette façon, moins on peut discuter. De sorte que l'invocation du point Godwin (que Mike Godwin n'a pas théorisé : l'expression n'est qu'une application de la loi qui porte son nom) se présente, *a priori*, comme l'alliée du débat. Lutter contre le point Godwin – ou repérer le point Godwin quand il se pointe –, c'est, en son sens premier, combattre la surenchère qui empêche l'échange…

Seulement, s'il est excellent de rappeler, grâce au point Godwin, que l'outrance disqualifie le débatteur, il est dangereux de se servir du point Godwin pour soi-même éviter le débat.

Quand vous vous faites traiter d'« oligarque », parce que vous attaquez un démagogue, ou bien de « démagogue », parce que vous combattez les oligarques, le point Godwin ne doit pas vous dissuader de défendre vos thèses. Au contraire ! C'est là que la discussion commence.

Si vous rappelez aux adversaires de l'Union européenne que l'Europe s'est construite (et a été conçue) comme un antidote au nazisme, vos adversaires auront beau jeu de dire que vous les comparez à des nazis puisque défavorables à cette Europe de paix, et, en conséquence, de fuir un débat où eux-mêmes seraient mis en difficulté...

Autre exemple : quand la députée insoumise Danielle Obono défend comme une « camarade[1] » la porte-parole des Indigènes de la République Houria Bouteldja, d'excellents républicains l'ont contredite sur le terrain des idées, en faisant valoir que Madame Bouteldja[2] était ouvertement homophobe, antisémite, qu'elle maquillait la haine de son pays en rhétorique victimaire, et que l'ostensible soutien

1. « Houria Bouteldja, je ne suis pas d'accord avec tout ce qu'elle dit, mais c'est une militante antiraciste [...]. Je considère Houria Bouteldja comme une camarade, parce qu'elle fait partie de ce mouvement-là. Et dans ce mouvement-là, on se bat sur la question de l'égalité », discours à l'Assemblée nationale, novembre 2017.

2. Houria Bouteldja, porte-parole des Indigènes de la République, exhorte ses « sœurs » racisées à se montrer patientes face à la violence de leurs hommes, remplace la lutte contre le patriarcat par la lutte antiraciste et se justifie ensuite en faisant valoir que le racisme lui-même est la cause du machisme des hommes racisés. Sur cette question, lire Marylin Maeso, *Les Conspirateurs du silence*, Éditions de l'Observatoire, 2018, p. 141-142.

de Mme Obono jurait avec l'attachement des Insoumis à la cause républicaine. Malheureusement, des imbéciles en ont aussi profité pour couvrir notre députée d'injures racistes... Résultat : au lieu d'opposer des arguments aux arguments d'honnêtes personnes, Danièle Obono et ses amis, invoquant opportunément (mais à juste titre) le point Godwin, ont rangé contradicteurs et racistes dans le même panier, pour esquiver un débat essentiel sur la laïcité et la mixité.

Quand le point Godwin sert à jeter de l'eau sur le feu, à calmer les esprits et à rappeler qu'on peut être laïc sans être *islamophobe*, blasphémateur sans être *raciste*, ou féministe sans être « féminazi », il n'y a rien à dire. Mais quand l'invocation, à tout bout de champ, du point Godwin sert à esquiver le débat en amalgamant la critique et l'offense, alors le point Godwin devient l'alibi moral de la lâcheté.

Le testament de Charb

« Pourquoi les croyants font-ils appel à la justice des hommes pour nous punir, alors que la justice divine le fera, et bien plus sévèrement que n'importe quel juge ? Qui est donc ce Dieu qu'on prétend tout-puissant, qui aurait besoin d'avocats pour nous attaquer en justice ? Dieu ne se vexe-t-il pas de constater que celui qu'il considérait jusque-là comme un bon croyant a recours à la justice, plutôt qu'à la prière ? »

Charb, *Lettre aux escrocs de l'islamophobie qui font le jeu des racistes*

La censure n'est plus ce qu'elle était.

Les censeurs de *Madame Bovary*, ou des *Fleurs du Mal*, avaient dévoré les textes honnis. Ils s'en étaient régalés avant de prétendre les interdire[1]. Au

1. « Après les citations viendra l'incrimination qui porte sur deux délits ; offense à la morale publique, offense à la morale religieuse. L'offense à la morale publique est dans les tableaux lascifs que je mettrai sous vos yeux, l'offense à la morale religieuse dans des images voluptueuses mêlées aux choses sacrées. J'arrive aux citations. Je serai court, car vous lirez le roman tout entier », ministère public contre M. Gustave Flaubert, réquisitoire de M. l'avocat impérial, M. Ernest Pinard.

XXIe siècle, à l'ère des cultures accessibles, ce n'est plus un texte qu'on censure, mais seulement l'idée que s'en font des inquisiteurs trop paresseux pour lire les auteurs qu'ils mettent à l'Index.

Ainsi la *Lettre aux escrocs de l'islamophobie qui font le jeu des racistes*[1] n'a pas cessé, avec la mort de son auteur sous les balles des frères Kouachi, de déranger les imbéciles, et fait scandale, chaque fois qu'on veut en faire une lecture publique à l'université.

À Paris VII, par exemple, des étudiants du syndicat Solidaires ont signé une lettre de protestation contre la représentation de ce texte, prévue le 31 janvier 2018.

Ils disent : « Dans ce texte, l'islam est [présenté comme] incompatible avec les valeurs de la République. » Or, dans son texte, Charb écrit : « Dire que l'islam n'est pas compatible avec l'humour est aussi absurde que prétendre que l'islam n'est pas compatible avec la démocratie ou avec la laïcité. »

Ils disent : ce texte fait taire « le racisme comme un fait social... ». Or, le texte raconte, sur trois pages, l'histoire de Mouloud et Gérard, tous deux musulmans, mais dont le premier (à cause de son prénom) n'arrive pas à louer un appartement.

Enfin, « le texte, écrivent-ils, nie l'existence d'un racisme envers les musulmans en France ». Mais la première phrase du texte de Charb dénonce (*sic*) « la haine que certains tarés ont des musulmans ».

1. Dont l'auteur, Charb, l'ancien directeur de *Charlie Hebdo*, ne savait pas, en l'écrivant, qu'elle serait son testament (finalisée deux jours avant la mort de Charb, le 7 janvier 2015, cette lettre est parue aux Éditions Les Échappées le 22 avril 2015).

Les censeurs de ce texte auraient pu le lire, au moins, jusque-là.

On trouve bien, dans la *Lettre* de Charb, des choses qui fâchent, mais rien qui pousse à la haine, au contraire. Charb est un athée de gauche qui n'aime pas qu'on le désigne comme « xénophobe »... Pourquoi pas ? À ses yeux, le mot « islamophobie » est une arnaque verbale qui fait passer la (légitime) critique d'une religion pour l'ignoble haine de ses pratiquants. Quoi de plus vrai ? Enfin, aux yeux de Charb, les vrais islamophobes ne sont pas les gens qui se moquent de l'islam, mais les gens qui méprisent les musulmans au point de les croire incapables d'humour... Et Charb lui-même ne s'en prend pas aux textes sacrés, mais à « ceux qui les lisent au premier degré, comme on lit, dit-il, la notice de montage d'une étagère Ikea ». Qui n'est pas d'accord avec une telle évidence ?

Les escrocs.

Les impies (c'est-à-dire les fanatiques) qui croient que Dieu n'est pas assez grand pour se défendre tout seul.

Les blasphémateurs (c'est-à-dire les intégristes) qui promettent l'*enfer sur Terre*, sans voir que c'est cela, le blasphème.

Les médias qui, jouant sur la peur, caricaturent vraiment l'islam en « radical et poilu » (alors que *Charlie Hebdo* ne caricature que les intégristes).

Les démagogues qui parlent à des musulmans avant de parler à des citoyens.

Et les associations paternalistes qui infantilisent les musulmans en interdisant la moindre blague à leur sujet.

Voilà le texte posthume, précis, républicain, intelligent, complexe et visionnaire (à tous égards), dont des gens qui ne l'ont pas lu voudraient priver les étudiants ? Le testament de Charb devrait être lu dans les écoles, au lieu d'être censuré à l'université.

Les collabos d'aujourd'hui

Dans une tribune parue dans Mediapart[1], le journaliste Antoine Perraud[2] présente Manuel Valls comme l'héritier de ceux qui, tels Marcel Déat ou Adrien Marquet, sont passés du socialisme au nazisme.

À l'en croire, les « néo socialistes » qui, dans les années 1930, ont transité de la SFIO vers la collaboration active avec l'occupant nazi seraient les « ancêtres idéologiques » de Valls. « Manuel Valls, écrit-il, tente, sous nos yeux, un passage en force qui lui ferait gagner la seconde manche d'une bataille perdue dans les années 1930. » Et Antoine Perraud de rappeler, à l'appui de cette thèse audacieuse, que, comme par hasard, ces nazis français, tel notre ancien Premier ministre, défendaient « la force plutôt que la justice sociale, la sécurité plus que l'égalité, et la haine d'ennemis intérieurs à poursuivre en meute au lieu d'un idéal de fraternité ».

1. « Manuel Valls en spectre du recours social-national », 10 novembre 2017.

2. À qui, par ailleurs, je dois d'avoir appris le sens (et l'existence) du mot « impéritie ». Nous étions à France Culture, un vendredi matin, et Antoine fustigeait l'*impéritie* de certains politiques… Qu'il trouve ici, par-delà nos querelles, l'expression de ma gratitude. Les synonymes d'« incompétence » sont rares.

Dans ce conte de Perraud, Manuel Valls aurait, faute d'un Président courageux pour le rappeler à l'ordre, repris les thèses identitaires des Républicains (voire du Front national) tout comme Déat avait donné pour devise à son parti croupion (Le « Parti socialiste de France, PSDF) Ordre, Autorité, Nation » sous l'œil effaré de Léon Blum. Conclusion, sans appel : Manuel Valls est aujourd'hui (*sic*) « le petit télégraphiste de Jean-Yves Le Gallou, Henry de Lesquen ou Bruno Mégret... ». CQFD.

Antoine Perraud n'a pas tort de penser que l'Histoire bégaie, mais il se trompe de bégaiement. Il a pris le social-traître pour un national-socialiste. Il croit qu'on se rapproche de la droite aujourd'hui[1] comme on se rapprochait hier du nazisme. Comme si le nazisme était au bout d'un chemin qui bifurque, ou comme si les spéléologues approchaient de l'enfer en faisant quelques mètres sous terre.

Le totalitarisme désormais, la menace, l'équivalent de l'Allemagne nazie, le cauchemar qui vient, ce n'est pas le tout petit Laurent Wauquiez, ni l'éructant Jean-Luc Mélenchon, ni le retraité Nicolas Sarkozy, ni la moribonde Marine Le Pen (dont Manuel Valls est aussi éloigné qu'Antoine Perraud lui-même), mais les islamistes, les ordures du 13 novembre, les terroristes qui salissent l'islam comme le nazisme a souillé l'Occident.

Et s'il fallait se livrer, comme Antoine Perraud, au jeu des analogies, les héritiers de Marcel Déat, couchés devant l'ennemi, ne sont pas tant les libéraux

1. Ce qui n'est même pas le cas de Manuel Valls, orphelin d'un socialisme historique et jaurésien qu'il aurait voulu plus libéral et moins frileux sur les questions de sécurité.

qui troquent le Parti socialiste pour La République en marche, ni les gens qui, comme Philippe Val, Laurent Sourisseau (dit Riss) ou Caroline Fourest, vivent depuis des années sous protection policière, et dont les amis ont été tués. Les héritiers de Marcel Déat (si tant est qu'il en ait) sont les sociaux-crétins qui, par relativisme, tendent la main aux Tartuffe, les fausses féministes qui luttent *contre* la pénalisation du harcèlement de rue de peur d'être islamophobes, les « journalistes » pour qui l'islamisme n'est pas un problème grave, les historiens du dimanche, qui – tandis que tous ces gens-là jabotent dans la ciguë – confondent doctement Manuel Valls et Marcel Déat. Bref, les lâches qui passent leur temps à voir de l'islamophobie dans la défense de la République, comme certains pacifistes voyaient, en 1938, de l'antigermanisme primaire dans le refus de céder devant Hitler... Les collaborateurs (et les collaborationnistes[1]) d'aujourd'hui ne sont pas ceux qui se dressent contre l'islamisme, mais ceux qui lui tiennent la porte.

1. Les « collabos » ne sont pas (pour la plupart) des collaborationnistes (ils n'adhèrent pas à l'idéologie islamiste), mais des *collaborateurs* qui, comme en 1940, facilitent le boulot des bourreaux par peur de se faire étiqueter en les dénonçant.

L’internement préventif est-il envisageable en démocratie ?

> « Il vaut mieux hasarder de sauver un coupable que de condamner un innocent. »
>
> Voltaire, *Zadig*

Parmi les cinq personnes interpellées dans le cadre de l’enquête sur les bonbonnes de gaz (reliées à un dispositif de mise à feu) découvertes en octobre 2017 sur le palier d’un immeuble du 16e arrondissement de Paris, l’une d’elles est radicalisée et appartient au Fichier des signalements pour la prévention et la radicalisation à caractère terroriste (FSPRT).

Une telle information semble apporter de l’eau aux moulins d’Éric Ciotti ou de Laurent Wauquiez, partisans, depuis novembre 2015, de l’« internement préventif des fichés S les plus radicalisés[1] ». Et l’on peut comprendre les gens qui, de bonne foi, font valoir que si l’individu fiché pour radicalisation avait été *préventivement* interné, il n’aurait pas été si près de commettre un attentat. Pourtant, la proposition

1. Député des Alpes-Maritimes, soutien de Laurent Wauquiez à la présidence des LR, Éric Ciotti avait déposé en juin 2016 une proposition de loi en ce sens, jugée anticonstitutionnelle par le Conseil d’État.

d'internement préventif – qui reprend du souffle à chaque attentat déjoué ou pas – nous situe au cœur même de la démagogie.

D'abord, elle est inapplicable.

Dans un avis consultatif rendu le 23 décembre 2015, le Conseil d'État rappelle que, selon la Constitution, « il n'est pas possible d'autoriser par la loi, en dehors d'une procédure pénale, la rétention, dans des centres, des personnes radicalisées ». La démagogie consiste précisément à proposer une mesure dont on sait qu'elle ne s'appliquera pas – ce qui, tout en l'exonérant de sa mise en œuvre, donne à son partisan le beau rôle de défenseur du peuple contre les lois d'en haut qui négligent sa sécurité.

Mais surtout. Pour qu'une telle chose soit possible, il faudrait changer de loi, de Constitution et, aussi, de régime. Si l'internement préventif des individus radicalisés (qui n'a rien à voir avec l'assignation à résidence) entrait dans la loi, nous cesserions d'être en démocratie pour entrer dans le monde blafard de la justice prédictive et de la « division précrime » que décrit Philip K. Dick dans sa nouvelle *Minority Report* (1956). Et même s'il y a peu de doute, dans l'imaginaire dickien, sur les intentions homicides des individus arrêtés[1] (comme du terroriste présumé de

1. Le film *Minority Report*, que Spielberg a tiré du livre de Philip K. Dick, s'ouvre sur l'évitement d'un crime passionnel non prémédité. Le sympathique Howard Marks nourrit de légitimes soupçons sur la fidélité de sa femme. De fait, croyant qu'il est parti, celle-ci reçoit son amant sous l'œil du mari (caché), qui, perdant la tête, les aurait assassinés à coups de couteau si la division précrime n'avait pas devancé ses intentions et ne l'avait pas interpellé une seconde avant le passage à l'acte. Le spectateur est alors sous le coup d'une impression que Spinoza décrit comme une « fluctuation de l'âme ». Le soulagement

la Porte d'Auteuil), la fiction enseigne que, pour quelques attentats peut-être déjoués, nous serions tous mis en danger, en permanence, par une loi prédictive et une présomption générale de culpabilité.

Certains répondent : « Quand on n'a rien à se reprocher, on n'a rien à craindre. »

Mais ce n'est pas parce qu'on n'a rien à se reprocher qu'on n'a rien à craindre.

Nous n'avons rien à craindre parce que, même quand on a quelque chose à se reprocher, l'État ne perd pas la tête et la loi reste juste.

---

d'avoir échappé à un meurtre est tempéré par le sentiment que Marks n'a pas tort de dire qu'il « n'a rien fait ». L'infaillibilité présumée des *précogs* (dont les prédictions orientent les policiers) est-elle une raison d'enfermer *avant* le crime celui qui s'apprêtait à le commettre ? Si l'on répond par l'affirmative à cette question, cela signifie tout simplement que la vérité prévaut sur la liberté. Seulement la vérité n'est pas la vérité, et – comme l'enseigne la suite du film – certaines *précognitions* sont des falsifications. Un pouvoir qui repose sur la vérité est un pouvoir qui s'expose à la falsification. Et, au lieu de la sécurité, le sacrifice de la liberté n'apporte au citoyen que le risque d'être arbitrairement détenu pour le crime qu'il n'a pas commis et que, peut-être, il ne commettra pas.

Tu ne tueras point

Il y a ceux qui meurent volontairement pour tuer des innocents, et ceux qui meurent volontairement pour sauver des vies. Les premiers sont la peste, les seconds sont l'antidote. Les premiers n'ont aucun courage : ils ne tuent que parce qu'ils sont convaincus d'y trouver un bénéfice. Les seconds sont le courage en personne, qui consentent à tout perdre pour que la vie elle-même – sinon la leur – soit sauvée.

Le 31 juillet 1941, alors que les gardiens d'Auschwitz ont condamné dix innocents à être enterrés vivants pour les punir de l'évasion d'un prisonnier, le père franciscain Maximilien Kolbe a demandé à mourir à la place d'un père de famille.

Le 24 mars 2018, le lieutenant-colonel Arnaud Beltrame s'est volontairement substitué à une otage dans le Super U de Trèbes, et en est mort.

Comment le don d'une vie peut-il être une défense de la vie ?

Quand il se fait exploser pour tuer des mécréants, le kamikaze passe un contrat au terme duquel son crime est censé lui valoir, dans l'au-delà, une partouze éternelle. En somme, le terroriste tue et se tue en échange d'une infinité de sexe et d'alcool. La mort de l'autre – surtout s'il est innocent – est la condition de son plaisir.

À l'inverse, quand il se sacrifie à la place d'un autre, le héros (qui est le seul vrai martyr) passe aussi un contrat au terme duquel le don de sa vie neutralise la terreur elle-même et rend toute sa force au commandement divin « Tu ne tueras point ».

Si « Tu ne tueras point » est un ordre absolu que Dieu donne aux hommes, alors nul n'est moins obéi que Dieu – qui est Lui-même le premier à désobéir à Lui-même[1]. Mais *tu ne tueras point* n'est pas un ordre. *Tu ne tueras point* est un constat. C'est le diagnostic que la victime volontaire – qui donne sa vie pour une autre – adresse à l'assassin : « Toi qui me tues, en me tuant, tu ne tueras que moi. Mais tu ne toucheras pas à la vie elle-même que, par mon sacrifice, j'immunise à jamais contre ta violence. Ta haine est infinie. Mais mon geste aussi. Quel que soit le nombre de morts que tu fais, tu ne tueras point. »

La vie qu'on sauve aux dépens de la sienne n'est pas seulement la vie d'un autre homme. C'est la vie *en soi*. Quiconque sacrifie sa propre vie à la survie de l'inconnu (qui est pourtant son frère en humanité) n'échange pas une vie contre une autre, mais donne sa vie pour que la vie elle-même survive. En sacrifiant leur vie, les héros sacralisent la vie.

1. Il suffit, pour s'en convaincre, de lire les dernières phrases que Maupassant écrivit avant de perdre complètement la tête et de mourir lui-même : « Éternel meurtrier [...] l'éternel massacre de ce Dieu qui les a crées. »

Auto défense et culture de l'excuse

> « L'activité la plus pure de la justice pénale ne serait donc pas précisément lorsqu'elle arrête, lorsqu'elle condamne, lorsqu'elle met en prison, mais, à la limite, lorsqu'elle ne parvient pas à mettre en prison, lorsqu'elle s'interdit de condamner ou même de juger... »
>
> Geoffroy de Lagasnerie, « Secret, État et droit », intervention à l'Institut de défense pénale, 25 juin 2016

« Les armes ne sont pas le problème », a déclaré Donald Trump après la fusillade qui a éclaté le 5 novembre 2017 dans une église du Texas, et qui a fait vingt-six morts et vingt blessés : le problème (et la seule cause de la tuerie), c'est (à en croire le président américain) la « santé mentale » du tueur...

C'est « un individu très dérangé, dit-il, avec beaucoup de problèmes depuis longtemps... un problème de santé mentale à son *plus haut* degré ! ». Comme s'il était expert psychiatrique, et apte à repérer une maladie mentale « au plus haut degré » chez celui dont on sait, par ailleurs, qu'il était violent, asocial et qu'il avait des problèmes familiaux (ce qui n'est pas la même chose).

Ce qui est fou ici, c'est le désir présidentiel que le tueur soit fou (et donc irresponsable). D'autant qu'on a connu le chef de l'État américain moins compréhensif quatre jours plus tôt, quand il réclamait, sans procès, la peine de mort pour le djihadiste qui avait fait huit victimes à New York... Si folie il y a, le second n'était pas moins fou que le premier. Ce n'est pas non plus très difficile à comprendre : Trump a besoin de dire que l'attentat du Texas est le résultat de la folie, afin d'éviter le débat sur le port d'armes aux États-Unis. Laissons donc de côté la mauvaise foi d'un Président dont le discours sur les attentats varie selon l'identité du terroriste et les problèmes politiques que pose son geste ; l'intérêt de l'argumentaire présidentiel réside ici dans l'abîme entre sa propre vision du monde et le discours que Trump est contraint de tenir.

Car pour défendre la responsabilité individuelle du port d'armes (mise à mal à chaque attentat), Trump a besoin de *déresponsabiliser* (en le traitant de fou) celui qui en fait un mauvais usage. Pour défendre la liberté, en toutes circonstances, de se défendre soi-même (et donc de se maîtriser), Trump doit dire que le criminel, c'est-à-dire le fou, n'était pas maître de ses actes. Pour défendre les thèses répressives, hyper-individualistes et ultra-droitières de la NRA, Trump est obligé de recourir, en la circonstance, au discours le moins punitif et le plus compréhensif qui soit à l'endroit d'un criminel.

C'est un peu comme en France où, pour des raisons obscures, chaque fois qu'il y a un crime, une agression ou un attentat antisémite, les journaux s'empressent de remarquer que l'individu était « fou », « ivre », « sous l'emprise de stupéfiants », bref, que son jugement était « altéré ». L'enjeu de ces observations (par ailleurs exactes) est de dissoudre le racisme dans la folie, de faire comme si, puisque le type est fou, alors la haine n'est pas le problème. Trump, ici, ne fait pas autre chose avec la fusillade du Texas : en décrétant la « folie » du criminel, en noyant (à toute vitesse) son acte dans la démence, afin d'expliquer que « les armes ne sont pas le problème », le président américain met la rhétorique de l'indulgence collective au service de la violence individuelle, et montre, malgré lui, que la culture de l'excuse est aussi la botte secrète de l'auto défense.

La folie ne recouvre ni n'excuse le racisme

L'excuse de la folie n'est pas l'apanage de la NRA, ni des gauchistes français. Elle s'étend parfois, spontanément, à l'ensemble de la société, dans une dénégation qui fait ressembler le pays entier au cul d'une autruche.

Une femme voilée a été agressée à Vélizy (Yvelines) près d'une école, en mars 2018. Un homme s'est agrippé à ses vêtements après l'avoir insultée. L'individu a ensuite subi une expertise psychiatrique… Et ça n'a pas raté. Une fois de plus, l'agresseur (quoique objectivement raciste) a d'abord (et uniquement) été présenté comme « déséquilibré ». Une fois de plus, on s'empresse d'insister sur la folie ou le « jugement altéré » de la brute. Le journal *Le Parisien* (qui racontait cette histoire) a ainsi titré sur « une femme voilée agressée *par un déséquilibré* », comme si son déséquilibre était la seule cause de son geste.

Le titre de l'article est factuel, pourtant : c'est un fait qu'une femme voilée a été agressée par un homme déséquilibré. Qui dit cela ne dit pas faux. Mais que lit-on quand on lit « Une femme voilée agressée *par un déséquilibré* » ? 1. Que la femme est voilée et qu'il y a donc (c'est le moins qu'on puisse dire) suspicion d'islamophobie dans le geste de l'agresseur… Mais que 2. le type est déséquilibré, donc la folie est seule responsable de son geste, et (donc) la victime du fou était accidentellement voilée – mais elle aurait très bien pu ne pas l'être puisque, le type étant fou, il était une menace pour tout le monde (se pose alors, évidemment, la question de savoir pourquoi préciser qu'elle était voilée)…

« Il n'y a pas de faits, il n'y a que des interprétations », garantit Nietzsche. En l'occurrence, bien que le titre de l'article n'énonce que des faits, la façon dont il présente les choses a pour effet (délibéré et immédiat) de dissoudre le racisme dans la folie. À peine entrevue, l'impression du racisme à l'œuvre dans cette agression est aussitôt noyée dans la démence.

Chaque fois qu'on réduit une agression à un coup de folie, c'est la société entière qui se rassure (et se persuade qu'il n'y a pas de racisme)… Et la presse est ici l'alliée d'un déni collectif. Chaque fois qu'un crime est ouvertement antisémite ou raciste, la société s'empresse d'invoquer la perte du jugement. Ne vous inquiétez pas, braves gens. Le type est dingue. Dès que le racisme est évident, les gens font un *anti-procès d'intention*, au profit de la folie et aux dépens de la haine. Parce que ça les réconforte. Parce qu'on peut expliquer l'alcoolisme ou la drogue, ou l'altération du jugement… Et la haine qui nous pétrifie est soluble, comme un glaçon, dans une explication de cette nature.

Ce faisant, on ajoute au malheur des victimes, on aménage le terrain pour une prochaine agression, et on met l'examen des causes au service de la méconnaissance des faits.

C'est la raison pour laquelle il est si important de rappeler inlassablement l'évidence suivante : l'homme qui agresse une femme voilée, après lui avoir dit qu'elle était « radicalisée » et qu'elle devrait « rentrer chez elle », est non seulement fou, mais surtout (et d'abord) islamophobe. Ce n'est pas très compliqué. Et c'est la première chose à dire, non la première chose à taire.

L'antisémitisme : à la racine des haines

> « "Le peuple élu", c'est le début du racisme. Pour moi, les juifs, c'est une secte, une escroquerie. C'est une des plus graves parce que c'est la première. »
>
> Dieudonné M'bala M'bala

Mireille Knoll, une octogénaire de confession juive, a été assassinée le 23 mars 2018 de onze coups de couteau dans son appartement du 11e arrondissement. Pour une fois, le parquet de Paris a immédiatement retenu le caractère antisémite dans l'enquête sur ce meurtre.

Et l'on a eu raison de rappeler que Mireille Knoll avait échappé *in extremis* à la rafle du Vél' d'Hiv' à l'âge de 9 ans et que, par une ironie sordide, elle a été finalement brûlée à 85 ans comme on est rattrapé par le Diable. Dans l'hypothèse où le caractère antisémite de ce crime est avéré, il n'est pas incongru de faire le lien entre ces deux événements et, dans la tristesse, de considérer que, en un sens, à soixante-seize ans d'intervalle, l'assassin a fini le boulot des nazis.

Les époques sont différentes, mais c'est la même victime. La même histoire. Le même geste et la même passion homicide : l'antisémitisme... c'est-à-dire la haine par excellence. La haine dans toute sa pureté.

L'antisémitisme n'est pas seulement un cas particulier du racisme, mais sa source vive.

Le racisme est la haine d'un autre. L'antisémitisme est la haine d'un « presque-semblable[1] ». D'un *quasi-identique* auquel on a besoin d'attribuer des signes imaginaires (de l'avarice au nez crochu, en passant par l'étoile jaune) pour justifier une haine qui, en réalité, se suffit à elle-même. Si l'antisémitisme n'est pas une haine comme les autres, c'est qu'il n'est pas une haine de l'autre. Il est une haine *du même déguisé en autre* par celui qui le tue au nom des défauts qu'il lui a lui-même attribués.

Travailler cette question permet de comprendre une règle applicable au racisme en général : la haine est première, la cause qu'elle se donne est toujours un alibi. Si l'on cherche (à chaque crime antisémite) à dire combien le type est fou, ou bien drogué (comme si la haine était soluble dans la drogue), ce n'est pas par indifférence, mais parce qu'on a peur de contempler l'expression pure de la haine, la haine sans alibi, grossière, primitive, qui ne s'habille d'aucun prétexte. Scruter ce mécanisme – qui fabrique son ennemi pour mieux l'abattre ensuite – est la meilleure façon de lutter contre *toutes* les haines (et chacun de leurs alibis). Si l'antisémitisme est retenu dans ce crime, peu importe qu'on soit en 2018 ; quels que soient son origine, sa religion ou son degré de

1. L'expression (et la distinction entre racisme et antisémitisme) se trouve dans *Quelque part dans l'inachevé*, de Vladimir Jankélévitch.

conscience, l'assassin de Mireille Knoll est un nazi, et l'héritier des gens qui voulaient déjà la tuer en 1942. Ce n'est pas le nombre qui fait le génocide, c'est l'intention.

Les oiseaux

> « J'ai triomphé de mon abattement, et j'ignore la résignation. »
>
> Etty Hillesum

Étonnante minute de silence lors de la panthéonisation de Simone et Antoine Veil, puisqu'en lieu de silence on a entendu le « bruit du silence » du camp de concentration d'Auschwitz-Birkenau, un fond sonore enregistré par le réalisateur David Teboul le 17 juin 2018 à 5 heures du matin, où l'on perçoit notamment des cris d'oiseaux.

C'est l'aube. Il est 5 heures, Auschwitz s'éveille.

Et les oiseaux n'ont pas honte d'entamer leurs chants.

Ça piaille dans les clairières où l'on a enterré tant de gens que le sol bougeait sous les flatulences des cadavres. Et le soleil n'est pas écœuré de darder ses rayons sur ces marécages, ces baraques et ces chambres à gaz. C'est la fin du printemps. « Chaque printemps, écrit Vladimir Jankélévitch, les arbres fleurissent à Auschwitz, comme partout ; car l'herbe n'est pas dégoûtée de pousser dans ces campagnes maudites ; le printemps ne distingue pas entre nos jardins et ces lieux d'inexprimable misère[1]... » Faut-il que Dieu soit mort pour avoir permis tout ça, puis tenté de le recouvrir avec des chants d'oiseaux ! Quel est ce Créateur qui autorise le massacre d'humains par des humains, avant de *faire comme si de rien n'était* ? Dieu est mort à Auschwitz ou alors, s'il vit encore, c'est avec le rouge de la honte au front.

Ce n'est pas la seule idée qui vient à l'esprit quand on entend ces oiseaux.

Les oiseaux sont aussi l'écho perdu des enfants qu'on a soumis à des expériences dites « médicales » dans cet enfer ordonné. Les oiseaux piaillent, mais les oiseaux *crient*. Et quand on sait ce qui s'est passé là, quand on a lu les livres, il est impossible de ne pas *entendre en ces cris le souvenir ou l'écho d'une plainte*... Et le risque aussi qu'un jour, à la façon d'un pépiement, cette plainte ne devienne elle-même incompréhensible – soit parce qu'on ne l'écoute plus, soit parce qu'on l'a mise en sourdine en faisant valoir qu'il y a d'autres tragédies et qu'on ne peut pas *tout le temps parler que de ça*... De sorte qu'il y a un commandement dans les cris des oiseaux : « Ne nous laissez pas devenir des cris. Maintenez la parole, racontez l'histoire, dites, décrivez, mettez la mémoire en récit. » Voilà ce qu'ils disent.

Enfin, les cris des oiseaux témoignent à la fois de l'horrible indifférence des choses et du sentiment que quelque chose, ici, persiste à vivre – et à piailler. Et comme la nature accomplit son destin sans se plaindre, peut-être qu'au lieu de s'en indigner pouvons-nous puiser dans cette obstination, dans

1. Vladimir Jankélévitch, *L'Imprescriptible*, Éditions du Seuil, 1986.

la persévérance surnaturelle de la nature elle-même, la force de ne pas soi-même baisser les bras ? C'est à ce genre de pensée, ou d'expérience, que nous invite par exemple Etty Hillesum, elle-même morte à Auschwitz en 1943, qui continuait, comme en témoigne son *Journal*, d'éprouver le délice d'avoir un corps, d'accueillir avec joie la beauté du monde et même de puiser, dans le vol et les cris d'une mouette, la force d'avoir le cœur moins lourd au milieu de l'enfer :

« La détresse est grande, et pourtant il m'arrive souvent le soir, quand le jour écoulé a sombré derrière moi dans les profondeurs, de longer d'un pas souple les barbelés, et toujours je sens monter de mon cœur – je n'y peux rien, c'est ainsi, cela vient d'une force élémentaire – la même incantation : la vie est une chose merveilleuse et grande, nous aurons à construire un monde entièrement nouveau et, à chaque nouvelle exaction, à chaque nouvelle cruauté, nous devrons opposer un petit supplément d'amour et de bonté à conquérir sur nous-mêmes. »

Faut-il censurer l'infâme ?

« Tout le monde qu'on expose est juif... enfin tout ce qui compte... qui commande... Pas les staffeurs, les jardiniers, les déménageurs, les terrassiers, les forgerons, les mutilés, les gardes aux portes... Non ! Les ramasseurs de mégots... les gardiens de latrines enfin... la frime... Les biscotos... Non ! Mais tout ce qui ordonne... qui tranche... qui palpe... architectes, mon pote, grands ingénieurs, contractants, directeurs, tous youtres... parfaitement demi, quart, de youtres... au pire francs-maçons !... Il faut que la France entière vienne admirer le génie youtre... se prosterne... saucissonne... juif ! trinque juif ! paye juif ! »

Louis-Ferdinand Céline,
Bagatelle pour un massacre

Est-il utile (ou toxique) de publier de nouveau les trois pamphlets antisémites de Céline – *Bagatelle pour un massacre*, écrit en 1937, puis *L'École des cadavres* (1938) et *Les Beaux Draps* (1941) ?

D'un côté, ceux qui plaident pour un accès à toute l'œuvre de Céline (et à ce qu'elle contient de pire) et, de l'autre, ceux qui, comme Serge Klarsfeld, dénoncent « la diffusion de tels textes... alors que les attentats et les actes anti-juifs se sont multipliés et que des enfants juifs sont assassinés de sang-froid ».

Malgré l'admiration qu'il faut avoir pour le travail de Serge Klarsfeld (et la traque des anciens nazis qu'il a conduite avec son épouse, Beate, dans le monde entier[1]), l'argument du contexte ne tient pas. Il y aura toujours assez d'actes antisémites en France (et dans le monde) pour que leur évocation suffise à dénoncer cette publication. Si ce n'est pas maintenant « le moment » de les publier, c'est qu'à ce compte-là le moment ne viendra jamais.

En n'interdisant pas cette publication, ajoute M. Klarsfeld, « on accepte dans son principe la diffusion de textes d'un homme qui prône la mise à mort des juifs sans exception, mise à mort qui a été suivie d'effet, avec la complicité de l'État français de l'époque... ». Ce qu'il dit du texte est vrai (« Nous nous débarrasserons des juifs, ou bien nous crèverons des juifs », écrit Céline, entre autres horreurs). Mais il est faux de dire, ou de laisser entendre, que ces textes ont préparé la Solution finale. La thèse célinienne d'une race aryenne mise

1. Serge et Beate Klarsfeld ont permis la condamnation, entre autres, de Kurt Lischka (SS qui dirigea la grande rafle du Vél' d'Hiv à Paris en juillet 1942), de Herbert Hagen (SS théoricien de l'antisémitisme, qui organisa les déportations des Juifs de Bordeaux dès janvier 1942, puis fut chargé de la politique d'exécution d'otages) et de Klaus Barbie (SS chef de la Gestapo à Lyon, connu pour avoir fait périr Jean Moulin sous la torture et pour avoir ordonné la déportation des enfants de la colonie d'Izieu). Ils sont également à l'initiative des poursuites contre René Bousquet, Jean Leguay, Maurice Papon et Paul Touvier.

en danger par la race judéo-latine n'a eu aucune influence sur le nazisme[1]. Tenir ces pamphlets pour programmatiques ou prescripteurs revient à prêter à Céline l'influence qu'il n'a jamais eue et qu'il ne peut pas avoir sur son lecteur... Car ces textes sont délirants : « Racisme d'abord ! Racisme avant tout ! Désinfection ! Nettoyage ! Une seule race en France : l'aryenne... Notre République n'est plus qu'une entreprise d'avilissement, de négrification des Français sous le commandement juif... » Croire que de telles lectures puissent convaincre un homme (de bonne foi) de basculer dans la haine du juif revient à nier le rôle de la misère sociale dans l'avènement du nazisme et à attribuer à ces textes un pouvoir que l'outrance leur retire définitivement. Bref, c'est prendre les gens pour des cons : il y a plus de chance d'être convaincu par les raisonnements de Rantanplan[2] dans *Lucky Luke* que par la logorrhée célinienne sur les juifs. Ceux qui, tout en sachant cela, persistent à en interdire la parution raisonnent exactement comme Jean-Jacques Rousseau, qui, dans sa *Lettre sur les spectacles*, réclame la suppression des spectacles montrant au peuple « des forfaits qu'il ne devrait pas supposer possibles[3] » (il pensait

1. Sur l'influence (réelle ou rêvée) de Céline pendant l'Occupation, voir Pierre-André Taguieff et Annick Durafour, *Céline, la race, le Juif*, Fayard, 2017, chapitre v, « Céline, un antijuif fanatique au travail ».

2. Dont le maître en prison s'appelle « Pavlov ».

3. « Suivez la plupart des pièces du Théâtre français : vous trouverez presque dans toutes des monstres abominables et des actions atroces, utiles, si l'on veut, à donner de l'intérêt aux pièces et de l'exercice aux vertus, mais dangereuses certainement, en ce qu'elles accoutument les yeux du peuple à des horreurs qu'il ne devrait pas même connaître et à des forfaits qu'il ne devrait pas supposer

à *Phèdre*). Autrement dit, plutôt que de proposer une édition critique de ces pamphlets détestables – qui décrypte la nature complexe de l'antisémitisme célinien et contribue, par la connaissance, à lutter contre la bête immonde –, on choisit d'en réserver la lecture critique à une élite affranchie, et de laisser ces textes (soi-disant dangereux) se répandre et prospérer en ligne, c'est-à-dire sous le manteau. La conscience en paix.

possibles », Jean-Jacques Rousseau, *Lettre sur les spectacles* (adressée à d'Alembert).

Mrs Pritchett

« Bonjour à tou.te.s et n'oubliez jamais que le racisme anti-blanc, le sexisme inversé, l'hétérophobie ou la cisphobie *n'existent PAS.* »

Améris (Twitter)

Il existe un ancêtre commun à tous les braves gens qui, sans penser à mal, voudraient purger les films de tout sexisme, et les romans de toute misogynie, aux tenants de l'écriture inclusive, qui soumettent l'orthographe à l'égalitarisme, aux gens (et aux Jeanne) qui voudraient interdire à l'humour d'être méchant et au racisme de haïr les Blancs, aux procureurs incultes qui prennent les *Dix Petits Nègres* pour un titre xénophobe[1] et voudraient effacer les poèmes de Kipling, aux illuminés qui déboulonnent les statues de confédérés, débaptisent les lycées Colbert, décrochent les tableaux nubiles, réécrivent la fin de *Carmen* ou déprogramment *Autant en emporte le vent*, bref, à tous ces disciples de *1984* (qui s'ignorent parfois), qui réécrivent l'Histoire sous

1. Ou celui-ci, encore, qui exige des excuses publiques de Blaise Cendrars, après être tombé sur les *Petits contes nègres pour les enfants des Blancs* dans les rayons d'un supermarché Leclerc.

la dictée des Teletubbies et nous préparent l'enfer sur Terre à coups de bons sentiments…

Elle s'appelle Mrs Pritchett.

Elle apparaît dans le premier roman de Philip K. Dick (*L'Œil dans le ciel*).

Mrs Pritchett est une grosse dame souriante, une montagne de chairs palpitantes. Grotesque dans sa robe à fleurs, mais sympathique, pimpante, et attentive à (toutes et) tous… Jusqu'au moment où, par la grâce d'une étrange explosion[1], Madame Pritchett se voit temporairement installée à la place de Dieu : SON monde est devenu LE monde. Tout ce qu'elle croit, tout ce qu'elle souhaite, tout ce qu'elle imagine, est devenu la réalité – qu'elle façonne à sa guise.

Comme Madame Pritchett, à l'image des censeurs bien-pensants[2], n'autorise que les choses agréables,

1. Huit personnages visitent le « bévatron » de Belmont. Marsha et Jack Hamilton, Charles Mc Feyffe, Mrs (Edith) Pritchett, son fils David, Bill Laws, Mr Arthur Silvester et Miss Joan Reiss. Lors de la visite, un accident se produit et ces huit victimes sont précipitées dans un faisceau de protons, dont la conséquence est d'objectiver successivement les visions du monde de chacun. Autrement dit : si vous pensez, comme Arthur Silvester, que la Terre est plate et que Dieu est un « œil dans le ciel », cela devient le cas – tant que Mr. Sylvester reste en vie… Et ainsi de suite. Le héros, Jack Hamilton, chemine ainsi d'un univers à l'autre, au gré des folies devenues réalités, d'où l'on ne sort que par un meurtre.

2. Lire, comme un chapitre de l'œuvre que Mrs Pritchett n'a pas écrite, la tribune d'Océanerosemarie (mieux connu sous le nom d'Océan, depuis son changement de sexe) parue dans *Libération* le 29 décembre 2017, intitulée « À qui profite le rire ? ». Le propos de l'auteur, qui se défend de toute censure, est de dire que l'humour n'est pas intouchable, qu'on ne peut pas rire de tout, que le rire doit épargner ceux que l'Histoire ou la société a blessés… « Il faut en finir avec la mauvaise foi et regarder les choses en face : ceux qui hurlent à la censure dès que les groupes discriminés s'expriment sont bien

n'aime que la douceur et la gentillesse, et déteste l'impudeur et les aspérités, elle commence par mettre un pantalon aux chevaux. Puis elle réécrit les œuvres de Freud en lui faisant dire qu'un individu sain ne connaît pas de pulsion sexuelle. Toujours plus soucieuse de construire un monde sans rien qui heurte ou effraie qui que ce soit, elle supprime les klaxons, le brouillard, les boîtes à ordures et les pleurs des bébés... Puis elle supprime la Russie (qui ne sert à rien), les moustiques, les salles de jeux, les hôtels borgnes, les marais, les policiers, les taches, les requins, les cigares, les Irlandais (qui ont produit l'infâme *Ulysse*) et les usines (qu'elle remplace par des chalets ou des fabriques de savon) : « Tout ce qui avait pu agiter la douce surface de l'existence insipide de Madame Pritchett avait sombré dans le néant. Il pouvait en deviner un certain nombre. Les éboueurs déplaçant bruyamment les bennes à ordures. Les vendeurs faisant du porte-à-porte. Les factures. Les impôts. Les pleurs des bébés (peut-être *tous* les bébés). L'ivrognerie. La saleté. La pauvreté. La souffrance en général... »

Ivre de son pouvoir, et dans sa quête éperdue de lisser le monde, de l'aseptiser, d'en ôter les épines et les désagréments, la gentille Mrs Pritchett se laisse aller, et supprime le vent, les mouettes (qui mangent des poissons sans défense), les poissons (qui sont vicieux, c'est bien connu), puis la monnaie, les vaches, les ronces, le métal, les cargos, les radios, le

---

les nostalgiques d'une époque où ces groupes étaient suffisamment silenciés pour qu'on puisse se foutre de leur gueule sans en subir la moindre conséquence. Mais ce temps-là est révolu, et vous savez quoi ? En tant que militante, je m'en réjouis. »

pétrole, le fromage (qui pue), les trottoirs (où l'on se cogne), les chaises (d'où l'on se fait mal quand on en tombe), et puis les plombages, les agrafes, les nuages, les acides, le chlorure de sodium, l'hélium, l'azote, l'air… Et pour finir Madame Pritchett est, elle-même, l'ultime victime de cet homicide universel.

In fine, la censure est un suicide.

Le Miniver

« — Eh bien, concéda Madame Pritchett, je suppose que c'est utile.

— Certaines personnes le pensent, fit Hamilton.

— Ils auraient pu faire un bâtiment plus joli », fit remarquer Madame Pritchett.

Les lignes du bloc de béton se mirent à vaciller, à se dissoudre lorsqu'ils passèrent devant. Le temps de le laisser derrière eux, il était devenu une sorte de chaumière couverte de tuiles, avec de la vigne vierge grimpant le long de ses murs pastels.

— « Charmant, murmura Marsha.

— Attendez que les électriciens se pointent pour vérifier les câbles, dit Hamilton, ils auront une sacrée surprise.

— Mais non, le corrigea Mlle Reiss avec un froid sourire sur les lèvres. Ils ne s'en apercevront même pas. »

Philip K. Dick,
L'Œil dans le ciel

À force de citer *1984* chaque fois que la liberté d'expression est en jeu, on en oublie de lire le livre. Ainsi, les détracteurs de toute loi gouvernementale sur les *fake news*[1] n'hésitent pas à la présenter comme une esquisse du « ministère de la Vérité », le « Miniver », décrit par George Orwell dans son roman culte. Leur argument est de dire qu'à l'image des gouvernants d'Océania le gouvernement français s'attribue de cette manière le monopole de la censure.

Dans le roman d'Orwell, ce n'est pas exactement cela que fait le ministère de la Vérité.

Le ministère de la Vérité n'interdit pas la liberté d'expression, et ne censure pas l'information. Pourquoi le ferait-il ? La liberté d'expression (ou d'informer) n'existe pas. La question ne se pose pas. Il n'y a rien à contrôler ! Les Océaniens ont tous le cerveau lavé par les minutes de la haine, la *novlangue* et la *double pensée*. Le pire que les gouvernants puissent craindre en matière de liberté d'expression, c'est que Winston Smith, le personnage principal de *1984*, réussisse à écrire – comme il y parvient un jour à l'abri de la caméra qui le surveille chez lui – « À bas Big Brother ! ». Ce n'est pas cela qui va ébranler le régime. La liberté d'expression, Big Brother s'en moque.

Le problème d'Océania (et l'enjeu de ce ministère absolu) porte sur la mémoire. Car le citoyen dont la mémoire forge l'identité, et à qui son passé propose d'autres visions du monde, est un mauvais pantin. Il faut, pour manipuler efficacement les gens, réécrire le passé, en permanence, et le leur faire avaler. Voilà le rôle du Miniver. Soumettre le passé aux exigences du présent. Réécrire l'Histoire au gré des orientations de la politique. Quiconque est aujoud'hui l'allié

1. Un projet de loi visant à lutter contre les *fake news* en période électorale, retoqué par le Sénat en juillet 2018, est en discussion à l'Assemblée à l'heure où j'écris ces lignes…

d'Océania n'a pas pu, hier, en être l'ennemi. Mais quiconque devient l'ennemi d'Océania doit l'avoir été de toute éternité. C'est la « mutabilité du passé ».

Aussi l'équivalent contemporain du ministère de la Vérité n'est-il pas à chercher dans une loi sur les *fake news*, maintes fois amendée et soumise à plusieurs filtres démocratiques avant d'être promulguée. En revanche, le ministère de la Vérité ressuscite au XXIe siècle chaque fois qu'on prétend réécrire le passé selon l'idée que le XXIe siècle se fait de ce qui est Bien et de ce qui ne l'est pas.

C'est le ministère de la Vérité, par exemple, qui a récemment organisé la résurrection de Carmen, dans une mise en scène de Leo Muscato, où (au lieu de mourir, comme il se doit, sous le poignard de son ancien amant, le brigadier Don José) la bohémienne se défend et tue elle-même son agresseur. Une concession parfaitement anachronique à la morale de notre époque, par laquelle le metteur en scène (bras armé qui s'ignore d'un Miniver qui ne se connaît pas encore) dénature l'œuvre en son principe.

Que raconte *Carmen* (non pas la nouvelle de Mérimée, mais le livret qu'en ont tiré Meilhac et Halévy) ? L'histoire d'une femme dont la liberté est insupportable aux hommes. Dont la « méchanceté » présumée vient uniquement du fait qu'elle se dérobe aux avances qu'on lui fait, et qu'elle change d'amour sans le vivre comme un crime. « Jamais Carmen ne cédera ! dit-elle à Don José. Libre elle est née… et libre elle mourra ! » Et cette phrase, plus encore que le choix d'Escamillo le toréador, détermine Don José à passer à l'acte. Faire de *Carmen* une pièce féministe, c'est encore la mettre au service d'une morale. Ce qui est grand, sublime dans la tragédie de *Carmen*, est que la morale, précisément, n'y trouve jamais sa place. À la question de savoir ce qu'il est convenable de faire ou de penser, l'opéra répond par l'affrontement brut d'une liberté sans compromis et d'un amour sans pitié. Carmen est un chef-d'œuvre par-delà Bien et Mal. « Joie musicale contre les tristesses de la vie, écrit Clément Rosset à propos de *Carmen*. Et c'est, en fin de compte, la musique qui gagne[1]. » Le résultat est qu'un spectateur en ressort enthousiaste alors qu'il a assisté au meurtre d'une bohémienne. Quand Victor Hugo tue Esmeralda (dans *Notre-Dame de Paris*), tout le monde pleure. Quand Bizet tue Carmen, tout le monde a envie de chanter. Et cette sublime victoire de la musique (qui rend l'amour de la vie à son spectateur) n'est possible que parce que la pièce culmine dans le geste fou d'un amant qui ôte la vie à celle dont il redoute la liberté. Mais qui s'en fout ? Exit, la beauté. Carmen survivra. Le présent l'exige.

C'est également le ministère de la Vérité qui a suspendu en 2017 la projection annuelle du film *Autant en emporte le vent* au cinéma Orpheum de Memphis, au motif qu'il est « offensant pour un public afro-américain ». Ce n'est d'ailleurs pas de la censure, mais de l'*autocensure* : l'Orpheum n'était pas obligé par la loi de suspendre la projection annuelle du film de Victor Fleming (auquel on doit, d'ailleurs, le premier oscar décerné à une personne de couleur noire[2]) : il y a été contraint par l'opinion. La censure

1. Clément Rosset, *Le Régime des passions et autres textes*, Éditions de Minuit, 2001, « Le secret de Carmen », chapitre III.

2. L'oscar de la meilleure actrice dans un second rôle est décerné le 29 février 1940 à Hattie McDaniel (premier oscar attribué à un acteur ou une actrice noire) pour son rôle de Mamma.

ne vient pas d'en haut, mais d'en bas, ou d'à côté. Et surtout, elle porte moins sur le présent que sur le passé. Suspendre la projection d'*Autant en emporte le vent* est exactement une façon de réécrire l'Histoire, en la purgeant de ses éléments inégalitaires. Ce qui est mauvais n'a pas eu lieu, puisque c'était mauvais.

Quelle différence entre l'autocensure d'un grand film, la réécriture d'un livret d'opéra, les photos trafiquées sous Staline (qui effacent les dissidents), ou les photos de Sartre ou Malraux dont on a voulu supprimer la cigarette ? Aucune. Ce qu'on prend pour un combat en faveur de la tolérance ou du Bien n'est, en réalité, qu'une haineuse négation de la haine elle-même, qui reproduit à l'identique les réflexes totalitaires qu'elle prétend dénoncer. L'horreur d'une méthode n'est pas soluble dans la pureté de ses intentions. Peu importe que ce soit sous la dictée du Bien : toute tentative d'abolir le passé au profit de l'idée qu'on se fait de la vertu relève du totalitarisme (quand c'est l'État qui l'ordonne) ou de la servitude volontaire (quand c'est Twitter qui l'exige). Que ce soient les tyrans de *1984* ou les bien-pensants d'aujourd'hui, l'enjeu est de soumettre l'Histoire à la mode du moment, et d'infliger au passé les caprices d'un présent volatile. Ce qui est mauvais, raciste et méchant (la ségrégation, la misogynie, l'injustice sociale, la tabagie, *Tintin au Congo*, Heidegger, Louis-Ferdinand Céline, l'*Olympia* de Manet, les films de John Wayne et *Autant en emporte le vent*...), *tout cela ne doit pas avoir eu lieu.*

Carmen, Staline et le cinéma de Memphis, même combat. Même ministère.

Même illusion de lutter contre la haine en effaçant les traces de son passage.

De la morale dans le septième art

« Elle a la rondeur d'un sein, qu'on mord ou qu'on tète… »

Jacques Higelin, « Cigarette »

Interpellée par une sénatrice socialiste sur la question des « incitations culturelles à fumer », la ministre de la Santé, Agnès Buzyn, a déclaré : « Je ne comprends pas l'importance de la cigarette dans le cinéma français », avant d'annoncer : « Je veux qu'on ait une action ferme là-dessus… Il y aura des mesures en ce sens. »

Qu'une ministre de la Santé lutte contre le tabagisme, c'est l'évidence.

Mais que, pour ce faire, elle prévoie de s'en prendre au « marketing implicite » des films qui en banalisent l'usage, c'est un attentat contre la création cinématographique. Et la noblesse de l'intention n'excuse pas l'horreur des moyens.

Il ne s'agit pas de lutter pour la santé, ici. Mais de soumettre la création au Bien.

L'enjeu n'est pas le combat contre le tabac.

L'enjeu est le droit exorbitant que la morale se donne d'évaluer une œuvre selon ses propres critères[1]

1. Connaissez-vous cette merveilleuse réponse de Camus à un critique qui avait eu l'audace, pour *Le Figaro*, de passer *L'Étranger* au

et la censure qu'un pouvoir en place annonce tranquillement, sous prétexte de santé publique. C'est l'ordre moral, et non l'ordre public, qui demande à une fiction de produire de la vertu : après avoir demandé à la ministre de la Culture de couper les vivres aux scénaristes à clopes, Agnès Buzyn demandera-t-elle au ministre de l'Éducation d'effacer toute trace de cigarette des manuels d'Histoire ? Dans ce monde où l'on tient les gens pour influençables (et qu'on repeint en rose bonbon pour en atténuer la noirceur), va-t-on effacer la pipe de Jacques Tati ou de Claude Chabrol, la cigarette de Truffaut, de Gabin, de Gainsbourg, comme Staline ordonnait qu'on effaçât les visages d'anciens dignitaires devenus des ennemis du peuple ? Jusqu'où s'étendra le cancer de l'hygiénisme ?

L'enjeu est le pouvoir que le pouvoir se donne.

C'est-à-dire le pouvoir de supprimer (aujourd'hui) la cigarette des écrans, qui, au gré d'un changement de majorité, deviendra demain le pouvoir d'en supprimer, par exemple, les scènes homosexuelles, racistes, ou carnivores (qui sait ?).

---

prisme de la morale ? « Vous penserez peut-être que c'est beaucoup de bruit pour le petit livre d'un inconnu. Mais je crois que je suis dépassé en cette affaire. Car vous vous êtes placé à un point de vue moral qui vous a empêché de juger avec la clairvoyance et le talent qu'on vous reconnaissait. Cette position est insoutenable et vous le savez mieux que personne. Il y a une frontière très imprécise entre vos critiques et celles qu'on pourra faire bientôt sous une littérature dirigée (qu'on a faites il n'y a pas si longtemps) sur le caractère moral de telle ou telle œuvre. Je vous le dis sans colère, cela est détestable. Vous ni personne n'avez qualité pour juger si une œuvre peut servir ou desservir la nation en ce moment ou à jamais. Je me refuse en tout cas à me soumettre à de semblables juridictions et c'est la raison de ma lettre. »

La seule réponse à cette éculée tentation (qui, chaque fois qu'on l'éprouve, se vit comme inédite et radicale) est d'en mesurer l'archaïsme. En deux endroits de *La République*[1], Platon suggère de supprimer du texte de Homère (*L'Iliade* et *L'Odyssée*) tous les vers qui ne vont pas dans le sens de la meilleure éducation possible.

La colère d'Achille ? À censurer, au nom de la tempérance.

La description des Enfers comme un lieu sinistre ? À censurer, au nom du courage.

La tristesse des dieux ? Censurée ! Au nom de la piété.

Le rire des dieux ? Censuré, au nom du sérieux.

Etc.

À la fin, il ne reste du texte homérique que des miettes digestes et sans saveur.

Et le geste multimillénaire de soumettre l'art à l'idée qu'on se fait du bien public trouve son ultime avatar chez notre ministre de la Santé, qui, avec les meilleures intentions du monde, s'apprêta soudain, avant d'y renoncer – grand bien lui fasse – à passer au Kärcher les poumons du cinéma.

1. Les livres III et X.

L'amour emmerde la morale

> « Tout ce qui nous sépare est aussi bête que ces nuages qui montent et redescendent la vallée sans arrêt. Et ce qui nous unit a la vérité du soleil, de la terre légère, de la chair lourde. »
>
> Albert Camus à Maria Casarès, 8 juillet 1955

Le mot-clé « balance ton porc » s'en prend désormais aux contes pour enfants, en particulier *La Belle au bois dormant*, dont une mère de famille britannique a réclamé qu'on purgeât toutes les versions (c'est-à-dire Perrault, les frères Grimm et Walt Disney) du fameux baiser du prince, qui éveille sa future femme d'une léthargie de cent ans. Et pour cause, explique la maman, voilà un comportement de prédateur, authentiquement sexiste. Le royal baiser est une agression sexuelle, et cette dame soucieuse d'égalité refuse de montrer de telles infamies à son fils de 6 ans. Techniquement, elle n'a pas tort. Après tout, la princesse ne connaît pas le monsieur qui se penche sur son corps endormi pour l'embrasser. Et l'on se prend à rêver, devant cette scène, que, tout comme Leeloo dans *Le Cinquième Élément*, la victime endormie se redresse et mette un pistolet sur la tempe de son agresseur en lui disant : « Jamais sans ma permission[1]. » Néanmoins, si l'ordre moral s'étend désormais jusque-là, il faudra également interdire *Blanche-Neige* pour apologie de la drogue, *Fantasia* pour grossophobie, *Robin des Bois* pour évasion fiscale, *La Belle et le Clochard* pour conservatisme, *Peter Pan* pour pédophilie et *Les 101 Dalmatiens* pour cruauté sur des animaux[2]...

Et surtout – c'est le plus grave –, si l'on choisit de s'arrêter au sexisme des contes de fées, alors on ne comprend rien au sentiment sublime qui unit Maria Casarès et Albert Camus. Écoutez ce que Maria (qui était la femme la plus libre du monde et que personne, jamais, n'a soumise) écrit à Albert le 23 juin 1949 : « J'étouffe et je meurs en attendant le moment où tu viendras me libérer. Peut-être, à ton retour, me trouveras-tu endormie, habituée à la mort et inanimée. Auras-tu assez de forces en toi pour me réveiller ? *Pourras-tu encore être mon Prince Charmant ?* » Est-ce de la servitude volontaire ? Est-ce se soumettre que de s'offrir à ce point ? Ou est-ce aimer sans compter, parce que l'amour commande la démesure et se fout de l'égalité ?

Deux possibilités : soit l'on purge la correspondance (comme on purge les films de Disney) de tout soupçon de sexisme (et les 1 266 pages du livre tiendront dans un seul paragraphe), soit on fait l'effort de chausser d'autres lunettes que celle du Bien, et alors c'est à l'amour lui-même qu'on

1. « *Ekto Gamat !* » (qu'on pourrait aussi traduire par « Casse-toi, Gamète ! »).

2. L'honnêteté commande de dire que je dois cette liste à l'hilarante Madame Peel, qui sévit sur Twitter.

accède, à l'amour solaire, dissymétrique et réversible, entre un don Juan et celle qu'il appelle sa « petite victoire » (ou bien entre une reine et celui qui, à jamais, se met au service de son bonheur) – deux feux qui s'éteignent s'ils ne deviennent pas un incendie.

Darc Bottom

« Ce fut comme une apparition. »

Gustave Flaubert

Il serait aussi absurde de voir en Maria Casarès une femme soumise, au motif qu'elle attend son Prince Charmant, que de voir en Mireille Darc l'esclave du patriarcat, sous le prétexte qu'elle a montré son cul.

C'est pourtant le cas.

Chacune (et surtout chacun) se souvient de la robe Guy Laroche que portait Mireille Darc dans *Le Grand Blond avec une chaussure noire* et son décolleté vertigineux, qui révèle le début des fesses et d'adorables fossettes.

On s'en souvient aussi comme d'un scandale.

Dans les années 1960 (et 1970), Mireille Darc choquait la France, parce qu'elle était libre, qu'elle avait des amants, qu'elle jouait les cruches, qu'elle n'avait pas honte d'être belle et que les braves gens n'aimaient pas qu'une femme montrât le haut de ses fesses. Mais c'étaient les ligues de vertu qui s'en prenaient à elle. Aujourd'hui, les choses seraient un peu différentes.

Nul ne dirait : « Quelle horreur ! Comment ose-t-elle ? Qu'est-ce que cette traînée… *Vade retro*,

Postérieur ! » Non. Aux Mireille d'Arc du XXIe siècle, qui montrent leur cul, on ferait la morale, on dirait : « Franchement, Mireille, n'as-tu pas mieux à faire ? Ni mieux à montrer ? N'as-tu que ça à faire valoir ? Ne vois-tu pas qu'en t'exhibant de la sorte – ce qui est ton droit, naturellement –, tu joues le jeu du patriarcat qui nous réduit à nos orifices ? »

Nul ne s'indignerait que Mireille Darc montre ses fesses (tout le monde montre ses fesses), mais on serait choqué qu'une jolie jeune fille ait si peu d'estime d'elle-même qu'elle le fasse, de son propre aveu, pour qu'on ne l'oublie pas. Ce qui ne passerait pas n'est pas l'obscénité, mais l'acceptation du système et de ses préjugés. La morale a changé de camp.

Une femme libre n'est pas mise à l'Index de la même façon.

Mais la contrainte est identique et les interdits ne sont pas moins nombreux.

On ne dit plus « Cachez ces fesses infâmes, ce *Darc bottom* que nos maris ne sauraient voir ! ». On dit : « Pourquoi Diable montrer ses fesses, au lieu d'utiliser son cerveau ? » Dans les années 1970, la morale censurait à coups d'anathèmes. Aujourd'hui, la censure prend la forme d'une lutte contre la femme-objet. Au XXIe siècle, les censeurs et les *censeuses* ne lancent pas de malédictions contre Mireille Darc ou Brigitte Bardot, mais des hashtags (à bon droit d'ailleurs) contre les pubs sexy, les photos retouchées ou le diktat de l'épilation.

Le syndrome du platane

> « Il faut aussi couper des arbres pour empêcher le feu de se répandre ! »
>
> Donald Trump, le 8 août 2018, en réaction aux incendies qui ravageaient la Californie

« On dénonce les porcs, sans dénoncer la porcherie », a déclaré la présidente de l'association Sens commun, Madeleine de Jessey, aux yeux de qui le problème des agressions sexuelles est plus large que le mot-clé #balancetonporc et doit s'étendre à d'autres domaines comme « les ravages de la pornographie chez les jeunes » ou les « publicités sexistes »…

Ce qui est une façon de prendre l'effet pour la cause.

Les agressions sexuelles n'ont pas commencé avec l'invention du porno ou des pubs sexistes. Ce n'est pas parce qu'on leur montrait des images obscènes de femmes soumises que les hommes se sont cru le droit de violer des femmes, mais c'est parce qu'ils ont mis les femmes en esclavage pendant des siècles qu'à l'autre bout de la chaîne la pornographie représente le plus souvent des femmes outragées.

Mais ce qui étonne encore davantage, c'est de constater que la déclaration de la très conservatrice

Madeleine de Jessey ressemble, dans son intention, à un texte écrit par le très progressiste Daniel Schneidermann quelques jours plus tôt dans *Libération*[1], où le journaliste explique lui aussi que le *mâle* vient de plus loin, et qu'à l'occasion de l'affaire Weinstein on va enfin se rendre compte que le cinéma dans son ensemble, de *James Bond* à *Star Wars*, nous montre depuis toujours des hommes qui forcent les femmes, les capturent, les culbutent, les violent (comme chez Almodovar) ou les harcèlent (comme dans *À bout de souffle*)...

Autrement dit, si un homme croit que « quand une femme dit non, ça veut dire oui », c'est qu'il va trop souvent au cinéma. Et tels Dupond et Dupont, ou Laurel et Hardy, Madeleine de Jessey et Daniel Schneidermann communient ainsi dans le sentiment qu'il serait bon, peut-être, au passé comme à l'avenir, de purger la pub, le porno et le septième art des mauvaises pensées qu'ils nous inspirent.

Que des gens si différents s'entendent sur le même désir de censure s'explique peut-être par le *syndrome du platane*, forgé par Alain Finkielkraut dans *L'Imparfait du présent*, dans un chapitre intitulé « Salauds de platanes », où le penseur raconte que, pour dénoncer le décès d'un jeune motard, un commando de dix personnes a entaillé quatre-vingt-seize platanes sur une départementale des Hautes-Pyrénées, sous le slogan « Coupez les arbres. Pas la vie ».

Incriminer le porno (ou l'histoire du cinéma) plutôt que le libre arbitre de l'agresseur sexuel est aussi spécieux que de s'en prendre à un platane

1. « Harvey Weinstein en surimpression », 29 octobre 2017.

plutôt qu'à une vitesse excessive en cas d'accident de la route. Le cinéma est aussi responsable de la violence sexuelle qu'un platane est responsable d'un accident de la circulation. C'est-à-dire, pas du tout. Le seul fautif, c'est le chauffeur. Ou l'agresseur.

Et ces trois cas de figure (la pieuse qui dénonce le porno, le progressiste qui dénonce le cinéma dans son ensemble et les dix crétins qui sont allés couper des arbres dans la nuit pour les punir d'avoir tué un motard) ont un ancêtre commun : l'enfant qui insulte le meuble sur lequel, parce que *lui-même* ne regardait pas, il vient bêtement de se cogner.

Pudeur meurtrière

Le syndrome du platane s'étend au corps des femmes.

Ainsi, le logo du club de foot de l'AS Roma, qui représente Romulus et Rémus en train de téter une louve, a été jugé indécent, et les mamelles de la louve ont été floutées lors d'une émission consacrée par la télévision publique iranienne au club italien.

Ce n'est pas la première fois que Rome choque Téhéran.

En janvier 2016, lors de la visite du président iranien, Hassan Rohani, le musée du Capitole avait littéralement coffré ses statues de Vénus, dont les fesses auraient pu exciter le mollah. Bien sûr, c'étaient des fesses de marbre, froides et fictives. Mais... c'étaient quand même des fesses ! Et on peut comprendre qu'un homme qui, peut-être, n'a pas l'habitude d'en voir puisse être ému par des fesses, fussent-elles de pierre. Les animaux (surtout les chiens) sont coutumiers de ce genre de confusions.

Ce qui est invraisemblable avec le logo de l'AS Roma, c'est qu'on cache des mamelles ! Pas des fesses. Pas des cuisses. Pas même des seins, non. Ni des tétons. Juste des mamelles. Et des mamelles de louve, vaguement représentées sur un bas-relief archi-connu... Voilà ce que les autorités iraniennes ont trouvé indécent. Elles ont vu de la sensualité dans la mamelle d'un animal qu'un enfant tète pour ne pas mourir. En Iran, la haine fascinée du sexe englobe les aventures de la maternité… En soi, c'est assez drôle. Le genre de haine, pourtant, que recouvrent des floutages aussi absurdes est terrible.

Dans le roman *Une vie* de Maupassant, le lecteur fait un jour la rencontre de l'affreux abbé Tolbiac – une sorte de Torquemada suspicieux, intransigeant et qui semble, du regard, couvrir le monde entier d'une haine absolue.

Un jour de printemps, sortant du château, l'abbé Tolbiac tombe sur le spectacle d'une chienne qui vient de mettre bas sous l'œil émerveillé de quelques enfants. Et tandis que la chienne (telle la louve romaine) lèche ses nouveau-nés avec tendresse, l'abbé, stupéfait puis furieux, se met soudain à chasser les enfants à grands coups de parapluie sur la tête.

Puis, se tournant vers la bête, ulcéré par ce mélange d'orifice, de nouveau-nés, d'amour et de placenta, sans même laisser à l'animal le temps de se dresser sur ses pattes, il assomme la chienne à tour de bras, casse son parapluie sur elle et, longtemps après qu'elle a fini de gémir sous les coups, il lui monte dessus, raconte Maupassant, et la piétine avec frénésie, allant jusqu'à lui faire mettre au monde « un dernier petit qui jaillit sous la pression et achevant, d'un talon forcené, le corps saignant qui remuait encore au milieu des nouveau-nés piaulants, aveugles et lourds, cherchant déjà les mamelles… ».

Tout comme les censeurs iraniens (dont il est l'ancêtre véritable), l'abbé Tolbiac a vu de l'obscène dans l'enfantement. Il a vu du sexe dans des mamelles. Il a vu l'horreur dans une maman. Et, par son homicide canin, avère une évidence navrante : le corps qui accouche et qu'on cache, les impuissants voudraient l'écraser.

Le Maristan, ou les limites du relativisme

Montrez-moi ces seins que je ne saurais pas ne pas voir[1] est le titre d'une histoire de la dessinatrice Emma qui a rencontré un succès considérable en 2018.

Il s'agit d'une parabole destinée à montrer l'injustice que subissent, en France, les femmes voilées qu'on voudrait empêcher de se vêtir comme elles l'entendent et surtout les jeunes filles voilées à qui l'école impose d'ôter leur voile.

Pour mettre son lecteur dans la peau d'une victime de cette intolérance, la dessinatrice raconte l'histoire d'une jeune expatriée occidentale (Ariane) installée au Maristan (c'est-à-dire le « pays des maris »). Or, à la différence de son pays natal, les lois en vigueur dans son pays d'accueil l'obligent à montrer ses seins, alors que, depuis toujours, elle a vu sa mère porter un soutien-gorge. Ariane n'ayant elle-même jamais vécu, dans son pays d'origine, le port du soutien-gorge comme une oppression, c'est avec bienveillance qu'elle regarde les maristanaises topless. Et jamais sa mère, contrairement à ce qu'elle entend dans son pays d'accueil, ne lui a présenté les seins comme une

1. Tome II de la série « Un autre regard », Massot éditions, 2018.

tentation pour les hommes, qu'il faudrait soustraire à leur regard, sous peine d'être soi-même responsable du désir qu'on inspire... Bref, le propos de cette histoire est de dire qu'il est aussi absurde de verbaliser une femme qui porte innocemment le burkini sur la plage (ou d'empêcher une jeune fille de se rendre voilée à l'école de la République) que d'obliger une femme à montrer ses seins alors que, sans penser à mal, elle a pris l'habitude, depuis toujours, de les couvrir. L'intolérance maristanaise est à l'image d'une République qui, aux yeux d'Emma, confond le racisme antimusulman et la laïcité.

Le parallèle est séduisant, et la méthode est de bonne pédagogie, mais la comparaison, à mon sens, ne résiste pas à l'analyse. Pour une fois, j'irai un peu plus loin. Et j'invite chaleureusement le lecteur à lire de près le livre dont je parle.

L'argumentaire d'Emma serait recevable, en première instance, si le fait de se voiler relevait, en toute circonstance, du libre arbitre. Or – tout en admettant que ce n'est pas le cas – Emma la « féministe » passe allègrement sous silence le sort des millions de femmes pour qui porter le voile n'est pas un choix, mais un fardeau, ou le résultat d'une contrainte, et pour qui le droit de *ne pas le porter* n'est pas vécu comme une contrainte supplémentaire, mais bien comme une libération[1]. Emma elle-même a tenté de répondre à cette objection, dans un dessin qui met en scène une femme enceinte et une femme voilée : la première, universaliste grognonne,

1. Les Téhéranaises qui, chaque mercredi, choisissent d'arpenter tête nue les rues de leur ville, sous les quolibets, les insultes, les coups, les menaces et les emprisonnements, sont du même avis.

sermonne l'autre (« Tu sais que dans d'autres pays, les femmes sont obligées de se voiler ? Tu pourrais être solidaire »), et la seconde, avec un sourire mutin, lui répond : « Tu sais que dans d'autres pays, les femmes n'ont pas le droit d'avorter, tu pourrais être solidaire. » Ce qui signifie : le fait que dans certains pays les femmes soient contraintes de porter le voile justifie-t-il qu'on les force, en France, à l'enlever à l'école ? Seulement, ne lui en déplaise, c'est Emma elle-même qui invite à la comparaison entre deux traditions puisque, dans la BD, la mère de la gamine qu'on oblige à retirer son soutien-gorge est présentée comme une étrangère émigrée au Maristan. Tout le récit est une confrontation entre deux pays : la « France » et le Maristan, à ceci près que, dans la bande dessinée, le Maristan est une allégorie de la France du XXIe siècle, et la « France » correspond, elle, au pays d'origine (c'est-à-dire un pays musulman).

Les défauts du Maristan (c'est-à-dire de la France, telle qu'on la connaît) sont tous passés en revue. Mais rien (ou presque) n'est dit de la situation du pays d'origine – ce qui, pourtant, permettrait peut-être de comprendre pour quelle raison ces dames ont quitté leur pays. Hormis l'évocation lapidaire d'un climat de « terreur », le lecteur a droit à un moment de nostalgie : « Je pense, dit la narratrice, à ces dimanches barbecues où mon père ravivait le feu, le torse nu. Où ma mère disposait joliment les légumes sur une assiette. Certes, c'était des comportements très genrés comme on dit maintenant. Je suis contente que ma fille sache allumer un feu et que mon fils apprécie de décorer des assiettes. Mais merde, au moins, *on pouvait tous aller à la plage.* » À quel pays pense donc Emma ? À l'Algérie ? l'Iran ? l'Arabie saoudite ? Quel est ce sublime pays du Maghreb ou du Moyen-Orient où les femmes ne sont pas harcelées sur la plage quand elles se dénudent ? Comment Emma explique-t-elle le succès du hashtag #soisunhommecouvretafemme, massivement diffusé pour encourager les hommes à rhabiller leurs femmes au Maroc ? Et comment justifie-t-elle que la famille exilée ait précisément choisi l'exil, si son pays d'accueil était un monde meilleur ? Silence radio.

À l'inverse, certaines des accusations émises contre la France (c'est-à-dire, ici, le Maristan) sont spectaculairement mensongères – peut-être leur auteure invoquera-t-elle, opportunément, le droit d'imaginer ce qu'elle veut, puisqu'elle écrit une fiction.

Par exemple, dans la vignette où les expatriées se retrouvent pour coudre des soutiens-gorge, Emma raconte : « Parfois, un peu nostalgiques, nous nous retrouvions pour coudre nos "cache-seins", comme ils disent ici, parce que le seul magasin de soutiens-gorge qu'une amie avait ouvert a été fermé par les autorités. » Or, jusqu'à nouvel ordre (et tyrannie), la vente de voiles n'est pas interdite en France, au contraire, et le commerce (notamment des voiles pour les petites filles) en croît chaque année.

De même, un peu plus loin dans le récit, la famille de la narratrice fait l'objet d'une perquisition parce que la jeune fille refuse d'enlever son voile à l'école – ce qui n'est jamais arrivé en France (où les assistants sociaux ne sont pas encore des policiers).

« Nous n'allons plus à la plage, raconte la fillette de la BD, malgré les chaleurs intenses, parce qu'elles sont interdites aux femmes pudiques » : cette vignette est une référence directe aux arrêtés anti-burkinis qui ont fait fureur en France à l'été 2016. Or (à l'exception d'un seul, en Corse, en raison de violents troubles à l'ordre public), le Conseil d'État a invalidé tous les arrêtés anti-burkinis.

Emma parle de ces petites filles qu'on laisse se promener torse nu jusqu'à ce que leurs seins poussent… Comme si on ne voilait pas les fillettes prépubères. Et comme si le soutien-gorge (qu'on porte en général sous un autre vêtement) était, à la façon du voile, un signe ostentatoire destiné à faire passer un message.

Emma n'évoque que le cas de figure où la fille porte un voile comme sa mère et évacue celui, désormais très répandu, où la fille porte un voile, alors que sa mère ne le faisait pas.

À en croire Ariane, la narratrice, les femmes de sa famille portent le soutien-gorge « par habitude », et c'est tout : « Je n'ai jamais vu cette habitude comme une oppression. Même si cela peut paraître faux aux yeux de mes nouveaux compatriotes, mon père et ma mère s'entendaient très bien, j'ai eu une enfance heureuse, et l'on ne m'a jamais dit que mon corps était sale ou que mon seul avenir était de fonder une famille et de cuisiner pour eux. » Effectivement, si sa mère ne lui a jamais parlé de la signification du voile, Ariane aura du mal à y voir un symbole d'oppression. Qu'on le veuille ou non, le voile est aussi cela. Le voile incarne aussi un certain rapport, minorisant, de la femme au regard de l'homme et au regard de Dieu. Le pays d'origine de cette famille où jamais le voile n'est présenté comme une contrainte est-il le pôle Nord ? Faut-il être ignorantes – ou ingénues, comme le sont ici la mère et sa fille – pour ne rien savoir de ce que le voile symbolise également ? N'ont-elles jamais entendu de discours misogynes dans le pays qu'elles ont (pourtant) choisi de quitter ? Quel étrange féminisme, qui fait passer ses deux héroïnes pour deux cruches !

« Quand je suis arrivée au Maristan, raconte Ariane, j'étais émerveillée de découvrir un pays aussi soucieux des droits des femmes. On m'a expliqué que les tétons des femmes n'étaient pas plus honteux que ceux des hommes, que ce qui était une honte était de nous obliger à les cacher. J'étais plutôt d'accord. Cependant, il était difficile pour moi de soudain découvrir mes seins, que j'avais toujours cachés. J'ai donc continué à porter des soutiens-gorge et des tee-shirts, même si le Maristan est un pays très chaud. » Traduction : dans leur pays d'origine, ces femmes (qui devaient avoir la tête ailleurs) n'ont pas vu de sexisme dans l'obligation faite aux femmes de se voiler. Et c'est en France qu'elles prennent conscience du caractère sexiste de ce vêtement, mais comme elles ont l'habitude de le porter, elles ne parviennent pas à l'enlever, alors même que c'est une source d'inconfort (il fait chaud, au Maristan). Qu'est-ce à dire ? Qu'elles ont intériorisé l'aliénation subie. Quel étrange féminisme, là encore, qui n'invite pas à déconstruire des préjugés destinés à maintenir le port d'un vêtement reconnu comme un instrument d'oppression…

En réalité, l'ensemble de cette bande dessinée relève d'une confusion délibérée, mise au service d'une minimisation des problématiques féministes.

Le but n'est pas que les luttes (féministe et antiraciste) convergent. Mais que la première soit subordonnée à la seconde. Ainsi, Emma mêle sans vergogne à la question féministe (du voile) des exemples qui relèvent du racisme antimusulmans (comme dans la vignette sur les odeurs de fromage et le tapage nocturne). Cette volonté de télescopage (du féminisme et du racisme, ou bien de l'obligation de retirer le voile à l'école – qui concerne tous les signes ostentatoires et pas seulement celui-là – avec les marques d'hostilité extérieures à l'école) est une falsification du féminisme lui-même qui permet de présenter toute critique du voile comme inévitablement xénophobe.

Dans une autre vignette, la mère donne un soutien-gorge à sa fille parce qu'elle en fait la demande, mais lui refuse le « tee-shirt » (au motif que « cela serait pris pour une apologie du terrorisme »). Autrement dit, Emma étend son analogie, au-delà du hidjab, à d'autres types de voile plus couvrants comme le niqab ou la burka. Comment le comprendre autrement que comme la volonté d'estomper la dimension misogyne du voile en le rabattant sur d'autres vêtements qui ne sont pas spécifiquement portés par des femmes ? Ou comme une tentative de banaliser des vêtements qui, contrairement au hidjab, relèvent pour le coup de la misogynie la plus destructrice ?

La dessinatrice Emma se définit elle-même comme « féministe et révolutionnaire ». Pourtant, le personnage de son histoire déclare se rapprocher de ses ancêtres en portant le soutien-gorge. N'est-ce pas le sommet du conservatisme ? Si mes ancêtres portaient le corset, dois-je pour autant idéaliser ce vêtement ? Et les ancêtres (dont Emma est si heureuse de se sentir plus proche en portant les mêmes vêtements) ont-elles librement choisi de se vêtir ainsi ?

En peu de mots : cette BD est une honteuse série de manœuvres.

Qui euphémise la misogynie dans les pays musulmans tout en diabolisant une France « islamophobe ».

Qui sacrifie la lutte féministe sur l'autel de la lutte antiraciste.

Qui choisit une analogie (voile/soutien-gorge) bancale dont l'unique raison d'être est de banaliser le voile, de neutraliser sa charge sémantique et de stigmatiser toute tentative de critique féministe d'un vêtement misogyne et, pour le moins, phallocentré.

Qui assimile le soutien-gorge au voile non pour des motifs pédagogiques, mais parce que les féministes ne peuvent critiquer le voile comme elles l'ont fait pour le soutien-gorge[1] sans être taxés de racisme. La neutralisation, par le racisme présumé, de la critique d'un vêtement débouche sur un féminisme qui se voile la face et s'arrête aux portes de la mosquée.

1. Et depuis belle lurette : le slogan « *Burn your bra !* » remonte aux années 1960.

La liberté est-elle (d'abord) de porter son voile, ou de le retirer ?

« Il est possible qu'on soit ici en train de faire quelque chose… »

Frédéric Lordon, lors de « Nuit debout », place de la République, 31 mars 2016

Alors que l'Iran est traversé par un vaste mouvement de protestation, la police de Téhéran a annoncé un assouplissement de la réglementation encadrant le port du voile en public… Au lieu d'être arrêtées, les femmes dont le hidjab ne couvre pas l'intégralité des cheveux seront juste obligées de suivre un cours d'éducation à l'islam. C'est une première victoire pour les Téhéranaises[1].

L'esquisse du droit de retirer son voile est un gain de liberté. Ce qui fait toute la différence entre la lutte

1. Victoire qui est plus de façade qu'autre chose, le fait de ne pas porter le voile étant toujours perçu comme une infraction (qui impose de suivre des cours sur l'islam comme on suit des cours de Code de la route pour récupérer les points perdus). Et, à l'heure où j'écris ces lignes, les femmes qui se filment en train de danser sont aussitôt emprisonnées.

pour le droit d'enlever son voile et la lutte pour le droit de le porter.

Une femme qui gagne le droit de *retirer* son voile est toujours une femme libérée.

Alors qu'une femme attentive à son droit de *porter* le voile peut être une femme libre, bien sûr, mais ne l'est pas forcément (surtout si elle est iranienne).

La première triomphe d'un oppresseur.

La seconde exerce un droit qui, en d'autres endroits, est une contrainte.

Il y a deux temps de la liberté, ici. Deux enjeux, tout à fait différents.

L'Iran, où le retrait du voile est passible de prison.

Et la France, où le port du voile est protégé par la loi.

Et les débats que nous avons, en France, sur la liberté (acquise) de porter le voile ne sont possibles que parce la liberté de le retirer n'y est pas contestée[1].

Il n'y aurait aucune différence entre le droit de retirer le voile et le droit de le porter si chaque femme pouvait faire ce qu'elle veut. Dans un monde où les femmes ont acquis le droit de se vêtir comme elles l'entendent, il faut défendre ce droit, quel que soit le vêtement.

Mais en Iran, ce n'est pas le cas : pour les Iraniennes, le port du voile n'est pas un droit, mais

1. Le 10 juillet 2018, de 9 heures à 9 h 30, Maryam Hmadoun, membre de l'Open Society Foundations, a présenté à la Commission des droits des femmes du Parlement un rapport dit « accablant » sur la condition des femmes musulmanes en Europe. Mais de quoi parle ce « rapport accablant sur la condition des femmes musulmanes » ? De l'excision ? des mariages forcés ? des femmes qu'on défigure parce qu'elles montrent leur visage ? Non. Des « restrictions vestimentaires en Europe ». Là est l'urgence.

une obligation. Et, de façon générale, aucune femme ne *retire* son voile parce qu'elle y est contrainte. Toutes pourraient *ne pas le faire*. Nombreuses, en revanche, sont celles qui le *portent* parce qu'on les y oblige. Pas toutes, bien sûr – et c'est la raison pour laquelle il faut défendre le droit de porter le voile quand il est menacé (s'il est menacé). Mais ce n'est pas la même urgence. Ni la même menace. Lutter pour le droit (toujours à conquérir) d'enlever son voile en Iran est un acte héroïque et fondateur. Lutter pour le droit (garanti par la loi) de porter le voile en France (ou ailleurs) est un acte militant et consensuel.

À ceux qui font valoir qu'en France on est *obligé* de retirer le voile à l'école (de la même manière qu'on est *obligé* de le porter un peu partout en Iran), on peut répondre que ce n'est pas *dans la rue* que les jeunes Françaises doivent retirer leur voile. C'est à l'école, où elles sont, pour cette raison, mises à la même enseigne que tout le monde. Alors que c'est dans la rue, n'importe où, partout, que les Iraniennes sont encore contraintes de se voiler. Et sont, pour cette raison, mises en situation d'infériorité.

Pour préserver le droit (important) de porter le voile, il faut, dans un premier temps de la révolte, conquérir le droit (fondamental) de le retirer.

Le paternalisme de la mauvaise conscience

« — Montrez-moi ça, dit-il.

Elle lui montra le frigidaire ; il y avait un mauvais contact selon elle ; c'était la cause de tout. Il inspecta soigneusement les appareils ; il s'en fallut de peu qu'il ne les démontât.

Quand, enfin, il se retourna vers la jeune femme, il lui parla sévèrement, mais il était visible pour tous que cette sévérité ne s'adressait pas à elle.

— Une négligence comme celle-ci ne serait rien, il peut arriver à tout le monde de boire tiède ou même d'avoir soif, mais elle révèle un manque de conscience révolutionnaire ; si nous ne faisons pas, en chaque plage, le maximum pour le peuple, le peuple saura que nous ne souhaitons pas assez sa venue, et il ne viendra pas. Et je dis que si quelqu'un ne fait pas tout le temps tout ce qu'il peut – et plus –, c'est exactement comme s'il ne faisait rien du tout. »

Jean-Paul Sartre, « Ouragan sur le sucre »

« Il faut rompre avec cette habitude de reprocher toujours à la France ce qui se passe mal ici », a déclaré Emmanuel Macron à Ouagadougou, lors du discours du 28 novembre 2017 qu'il prononçait devant la jeunesse africaine et burkinabée.

Nombreux sont ceux qui crurent entendre en cette parole le discours habituel d'un *dominant*. Était-ce la morgue d'un dominant qui s'exonère des conséquences de ses actes ? ou le constat qu'à 39 ans, le président français appartient lui-même, selon ses propres termes, à une « génération où l'on ne dit pas à l'Afrique ce qu'elle doit faire » ?

En refusant d'étendre la responsabilité de la France coloniale jusqu'aux problèmes contemporains de l'Afrique, le Président ne conteste pas le lien évident entre l'histoire de la colonisation et l'histoire récente. Il laisse juste entendre qu'un continent, comme un individu, n'est libre qu'à l'instant où (quelle que soit son histoire) il assume pleinement la responsabilité de ses actes.

On peut avoir un passé, sans *être* son passé. La meilleure façon de décoloniser son existence n'est pas de ressasser (ni de nier) les méfaits, les bienfaits et les crimes, mais, à l'inverse, d'endosser librement la charge de son avenir. On peut d'ailleurs, en cela, parler d'un discours de *maître*, mais d'un maître qui considère, comme le Zarathoustra de Nietzsche, qu'« on rémunère mal un maître si l'on en reste toujours l'élève[1] ».

Est-ce pourtant la fin du paternalisme français en Afrique ? Rien n'est moins sûr.

La tête de l'État a une génération d'avance sur la conscience collective qui, paradoxalement, perpétue

1. Friedrich Nietzsche, *Ainsi parlait Zarathoustra*, trad. M. de Gandillac, Folio Essais, 1971, p. 103.

le paternalisme et la colonisation sous la forme de la pénitence.

Le discours qui persiste à voir la responsabilité de la France dans les problèmes de l'Afrique au XXIe siècle est plus paternaliste encore que le discours qui trouve des effets positifs à la colonisation[1]. Le discours de l'éternelle culpabilité coloniale est une ruse du paternalisme lui-même, qui maintient, par la déploration, le mythe révolu de l'influence française et de sa prépondérance. Pascal Bruckner (qui a le sens de la formule) appelle, dans *La Tyrannie de la pénitence*, cette façon d'être nostalgique le « paternalisme de la mauvaise conscience[2] ».

Or, le sommet de ce paternalisme à front renversé a été atteint avec la tentative d'indignation qui a suivi le moment où Macron s'est défendu, en riant, d'être lui-même « le président du Burkina Faso » et a commenté (non sans désinvolture) la sortie de

1. « Les programmes scolaires reconnaissent en particulier le rôle positif de la présence française outre-mer... », article 4 de la loi portant reconnaissance de la nation et contribution nationale en faveur des Français rapatriés du 23 février 2005.

2. Pour le dire autrement, Giuliano Da Empoli précise dans *La Peste et l'Orgie :* « Dans la complaisance d'une certaine gauche européenne et américaine face au terrorisme et à l'extrémisme islamiste, il [...] y a cette forme de racisme qui consiste à penser que seuls les Occidentaux sont responsables de leurs actes, tandis que tous les autres commettraient des crimes pour la seule raison que nous les y forçons, qu'ils n'ont absolument aucun autre choix. [...] Pour cette gauche radicale et chic, c'est comme si le monde entier était peuplé d'enfants – qu'on ne peut considérer comme responsables de leurs actes – tandis que l'âge adulte, où chacun se voit attribuer la responsabilité de ses actions, ne serait atteint que par les Occidentaux. On trouvera difficilement témoignage plus éloquent du racisme paternaliste » (*La Peste et l'Orgie*, Grasset, 2007).

son homologue burkinabé (Roch Marc Christian Kaboré) : « Il est allé s'occuper de la clim ! »

On a voulu voir une assignation renouvelée à des tâches subalternes dans une boutade qui, tout à l'inverse, présentait son homologue comme l'unique responsable de ce qui arrive sur son sol.

On a voulu penser qu'il humiliait son interlocuteur (et qu'il était, selon l'expression de Nicolas Dupont-Aignan) « à la limite du racisme » en disant ce qu'il a dit, alors que, par ces paroles, le président français renonçait symboliquement à toute ingérence occidentale dans les affaires intérieures africaines – exactement comme Sartre lui-même (en 1960, dans un article sur Cuba intitulé « Ouragan sur le sucre ») avait cru voir l'esquisse d'une libération véritable dans le fait que Fidel Castro s'occupât lui-même de la prise d'un frigidaire.

La victime en chef

« Moi ! me targuer devant eux d'avoir fait ceci et cela, – leur montrer des blessures anodines que je devrais cacher, – comme si je ne les avais reçues que pour le salaire – de leurs murmures élogieux ! »

William Shakespeare, *Coriolan*

La *victimisation* est un phénomène répandu en ligne, qui consiste – pour se faire plaindre – à brandir indéfiniment les insultes ou les coups qu'on a reçus. Le victimisé est une vraie victime. Mais c'est une victime à vie.

Son discours va plus loin que son épreuve.

La seule discussion qu'il mène consiste à empêcher la discussion en affirmant que son interlocuteur l'a agressé. Tout ce qu'on lui dit est immédiatement tiré par les cheveux dans l'espoir d'y trouver la perle d'un outrage. Si on le tutoie, c'est du mépris. Si on le contredit, c'est une agression, ou bien du harcèlement. Si on le critique, c'est une offense… Le victimisé est un *aspirant victime* – une victime qui veut être victime (quoiqu'elle le soit déjà). C'est une victime qui se prend pour sa blessure, au point de l'exhiber toujours et tout le temps. Aux antipodes du général Coriolan (que la honteuse perspective d'exhiber ses blessures de guerre couvre de honte et décourage de briguer le consulat), la victimisation est une mise en scène de blessures véritables, par des victimes reconverties en actrices qui, systématisant leur sort, élèvent la condition de victime au rang de statut opposable. Bref, la victimisation est une véritable douleur préemptée par des pleureuses politiques qui prennent leurs larmes pour des armes.

En réalité, l'hypersusceptibilité victimaire est aussi vieille que la mauvaise foi.

La victimisation est une stratégie. Une façon de se battre qui consiste à poser un genou à terre, pour détourner l'attention tout en attirant l'attention. Essayez donc d'affronter un adversaire blessé… Son handicap devient votre fardeau, sa blessure vous paralyse. Comment voulez-vous lutter avec saint Sébastien, dont le corps est déjà lardé de flèches ? Comment contester celui qui, quand on le conteste, feint de recevoir une pluie de coups (afin de donner le sentiment que c'est bien ce que l'autre est en train de lui faire) et ensuite, nanti de cette « agression », va gémir devant le tribunal populaire pour qu'il grogne contre le méchant, et qu'il lui permette (c'est ça qui compte) de se conduire lui-même, ensuite, en prédateur ? Le but du victimisé et l'objectif de sa manœuvre ne diffèrent pas, pourtant, du bourreau qu'il se donne. Il s'agit de prendre le pouvoir.

Nietzsche décrit ce mécanisme dans la première dissertation de la *Généalogie de la morale* : la faiblesse, explique-t-il, est toujours perçue comme une bonté. Et la force comme une violence. « Les misérables seuls sont les bons ; les pauvres, les impuissants, les humbles seuls sont les bons ; les souffrants, les nécessiteux, les malades, les difformes sont aussi les seuls pieux, les seuls bénis de Dieu ; c'est à eux seuls qu'appartiendra la béatitude – en revanche, vous autres, vous qui êtes nobles et puissants, vous êtes de toute éternité les mauvais, les cruels, les lubriques, les insatiables, les impies, et, éternellement, vous demeurerez aussi les réprouvés, les maudits, les damnés[1] ! »…

Dès lors, à l'ère des suffrages immédiats, tout le monde, faible ou fort, se déguise en faible. Car c'est paradoxalement la position la plus puissante. En démocratie, la faiblesse est plus puissante que la force, car elle est plus nombreuse. La souffrance (réelle) est systématiquement changée en spectacle de la souffrance, le statut de victime est une garantie de vertu. Que vous ayez tort ou raison, dès qu'on vous maltraite, vous êtes gagnant. Si toute victime de l'Histoire se bouscule aujourd'hui sur la scène publique pour occuper la place du premier à plaindre, c'est que le premier à se plaindre est aussi la *victime en chef*.

1. Friedrich Nietzsche, *Œuvres*, tome II, Robert Laffont, 2009, p. 784-785.

Si la victime n'existait pas, le militant l'inventerait

« Le Français a gardé l'habitude et les traditions de la Révolution. Il ne lui manque que l'estomac : il est devenu fonctionnaire, petit-bourgeois et midinette. Le coup de génie est d'en avoir fait un révolutionnaire légal. Il conspire avec l'autorisation officielle. Il refait un monde sans lever le cul de son fauteuil. »

Albert Camus, *Carnets*

L'un était élève de l'École centrale, l'autre était étudiant en anthropologie, la troisième était titulaire d'un master en droit international… Tout le monde a été étonné de découvrir le profil assez bourgeois, finalement, des membres du Black Bloc interpellés lors des manifestations étudiantes du printemps 2018. Il est étonnant que cela étonne.

Songez à Robert de Saint-Loup, le personnage d'*À la recherche du temps perdu*.

Saint-Loup, le seul fils de la comtesse de Marsantes, elle-même sœur du duc de Guermantes. Autant dire que le marquis de Saint-Loup est de noble lignée. Et tout en lui, de la qualité si particulière de ses cheveux, de ses yeux, de sa peau, de sa tournure, à la façon dont, en marchant à grands pas, il donne le sentiment de poursuivre son monocle, traduit l'excellence de son éducation et la hauteur de son rang.

Le seul défaut de Saint-Loup ? Il est un peu con. Et il prend l'insolence pour de la liberté.

Aussi se met-il à lire Nietzsche et Proudhon... Ce qui serait très bien s'il n'était persuadé (l'imbécile) qu'en lisant des auteurs sulfureux et en se déclarant « socialiste » il échappe à son ascendance – alors qu'évidemment Saint-Loup n'est jamais aussi aristocrate que quand il déclame du Proudhon, la mine altière et le doigt levé.

C'est, à la virgule près, le même syndrome qui affecte les petits-bourgeois encagoulés qui ne sont jamais autant petits-bourgeois que quand ils jouent à la révolution.

Qui croit, sinon le petit-bourgeois, qu'il suffit d'injurier le système pour ne plus lui appartenir ? Qui, sinon l'élu du capital, prétend lutter contre l'injustice en démontant un McDo ? Le jeune couillon qui embellit le monde en taguant un monument aux morts[1] est de la même espèce que celui qui croit n'être pas raciste parce qu'il a des amis noirs (ou blancs). C'est l'espèce infiniment répandue des demi-habiles, dont la connaissance permet de juger et dispense d'humilité. Et qu'est-ce que l'élitophobie, dont se piquent nos centraliens désaxés, sinon une haine bourgeoise d'elle-même ? Une autopiqûre d'élites qui s'excusent de connaître en flattant ceux qui ignorent ? De façon

1. Sur le monument qui rend hommage aux victimes normaliennes de la Grande Guerre, la cohorte des petits-bourgeois nés trop tard et qui jouent à la révolution a écrit au marqueur « À nos morts, tués par la police ».

générale, le désir de révolution (en démocratie) est le propre des gens qui s'ennuient, ou bien qui croient savoir, mieux que les autres, ce qui est bon pour eux. On s'engage sans que ça nous engage trop. On joue à cache-cache avec sa petite cagoule. On se grise à quitter son univers, tout en y dînant le soir. La révolution, c'est une excursion. Youkaïdi aïdi aïda.

Avec parfois, comme chaque été au Club, de vrais chagrins.

Ainsi, les occupants de l'université de Tolbiac (au printemps 2018) ont dû collectivement traverser une épreuve terrible, à sa manière une sorte de tragédie : aucun d'entre eux n'est mort, après leur évacuation par la police. Voilà.

Les hôpitaux de Paris ont formellement démenti les rumeurs selon lesquelles un « blessé grave » aurait été conduit dans l'un de leurs services.

Les bloqueurs se sont pourtant donné du mal.

Trois jours durant, inlassablement, secondée par des sites comme Reporterre, ou Le Média, la « Commune libre de Tolbiac » a fait croire à la France entière que la police républicaine avait ouvert le crâne de deux étudiants, et qu'un troisième était dans un état plus grave encore, après une chute de trois mètres « sur la tête ».

On peut les comprendre.

Quel est le calcul de la Commune libre de Tolbiac ?

Dans une lutte à mort, un quasi-mort constitue paradoxalement un avantage décisif. Aucune action, aucun coup de force, aucune occupation n'est aussi rentable qu'une victime de la police. Aucun slogan n'est plus parlant. Pour un gréviste, un squatteur de fac, un futur politicien qui débute dans la carrière par l'entretien d'une rumeur, c'est un peu comme tomber deux fois sur la case « Départ » du Monopoly. Dans des circonstances aussi tendues que celle-là, une vie perdue est une cause gagnée, et l'assurance presque contractuelle que l'opinion publique fera *cause commune* avec eux. La stratégie victimaire est tellement rentable qu'il faut absolument se doter d'une victime, quitte à la tuer soi-même.

Malheureusement, le communiqué de l'AP-HP est sans ambiguïté : il n'y a pas de blessé grave (consécutif à l'évacuation). On a beau chercher, fouiller dans les caves, retourner les lits d'hôpitaux, nulle victime ne répond à l'appel. Pas de martyr ! Pas même un petit traumatisme crânien sur lequel capitaliser un chouïa de sympathie… Pour les occupants de Tolbiac, l'heure est venue de faire leur deuil du mort lui-même.

Comment y échapper ? Comment, tête basse, répondre à ce mauvais coup du sort sans verser dans la pénitence (où l'opinion publique, cette crétine, voit une faiblesse, plus qu'une force) ? Comment continuer à dire qu'il y a eu un blessé grave – alors qu'il n'y en a pas eu ? Comment percevoir les dividendes d'une presque-mort, alors que personne n'est en danger ? Comment faire vivre l'idée de la victime, malgré l'absence de victime ?

Par le complotisme.

Au lendemain du lancement de la rumeur, une centaine d'étudiants se sont rassemblés devant l'hôpital Cochin pour réclamer « la vérité » – c'est-à-dire non pas la vérité (qu'il n'y a pas de blessé grave) mais l'*autre vérité* (celle où il y a trois blessés graves, et où c'est la faute de la police). Mais comme l'hôpital n'est pas un asile (dont les manifestants seraient des pensionnaires à ménager), des deux « vérités », c'est la *vraie* qu'il donne. Et comme la *vraie vérité* n'est pas la *bonne* vérité, les anciens occupants interprètent aussitôt cette annonce de l'AP-HP comme un nouvel exercice de dissimulation. « Nous avons toutes les raisons de douter de la version officielle », affirment-ils. Traduction : « Si ce que vous annoncez ne correspond pas à la vérité qui nous arrange, alors nous allons présenter ce que vous dites comme le paravent de ce que vous cachez. Et ce que vous cachez étant, par définition, la vérité qui convient à notre combat, le fait de dire qu'il n'y a pas de blessé grave prouve bien qu'il y en a trois. CQFD. » Ce qui ne prouve qu'une chose : le blessé qu'on invente, c'est le mort qu'on espère.

Le traitement Ludovico

« Aucun doute. J'étais guéri. »

Alex, dans *Orange mécanique*

Après le meurtre de la jeune Angélique (13 ans) et la mise en examen de son agresseur présumé, le patron des Républicains, Laurent Wauquiez s'est prononcé en mai 2018 pour la « castration chimique obligatoire » des prédateurs sexuels… Ce qui prouve qu'il n'a pas vu (ou pas compris) *Orange mécanique*, de Stanley Kubrick[1].

Le héros – Alex – est le type même de ces individus qu'on voudrait voir castré et en prison pour l'éternité. C'est un monstre qui, avec ses trois amis (Pete, Georgie et Dim), pratique assidûment l'ultraviolence (viols et meurtres) sous l'effet d'un lait drogué au speed et avec dans la tête, comme une scie, la neuvième symphonie de Beethoven. Trahi par ses camarades (dont il avait réprimé à coups de lame et de batte une première tentative de sédition), il est capturé et condamné à quatorze ans de réclusion. Arrive alors Laurent Wauquiez, sous la forme

1. Ni lu le livre d'Anthony Burgess d'où le film est extrait. Mais comme je ne l'ai pas lu non plus, je garderai sur ce (possible) chef-d'œuvre un silence prudent, et ne parlerai ici que du film.

d'un ministre de l'Intérieur (« Anthony Sharp ») à la recherche de cobayes pour une nouvelle méthode (qui n'est pas la castration chimique obligatoire, mais son équivalent), le « traitement Ludovico ».

Le traitement Ludovico est une « thérapie par aversion ».

Il s'agit, pour éradiquer la délinquance, de détruire la violence chez ceux qui la pratiquent, en associant son spectacle à un déplaisir intense. Alex est donc attaché à un fauteuil et contraint (paupières maintenues) de regarder des scènes de meurtre et de sexe tout en ingérant (sous la musique de Beethoven) une drogue qui lui tord l'estomac…

Les points communs entre un tel dispositif et la « castration chimique obligatoire » que propose Laurent Wauquiez sont au nombre de trois.

La suppression de la liberté de conscience : dans les deux cas, l'individu n'a pas le choix, même si, dans le film, Alex se porte « volontaire » pour cette thérapie dont la récompense est une sortie de prison, alors que Laurent Wauquiez propose, lui, la castration obligatoire.

La légalisation de la torture ou de l'ablation d'une partie non physique de soi-même.

L'ambition, explicitement totalitaire, de produire un homme nouveau non par l'éducation, mais par la contrainte…

Quand des pulsions de cette nature viennent à un politique en quête d'électeurs, la tentation est grande de lever le poing et de hurler au fascisme. Mais ce serait inefficace – et c'est la seconde leçon d'*Orange mécanique* : Kubrick n'est pas Ken Loach. Son métier n'est pas de s'indigner, mais de comprendre. Son rôle n'est pas de dénoncer ce qui est mal, mais de décrire ce qui ne fonctionne pas. Et le traitement Ludovico ne marche pas du tout. Sorti de prison, Alex est incapable de survivre : ses biens ont été saisis, des clochards lui cassent la gueule, ses anciens amis le noient, ses propres parents ont loué sa chambre d'enfant, et le mari d'une de ses victimes le pousse à se défenestrer. Mais au lieu de le tuer, son suicide a juste pour effet de lui rendre son ancienne personnalité, de la même manière que la castration chimique se présente elle-même comme un processus réversible. À la fin du film, restent un criminel, plus violent qu'auparavant, et une société satisfaite d'avoir, croit-elle, tué le mal dans l'œuf.

La Question

« En attaquant les Français corrompus, c'est la France que je défends. »

Henri Alleg, *La Question*

Dans le premier tome de ses Mémoires, l'ancien lieutenant Jean-Marie Le Pen affirme, en défense des paras « flétris », que « l'armée française a bien pratiqué *la question* pour obtenir des informations durant la bataille d'Alger, mais les moyens qu'elle employa furent les moins violents possible[1] ».

Les moins violents possibles ?

À cette affirmation (dont on retient l'aveu, plus que la minoration des actes commis), il faut inlassablement opposer le témoignage de Henri Alleg, arrêté et torturé par l'armée française pendant la guerre d'Algérie… Et avant de lire les Mémoires du vieux soldat antisémite, lire *La Question*[2], dont l'armée a tenté de saisir les exemplaires lors de sa réédition.

Alleg n'est pas un voyou ni un terroriste.

Alleg ne cache pas des bombes.

1. Jean-Marie Le Pen, *Mémoires*, tome I, *Fils de la Nation*, Muller éditions, 2018.
2. Henri Alleg, *La Question*, Éditions de Minuit, 1958 ; 2008.

Alleg est seulement militant au Parti communiste algérien, directeur de *L'Alger républicain* – et condamné à la clandestinité puisque son journal a été interdit en 1955. L'objet de son arrestation est uniquement de savoir qui l'a hébergé, qui il a rencontré et « quelles ont été ses activités... ». Les renseignements qu'il peut fournir ne sauveraient personne. Rien n'est vital, ici.

Pourtant, les moyens mis en œuvre (par des paras auxquels on avait délégué des pouvoirs de police) pour obtenir ces informations dérisoires sont comparables aux méthodes pratiquées à Guantanamo au début du XXIe siècle[1].

1. L'étonnante mauvaise foi de l'administration Bush (Jr.) saute aux yeux à la lecture des quatre mémos rédigés par la CIA entre 2002 et 2005, et dont Barack Obama avait ordonné la déclassification. Voici ce qu'à l'époque, j'écrivis moi-même dans *L'Express* : « faute de légaliser la torture, le but de l'administration Bush était d'en donner une définition si restreinte qu'on pût prendre un homme à la gorge, le jeter contre un mur, le gifler, lui écraser le visage, le frapper au ventre, l'enchaîner au plafond, lui infliger l'expérience de sa plus grande peur, le priver de sommeil pendant onze jours, et l'asphyxier à plusieurs reprises... tout en respectant la Déclaration universelle des droits de l'homme. Comment un tel sophisme est-il possible ? Par une stratégie de l'atténuation. Ainsi, la gifle n'est pas une torture, puisqu'elle est appliquée entre "l'extrémité du menton et le bas du lobe de l'oreille". La privation de sommeil ne l'est pas davantage, puisque entrecoupée de périodes de repos. L'immobilisation du visage n'est permise qu'à condition de garder les pouces "loin des yeux". Jeter un homme contre un mur est légal sous réserve que la cloison soit "flexible" et que la tête et le cou soient "protégés par une serviette". Quant à la simulation de noyade (*waterboarding*), elle ne saurait, soi-disant, être hors la loi puisqu'elle est pratiquée avec une solution saline afin de maintenir le taux de sodium dans le sang, et après l'ingestion préalable d'aliments liquides pour éviter que la victime ne s'étouffe dans son vomi. Que d'égards ! Ce qu'ignorent ou veulent ignorer les auteurs et les commanditaires de ces mémos, c'est que la torture consiste,

On a couché Henri Alleg sur une planche, poignets et chevilles attachés.

Et un militaire, « coupé par un immense béret, son petit visage bien rasé, triangulaire et anguleux comme celui d'un fennec », s'est assis en souriant sur sa poitrine et a fixé une pince crocodile sur l'oreille droite et une autre au doigt du même côté : « Chaque fois que tu me feras la morale, je t'enverrai une giclée », dit-il en faisant tourner la manivelle de la magnéto.

Et Alleg ne parle pas.

Alors, les paras – dont l'honneur est si cher au mémorialiste – lui accrochent les pinces au sexe, l'aspergent d'eau pour renforcer l'intensité du courant, et lui envoient des décharges si violentes que les lanières qui tiennent ses chevilles sautent. Puis ils dégarnissent le fil de la pince et l'installent sur toute sa poitrine en promettant : « Ici c'est la Gestapo. »

Mais Alleg ne parle pas.

Gifles, coups de poing, coups de genou n'y font rien…

---

précisément, dans ce raffinement de précautions. Car l'essence de la torture n'est pas de tuer, mais, au contraire, de jouer avec la mort, de trouver un équilibre entre la douleur qu'on inflige et les résultats qu'on en attend. Ainsi, les précautions des bourreaux reposent-elles non pas sur l'humanité du prisonnier (qu'il est indispensable de désigner comme un monstre afin de garantir, en retour, l'humanité du tortionnaire), mais sur la nécessité prosaïque de le maintenir en vie pour obtenir aveux et informations. À cet égard, aucun témoignage de torture n'est plus accablant pour l'administration Bush que l'étalage de ses faux scrupules. Comme dit Camus, parlant de la guillotine : “Lorsque le silence, ou les ruses du langage contribuent à maintenir un abus qui doit être réformé […] il n'y a pas d'autre solution que de parler clair et de montrer l'obscénité qui se cache sous le manteau des mots” (*Réflexions sur la guillotine*, 1957). »

Alors, ils passent aux choses sérieuses.

D'abord, la *grosse gégène*. Au lieu de morsures aiguës et rapides qui lui déchirent le corps, le prisonnier sent « une douleur plus large qui s'enfonce dans tous ses muscles ». Comme il ne parle toujours pas, ils menacent d'aller chercher sa femme.

En vain.

Alleg reste silencieux.

Devançant et inspirant la CIA, l'armée française passe alors au *waterboarding* – la simulation de noyade. Ligoté sur une planche et la tête recouverte d'un tissu sur lequel de l'eau est continument versée, la victime est convaincue d'asphyxie.

Silence.

Alors, les militaires de l'armée française (« liberté, égalité, fraternité ») attachent leur souffre-douleur par les pieds à une barre de fer, et (pendant que la corde lui cisaille les chevilles) jouent à le brûler des cheveux jusqu'au sexe avec des torches de papier. Ils appellent ça « le roussir ». Quand ils le détachent, la plante de ses pieds est tellement enflée qu'il a l'impression de « marcher sur un nuage ».

Comme il ne parle toujours pas, les militaires lui ouvrent la bouche, enfoncent le fil dénudé de la gégène jusqu'au fond du palais, et l'électrocutent de l'intérieur. Ce qui est pratique : sous l'effet du courant, ses mâchoires se soudent et du coup, après deux ou trois bonnes décharges, le fil tient tout seul. Au bout d'un moment, comme Alleg est trop faible pour s'assommer lui-même en donnant des coups de tête contre le mur, ils le giflent à toute volée. Mais si faible soit-il, Alleg reste plus fort que les brutes acharnées sur son petit corps. Au bout d'un moment, on le « grille » sans qu'il cille, et il ne ferme même plus les yeux quand on le gifle.

Alors ils lui injectent du pentothal – le sérum de vérité. La glace fige ses veines et pourtant Alleg se met à parler. À sa terreur, Alleg se sent devenir loquace, presque joyeux. Il doit lutter pour ne pas être dupe du ton aimable que ses bourreaux adoptent soudain avec lui. Ne pas trahir, ne pas trahir… Officiellement, ils veulent juste savoir « où vous habitez, qui vous a hébergé depuis votre passage à la clandestinité, quelles sont les personnes que vous avez rencontrées, quelles ont été vos activités ». Mais à la vérité, il s'agit de détruire lentement, et précisément, le sale Français qui a choisi les « ratons » contre son camp. « Ton Duclos et ton Mitterrand, on leur fera ce qu'on te fait… et ta putain de République aussi. »

Tout ça n'a duré que douze heures.

Et le lendemain, ça recommence.

Et Alleg se tait.

Un résistant chétif a mis au tapis un groupe de militaires fourbes et rompus à la haine.

Alleg n'a pas parlé. Du moins, pas sur le moment.

Alleg a écrit un livre ensuite : *La Question*. Où tout est consigné.

Et qu'il faut lire *avant*, si le cœur nous en dit, de lire les Mémoires du vieux para soucieux de son honneur.

La mort n'est rien pour nous

> « Pour moi, tout va bien. C'est le lot, comme vous savez, des grands fragiles indestructibles ! »
>
> Jean Salem

Jean Salem était un grand professeur d'université, spécialiste d'Épicure et (donc) de Marx. Et il est mort, à 65 ans, d'une tumeur au cerveau.

La première fois que je l'ai croisé, c'était à un oral de licence à la Sorbonne.

J'ignorais à l'époque – depuis la thurne de l'École normale où je donnais au noir mes premiers cours particuliers – qu'à la Sorbonne les élèves n'étaient évalués qu'à leur capacité de recracher le cours qu'ils avaient subi toute l'année. Comme j'avais séché, j'étais condamné ; l'auteur du cours que je n'avais pas suivi mit généreusement 3/20 à une copie où il ne retrouvait pas ses petits.

« Ben alors, docteur, je vois qu'on s'est un peu planté à l'écrit ? me dit Jean en guise de salut quand j'entrai dans la salle d'examen. – J'avoue, monsieur, que je ne comprends pas. – Bon, on va voir ce que vous comprenez aux *Fondements de la métaphysique des mœurs*, dont mes chers collègues font si grand cas... » Son ironie me donna du courage. J'expliquai, en choisissant mes mots, que Kant n'était pas l'homme d'une morale particulière, mais de LA morale, ou plus exactement des conditions de toute morale. Que son travail était celui d'un archéologue et d'un constructeur à la fois. Enfin, j'osai critiquer – sans savoir à qui j'avais affaire – la critique kantienne de l'épicurisme (qui, réduisant le bonheur au bien-être et le bien-être à l'idéal d'un sujet empirique, présentait le bonheur comme un idéal indigne de l'homme)... « Dites donc, docteur, je commence à croire qu'on s'est moqué de vous en vous mettant une note aussi nulle... On va arranger ça. » Il me donna 17. J'échappai au rattrapage de septembre. L'honneur était sauf, l'été sauvé. Dieu garde le mécréant.

Mais comment faire le deuil d'un ami qui, alors qu'il avait un pied dedans, continuait d'affirmer, bravache, que toutes les tombes sont vides ?

Quand on ne sait pas où regarder, on se tourne vers les livres.

Démocrite, Épicure, Lucrèce, Marx bien sûr, et Maupassant (dont il adorait le pessimisme et le pacifisme) étaient les terrains de jeu favoris de Jean. Et personne ne décrivait comme lui « le mouvement éternel des atomes lancés dans un vide infini sous l'effet de la pesanteur, du choc et de la déclinaison », c'est-à-dire (aux yeux d'Épicure et de Lucrèce) l'origine de tout ce qui existe, matière, idées, souvenirs et sentiments...

Jean Salem était un matérialiste rigoureux. Qui n'avait aucun besoin de Dieu.

Il était comblé par le sentiment que tout est matériel, même les idées (une idée, disait-il, ce sont des atomes qui s'indignent). Mais c'était un matérialiste poète, aux yeux de qui il suffisait, pour se faire une juste idée de l'âme, de contempler les grains de poussière dans la lumière que filtrent les volets. Et c'était un amoureux de la liberté. Non la plate *liberté libérale* qu'en bon marxiste il tenait pour une « carambouille », mais la liberté profonde de l'atome dont les déviations (le *clinamen*, ou « déclinaison ») donnent le jour à ce que lui-même, en rougissant, appelait du *hasard*... Jean adorait l'idée que, si matériel soit le monde, on ne parvînt pas à tout prévoir : il faut bien envisager (disait-il avec Lucrèce) « un certain principe qui vienne interrompre les lois du destin ». Et c'était fondamental parce que son marxisme n'avait, par conséquent, rien de dogmatique ni de systématique : « Si on croit à la fatalité, disait-il encore, on ne pourra plus châtier les méchants. » Marx était juste, pour un enfant que son père, après la guerre d'Algérie, avait élevé de l'autre côté du rideau de fer, une façon plus précise que les autres de comprendre les lois de la physique humaine, tout en célébrant la puissance de la volonté et la splendeur de l'engagement.

Jean Salem était le fils de Henri Alleg.

Peu de fils ont porté si haut que lui la fierté d'avoir un père courageux. D'ailleurs, ils se ressemblaient tous les deux. Étonnamment. À tous égards. Comme si la matière, en les composant, avait eu une idée derrière la tête.

Il en faut peu pour être heureux

> « Être privé de quoi que ce soit, quel supplice ! Être privé de tout, quel débarras[1] ! »
>
> Sacha Guitry

« Il en faut peu pour être heureux », recommande Baloo, l'ami et le protecteur de Mowgli, l'ours adorable du film *Le Livre de la jungle* qui résume, en une chanson, l'essentiel du message d'Épicure.

Contrairement à ce qu'on croit, l'épicurisme n'est pas une philosophie de l'abondance, des orgies et des gros cigares. Qui vit comme ça n'est pas épicurien, puisqu'il est malheureux. Non, il en faut peu pour être heureux ! L'épicurisme est un art de la mesure, qu'on appelle la « métriopathie ».

C'est un calcul des plaisirs et des peines.

L'ennemi n'est pas le plaisir. Tout plaisir est bon, dit Épicure. L'ennemi, c'est l'excès. Comme dit Baloo, qui ne se prive de rien : « Il en faut peu pour être heureux, vraiment très peu pour être heureux, sachez-vous *satisfaire du nécessaire*… » Et Épicure d'ajouter : « L'habitude de régimes simples est propre à parfaire la santé, rend l'homme actif

1. Sacha Guitry, *Les Femmes et l'Amour*, Pocket, 1963, « Toutes réflexions faites », p. 95.

dans les occupations nécessaires de la vie... et nous rend sans crainte devant la fortune. »

Dans *Les Petites Filles modèles*, Sophie (qu'on prive de tout et qui, donc, désire sans mesure) se gave de cassis, alors que Marguerite (qui ne manque de rien) goûte avec parcimonie[1]. Résultat : Sophie vomira et ne mangera pas la tarte du soir.

Tout plaisir est bon, mais ce sont les désirs qu'il faut distinguer : d'un côté, les désirs naturels (comme la philosophie, l'amitié, la chaleur, la faim, la soif...). Et de l'autre, les désirs vains, c'est-à-dire illimités (gourmandise, lubricité, ambition, pouvoir, immortalité). Car on peut boire jusqu'à plus soif et avoir suffisamment d'amis. Mais on n'aura jamais assez d'argent ni assez de gloire. Ce n'est pas la morale qui condamne l'excès, ce sont ses conséquences.

Les plaisirs du débauché ne sont pas, en soi, plus mauvais que les autres (si la débauche rendait heureux, c'est lui qui aurait raison), mais ils le sont par les malheurs qu'il en retire – cancer, déshonneur et AVC. Ce n'est nullement par goût de la privation qu'il faut être sobre, mais parce que la sobriété

1. Nous sommes au chapitre XV des *Petites Filles modèles*, Sophie et Marguerite, qui sortent de table, tombent sur des arbustes remplis de cassis. Sophie les dévore, parce qu'elle croit que c'est interdit, puis s'essuie la bouche avec des feuilles, de peur de se faire prendre. Or, les petites filles ont le droit de manger ce qu'elles veulent. Ce qui les en empêche n'est pas la loi, mais le bon sens. De fait, Sophie ne tarde pas à rendre les « cassis » qu'elle a voulu dévorer en cachette... Tout y est. L'excès comme réponse à l'interdiction qu'on imagine. La violence, comme conséquence de la morale. Sophie n'est pas seulement désobéissante, elle est malheureuse et, donc, aux antipodes de l'épicurisme.

est l'outil d'une meilleure jouissance – à l'image de Baloo, qu'une fourmilière, un tronc d'arbre et quelques milliers de bananes suffisent à combler : contente-toi de vivre, et tu vivras content.

Le clitoris est une arme de guerre

> « Ayant avecques lui toujours fait bon ménage
> J'eusse aimé célébrer sans être inconvenant
> Tendre corps féminin ton plus bel apanage
> Que tous ceux qui l'ont vu disent hallucinant. »
>
> Georges Brassens, « Le blason »

C'est en 2017 que, pour la première fois, le clitoris a été correctement (et entièrement) représenté dans un manuel scolaire. Il s'agit du manuel scolaire de SVT des éditions Magnard (à destination des collégiens). Ce n'est qu'un début de révolution, puisque les sept autres éditeurs scolaires (Belin, Bordas, Didier, Hachette, Nathan, lelivrescolaire et Hatier) ont, eux, pour l'instant, conservé leurs dessins classiques avec un clitoris réduit à sa partie externe – ou (si j'ose dire) sa portion congrue.

Mais c'est un événement quand même, dont les vertus sont incalculables.

Car c'est une victoire de l'égalité. Hommes et femmes sont (enfin) à la même enseigne. La pudique omerta jetée par les manuels scolaires sur ce trésor de l'anatomie féminine était insolemment inégalitaire.

Mais la représentation complète du clitoris dans un manuel scolaire pour élèves de quatrième est d'abord une victoire de la liberté.

Car de quoi le clitoris est-il le nom ? D'un plaisir irresponsable. D'un plaisir absolu, gratuit, individuel, que personne ne peut vous enlever, et qui est à lui-même sa propre fin car non corrélé à l'injonction (ou à la crainte) de se reproduire. Le clitoris est l'instrument d'un basculement de la reproduction vers l'érotisme qui, libérant les femmes de l'obligation d'être d'abord des génitrices, leur rend (à tous les sens du terme) la *jouissance de leur propre corps*. Pour cette raison, les 25 % d'adolescentes françaises qui ne savent pas qu'elles ont un clitoris et que, par cette grâce, leur corps abrite la possibilité d'un plaisir égoïste et illimité sont en grand danger de servitude.

Le clitoris est une arme. Une arme de *construction* massive et de confiance en soi. L'apprentissage du plaisir est une libération. Comment soumettre la femme qui sait posséder un tel pouvoir ? Et qui, par cette grâce, marche avec plus d'assurance en cette vie ? Et comment ne pas comprendre, quand on sait s'en servir, que la recommandation d'être pudique, de cacher son corps ou son visage quand on est une femme, n'est pas dictée par la morale ou la sollicitude, mais par l'impuissance, la rancœur et le patriarcat ? Quand des brutes médiévales comme l'imam américano-égyptien Shaker Elsayed recommandent l'excision (c'est-à-dire l'ablation du clitoris externe) pour éviter l'« hypersexualité » chez les femmes, et reçoivent le docte soutien de Tariq Ramadan[1], la meilleure réponse aux

1. Pour être tout à fait précis, rappelons que Tariq Ramadan n'a jamais défendu l'excision (il a même rappelé, à juste titre, que

barbares consiste dans l'existence, l'apparition dans les manuels et l'usage abondant de ce que Brassens (qui était aussi mal placé que moi pour en parler) appelait un « incomparable instrument de bonheur ».

ce n'était pas un précepte coranique), mais a dit que comme cela fait partie de la « tradition prophétique » et que c'est pratiqué dans de nombreux pays africains, il fallait en discuter entre musulmans. Quand l'imam de Washington avait été suspendu après dénonciation par ses fidèles pour avoir défendu la pratique de l'excision, Ramadan avait fait une vidéo pour reprocher aux fidèles d'avoir procédé de la sorte au sujet d'un musulman qui avait servi la communauté pendant trente ans, et pour dire qu'il était honteux d'avoir fait ça pour, selon lui, complaire aux « islamophobes », alors qu'il eût fallu régler la question de l'excision en interne. Autrement dit, il applique la logique du relativisme culturel au corps des femmes : même dans un pays occidental (États-Unis), le sort du clitoris doit être décidé par une clique de mâles, au nom du respect de la culture de chacun.

L'excision est un crime contre l'humanité

« Ni la tradition ni la coutume ne justifient une telle remise en cause des droits fondamentaux », a déclaré Agnès Buzyn, ministre de la Santé, le 6 février 2018 à l'occasion de la Journée internationale de lutte contre les mutilations génitales féminines. Au premier rang de ces mutilations se trouve évidemment l'excision, c'est-à-dire l'ablation du clitoris.

Du point de vue des bourreaux, elle offre le double avantage de rétrécir l'orifice vaginal (ce qui est commode pour les petits pénis qui ressemblent eux-mêmes à des boutons) tout en privant la femme de plaisir (ce qui garantit sa « pureté » plus efficacement qu'un ordre ou une menace), et qui concerne plus de 200 millions de femmes dans le monde, dont un quart ont moins de 15 ans.

Avec ce crime absolu, l'humanité a les moyens d'être unanime contre quelque chose.

L'excision, l'infibulation, l'incision ou l'introcision… Nul débat là-dessus. Aucune de ces pratiques infâmes ne reçoit la moindre excuse. Qu'ils soient centrafricains, somaliens, colombiens, ghanéens, indonésiens, musulmans, coptes, juifs d'Éthiopie, égyptiens ou français, il n'y a aucune indulgence à avoir pour les gens qui, sous des prétextes honteux, mettent les mains, les bistouris et parfois des lames de pierre dans le sexe des petites filles pour en retirer tout ce qui pourrait, un jour, leur donner du plaisir.

L'excision met tout le monde d'accord. Nul relativisme qui tienne, ici. On ne peut pas tempérer un crime total, en rappelant que le bourreau appartient (peut-être) à la famille des démunis ou des *racisés*. L'excision est si grave qu'elle transcende toute condition ethnique ou sociale. Aucun des enzymes que distillent les bons sentiments n'est assez efficace pour digérer un geste pareil. Le juste respect des traditions de chacun s'arrête à la pratique de l'excision et aux traditions innombrables qui la perpétuent loin des regards et de la loi, dans des caves. Et ceux qui s'empressent de voir dans un *féminisme universaliste* le cache-nez d'un « impérialisme blanc » peuvent ici faire l'effort de comprendre que l'idée d'universel n'est pas toujours un impérialisme, mais qu'elle s'impose à toute conscience humaine, comme un *sentiment d'humanité*, devant le spectacle d'une petite fille qu'on mutile et qu'on prive de plaisir, sous prétexte de pureté, pour le seul agrément de ses bourreaux.

Tariq-tuffe

> « Protège ton corps ! C'est une énormité de vivre quelque chose en dehors du cadre du mariage. De vivre des choses qui ne sont pas islamiques… Des maris font des choses totalement illicites. Ils vont voir d'autres femmes ! Il faut arrêter tout de suite de tromper sa femme. Il faut demander pardon à Dieu et reprendre une vie de famille saine. »
>
> Tariq Ramadan,
> Conférence à La Réunion, 1999

Tartuffe est, dit-on, de tous les temps.

La pièce de Molière (qui raconte comment un intrigant déguisé en fanatique extorque à son bienfaiteur l'ensemble de sa fortune) est un modèle universel. Mais les occasions de le constater sont finalement assez rares. Or, en la circonstance, tous les protagonistes de l'« affaire Tariq Ramadan » y sont parfaitement représentés.

Le rôle-titre est tenu, bien sûr, par Tariq Ramadan, « Tariq-tuffe », dont le discours, terrible ou conciliant, dépend de son destinataire. Et qui, comme Tartuffe, prend le pouvoir en faisant profession de science. À l'image de Tartuffe intimant aux femmes l'ordre absolu de se « couvrir le sein » (qu'il ne saurait voir) parce que, dit-il, un tel spectacle « fait venir de coupables pensées », Tariq Ramadan appelle sans scrupule à la pudeur de la femme musulmane avant, si les faits sont avérés, de l'agresser lui-même sexuellement[1]. Les palinodies du séducteur manucuré qui drague sur Skype en feignant d'être vaincu par les appas de ses victimes, tout en trouvant dans les textes sacrés le pardon de sa faiblesse (tandis qu'elles-mêmes s'étonnent de l'expression d'un désir si peu conforme à son enseignement) datent, en réalité, de 1669 :

« Un dévot comme vous, et que partout on nomme…
— Ah ! pour être dévot, je n'en suis pas moins homme ;
Et lorsqu'on vient à voir vos célestes appas,
Un cœur se laisse prendre, et ne raisonne pas…
— Mais des arrêts du Ciel on nous fait tant de peur.
— Je puis vous dissiper ces craintes ridicules,
Madame, et je sais l'art de lever les scrupules.
Le Ciel défend, de vrai, certains contentements ;
Mais on trouve avec lui des accommodements.
Selon divers besoins, il est une science,
D'étendre les liens de notre conscience,
Et de rectifier le mal de l'action
Avec la pureté de notre intention.

1. À l'heure où nous écrivons ces lignes, Ramadan, qui bénéficie de la présomption d'innocence, a déjà avoué une chose qui le range indubitablement dans la catégorie « Tartuffe » : il intime aux femmes de se couvrir et pourfend l'adultère, mais il a lui-même allègrement trompé sa femme. Nul besoin d'être un violeur pour être un Tartuffe, il suffit de fustiger ce à quoi on s'adonne avec délice.

De ces secrets, madame, on saura vous instruire ;
Vous n'avez seulement qu'à vous laisser conduire.
Contentez mon désir, et n'ayez point d'effroi,
Je vous réponds de tout, et prends le mal sur moi. »

Mais l'analogie va bien au-delà du rôle principal : toute la diversité du féminisme, par exemple, est représentée dans le *Tartuffe*.

Les rôles des Femen et de la vaillante Élisabeth Badinter (et d'un féminisme qui n'a renoncé ni à l'égalité ni à l'universel) sont tous deux dévolus à Dorine, qui, quand Tartuffe lui demande de se couvrir le sein, répond qu'en somme il peut lui-même aller se faire voir :

« Vous êtes donc bien tendre à la tentation ;
Et la chair sur vos sens fait grande impression !
Certes je ne sais pas quelle chaleur vous monte :
Mais à convoiter, moi, je ne suis point si prompte :
Et je vous verrais nu du haut jusques en bas,
Que toute votre peau ne me tenterait pas. »

L'indécision d'un féminisme intersectionnel, partagé entre la défense des femmes et la peur d'être islamophobe si l'agresseur est musulman, est incarnée par le personnage de Mariane – la fille du maître de maison, qui, tout en détestant Tartuffe, n'a pas le courage de s'opposer à la volonté de son père quand il ordonne qu'elle l'épouse (« Un père, je l'avoue, a sur nous tant d'empire, Que je n'ai jamais eu la force de rien dire... »). Qu'y puis-je, en somme ? Il faut comprendre. Je ne suis pas une héroïne. J'aimerais bien vivre mieux, mais la perspective de ce qu'il me faudrait accomplir pour cela suffit à décourager mon action et à consentir à mon destin de femme « tartuffiée[1] ».

Enfin le féminisme de combat – Caroline Fourest[2] bien sûr, ou les plaignantes, régulièrement agressées – est incarné, dans la pièce, par Elmire, la maîtresse de maison, qui, pour montrer à son mari, Orgon, que Tartuffe est un traître, prend le risque de se faire violer par l'imposteur... :

« Sans doute il est fâcheux d'en venir jusque-là,
Et c'est bien malgré moi que je franchis cela ;
Mais, puisque l'on s'obstine à m'y vouloir réduire,
Puisqu'on ne veut point croire à tout ce qu'on peut dire,
Et qu'on veut des témoins qui soient plus convaincants,
Il faut bien s'y résoudre, et contenter les gens. »

Dans cette tragi-comédie d'actualité – où il est autant question de féminisme que de laïcité –, le rôle du Printemps républicain (dont les initiatives salutaires sont parfois contrariées par la véhémence de ses membres) est tenu par Damis, le fils d'Orgon, qui parle trop haut et trop violemment pour se faire entendre de son père :

« Non, madame, non, ceci doit se répandre.
J'étais en cet endroit, d'où j'ai pu tout entendre ;

1. « — Point : Tartuffe est votre homme, et vous en tâterez.
— Tu sais qu'à toi toujours je me suis confiée :
Fais-moi...
— Non, vous serez, ma foi ! tartuffiée. » (Acte II, scène III)

2. Dont l'Histoire retiendra qu'elle fut la première à mettre en garde contre le double discours de « Frère Tariq ».

Et la bonté du Ciel m'y semble avoir conduit, Pour confondre l'orgueil d'un traître qui me nuit... » dit-il à Elmire, après avoir entendu Tartuffe lui faire des propositions graveleuses.

Le diagnostic de Damis est le bon : Tartuffe est bien « un scélérat qui parle d'amour ». Mais les moyens qu'il met en œuvre nuisent aux intentions qui l'animent, et la révélation des turpitudes de Tartuffe ne pèse pas lourd (aux yeux du père) à côté des manœuvres de Tartuffe :

« Oui, mon frère, je suis un méchant, un coupable,
Un malheureux pécheur, tout plein d'iniquité,
Le plus grand scélérat qui jamais ait été.
Chaque instant de ma vie est chargé de souillures,
Elle n'est qu'un amas de crimes, et d'ordures ;
Et je vois que le Ciel, pour ma punition,
Me veut mortifier en cette occasion.
De quelque grand forfait qu'on me puisse reprendre,
Je n'ai garde d'avoir l'orgueil de m'en défendre... »

Une telle stratégie (la victimisation) est immanquablement victorieuse face à Orgon (« Ah ! traître, dit-il à son fils, oses-tu bien, par cette fausseté, Vouloir de sa vertu ternir la pureté ? »).

Le patriarche suicidaire, qui incarne à la fois la cécité volontaire des intellectuels – dont la lâcheté, prenant les contours flatteurs du relativisme, ne cesse de trouver au pire d'excellentes raisons d'exister – et la faiblesse de l'État lui-même devant les revendications victimaires, veut offrir l'ensemble de ses biens à Tartuffe, à commencer par sa fille. Et répond que c'est la haine qui fait parler les siens quand on lui raconte que Tartuffe a tenté de courtiser sa propre femme – exactement comme ceux qui, sincèrement ou non, s'attachent à voir de l'« islamophobie » dès qu'on décrit la duplicité de Ramadan. Caché sous la table sur laquelle Tartuffe essaie de posséder sa femme, Orgon entend tout, mais ne regarde pas. Et, tout comme les « féministes musulmanes » qui ont mis des semaines à soutenir, du bout des lèvres, les victimes de Ramadan (quand elles l'ont fait), il ne se montre que quand l'agresseur a quitté la pièce. Orgon... L'autruche qui retire à regret la tête du sable. Et qui exerce à mauvais escient l'autorité dont il dispose et compense la faiblesse par l'autoritarisme.

> « Ah ! je vous brave tous, et vous ferai connaître,
> Qu'il faut qu'on m'obéisse, et que je suis le maître.
> Allons, qu'on se rétracte, et qu'à l'instant, fripon,
> On se jette à ses pieds, pour demander pardon. »

Mais Orgon n'est personne à côté de Madame Pernelle (sa mère), qui aime tellement Tartuffe qu'à l'exemple des gens qui voient un complot sioniste dans les turpitudes de Ramadan (ou qui n'ont jamais assez de preuves pour voir en Assad le bourreau de son propre peuple) elle dénonce obstinément de « faux soupçons » et de « trompeuses apparences » quand elle-même est confrontée aux mensonges de son idole.

> « C'est tenir un propos de sens bien dépourvu ! Je l'ai vu, dis-je, vu, de mes propres yeux vu, Ce qu'on appelle vu : faut-il vous le rebattre Aux oreilles cent fois, et crier comme quatre ? – Mon Dieu, le plus souvent, l'apparence déçoit. Il ne

faut pas toujours juger sur ce qu'on voit… Il est besoin, Pour accuser les gens, d'avoir de justes causes, Et vous deviez attendre à vous voir sûr des choses… »

Last but not least, les braves gens qui voient dans la une de *Charlie Hebdo* représentant Tariq Ramadan avec une prodigieuse érection sous la phrase « Je suis le sixième pilier de l'islam » une attaque contre la religion musulmane elle-même (alors que *Charlie* ne s'en prend qu'à l'hypocrisie d'un de ses représentants) ressemblent furieusement à ceux qui voyaient le *Tartuffe* comme une machine de guerre contre l'Église catholique, alors que Molière ne s'en prenait qu'aux faux dévots.

Le paradoxe du menteur

> « Si tu dis que tu mens et si tu dis vrai, tu mens ; mais tu dis que tu mens et tu dis vrai, tu mens donc. Mais si tu mens, tu ne dis donc pas vrai ; il n'est donc pas vrai que tu mentes. »
>
> Cicéron, *Académiques*

C'est l'histoire d'un homme qui déclare : « Je mens. »

De deux choses l'une : soit ce qu'il dit est faux, et alors c'est vrai.

Parce que s'il est faux de dire qu'il ment, alors il ment quand il dit qu'il ment, par conséquent, il est vrai qu'il ment.

Soit ce qu'il dit est vrai : le type ment vraiment.

Mais alors, s'il est vrai qu'il ment, dans ces conditions le type ne ment pas quand il dit qu'il ment. Donc, ce qu'il dit est faux.

Autrement dit, le type qui dit « Je mens » est coincé : s'il dit faux, il dit vrai. Et s'il dit vrai, il dit faux[1].

1. En fait, le paradoxe (dit « paradoxe d'Épiménide le Crétois ») est un faux problème. Si un Crétois déclare « Tous les Crétois sont des menteurs », il échappe, apparemment, au principe de

Prenons maintenant le cas de Laurent Wauquiez. Et l'épisode réjouissant de l'enregistrement pirate du « cours » dispensé en février 2018 aux étudiants de l'EM Lyon, au cours duquel, ne se sachant pas enregistré, Wauquiez avait honteusement traîné dans la boue l'ensemble de ses anciens camarades, de Gérald Darmanin et Alain Juppé à Nicolas Sarkozy lui-même. Pour sa défense, Laurent Wauquiez est allé sur BFMTV, dans l'émission de Ruth Elkrief, pour dire qu'à l'exception de ses propos sur Nicolas Sarkozy[1] il ne mentait pas devant les étudiants de l'EM Lyon Business School. Au contraire : il était sincère, il était *lui-même*.

Or, parmi les moments que Laurent Wauquiez revendique fièrement se trouve l'instant où il affirme aux étudiants (pour les convaincre de ne pas l'enregistrer) que ce qu'il dit aux médias, c'est

---

non-contradiction (qui interdit au même énoncé d'être simultanément vrai et faux) puisque soit Épiménide dit vrai et, dans ce cas, comme tous ses compatriotes, il ment. Soit il ment en affirmant ce qu'il affirme, et alors tous les Crétois ne sont pas menteurs puisque lui-même échappe à cette loi. Seulement (si j'ose dire), et c'est l'objection d'Aristote : on peut mentir en général, tout en disant la vérité de temps en temps. Le statut de menteur est compatible avec la profération ponctuelle d'une vérité. Épiménide ne ment pas en disant qu'il ment. Il dit vrai, ponctuellement. Ce qui ne fait pas moins de lui (à l'en croire) un menteur patenté « comme tous ceux de sa race » (Renaud).

1. « Nicolas Sarkozy en était arrivé au point où il contrôlait les téléphones portables de ceux qui rentraient en Conseil des ministres. Il les mettait sur écoute pour pomper tous les mails, tous les textos et vérifiait ce que chacun de ses ministres disait au moment où on entrait en Conseil des ministres. »

du *bullshit*. Seulement, voilà : puisque c'est *dans les médias eux-mêmes* qu'il a défendu les paroles tenues devant les étudiants, le paradoxe du menteur s'applique merveilleusement au chef des Républicains.

Wauquiez dit (en substance) aux étudiants : « Dans les médias, ce que je raconte, c'est du pipeau. » Puis il va dans les médias et déclare : « Ce que j'ai dit aux étudiants, je le pense vraiment. » Donc : soit Laurent Wauquiez ment aux étudiants, et alors il leur dit vrai. S'il ment en disant que dans les médias, il ne raconte que du *bullshit*, alors ce n'est pas du *bullshit* quand il déclare chez Ruth Elkrief (sur BFMTV) qu'il était sincère devant les étudiants. Mais à l'inverse, si Laurent Wauquiez dit la vérité aux étudiants, alors il leur ment. Puisque s'il dit vrai quand il dit aux étudiants que, dans les médias, tout ce qu'il raconte c'est du *bullshit*, alors ça veut dire que chez Ruth Elkrief, quand il a juré, la main sur le cœur, être sincère devant les étudiants, c'était n'importe quoi !

C'est la raison pour laquelle, quand Ruth Elkrief s'est étonnée (en qualité de *médias*) que Laurent Wauquiez déclare aux étudiants que dans les médias il ne raconte que des foutaises, Wauquiez (qui était en terrain miné) a fait comme si la question portait sur sa sincérité. Il a pris l'air offensé. Il a posé ses mains sur la table, il a dit « Madame Ruth Elkrief » avec un air de reproche, et il s'est indigné qu'on pût douter un instant de sa sincérité en toute circonstance. Or Madame Ruth Elkrief ne lui demandait pas du tout s'il était sincère. Elle se demandait juste comment croire à sa sincérité à partir du moment où lui-même avait dit à des étudiants qu'il n'était jamais sincère à la télé... Mais à cette question-là, bizarrement, Laurent Wauquiez n'a pas répondu[1].

1. L'objection d'Aristote à Épiménide ne fonctionne pas dans le cas de Laurent Wauquiez, puisque sa déclaration ne porte que sur ce qu'il a dit lui-même. Les démentis du patron des Républicains ne portent pas sur un diagnostic général (comme dans le cas du Crétois qui incrimine l'ensemble de ses compatriotes), mais sur des remarques précises, ponctuelles et fielleuses, dont la question demeure de savoir s'il les pensait vraiment.

À moins de mentir délibérément, tout ce qu'on dit, on le pense

« Ce perroquet, noyez-le, Tintin ! Empaillez-le ! Ou je fais un malheur ! »

Le capitaine Haddock
dans *Les Bijoux de la Castafiore*

« Mes propos ont dépassé ma pensée... »

Tu parles !

C'est ainsi que Bernard Joannin (le président de l'Amiens Sporting Club) a présenté ses excuses aux supporters lillois qu'il avait accusés de « s'être lancés de façon désordonnée » sur l'une des barrières du stade de la Licorne (Amiens) dont l'effondrement (le 30 septembre 2017) a blessé vingt-neuf d'entre eux... L'homme ajoute : « Je me suis exprimé maladroitement », avant de préciser qu'il voulait juste « exprimer que la joie des Lillois pour célébrer ce but de façon légèrement excessive avait pu mettre en danger leur sécurité ».

Évidemment, cela revient au même.

Que le président d'Amiens s'exprime plus posément ne change rien au fond de sa pensée qui tient en peu de mots : *ces couillons de Lillois auraient mieux fait de se retenir*.

De façon générale, que veut-on dire quand on dit « mes propos ont dépassé ma pensée » ? Qu'on regrette les paroles excessives qui nous ont échappé sous le coup de la colère. Certes, je t'ai traité de « salope », ou d'« ordure », ou de « supporter lillois », mais ne m'en veux pas, mon ami : mes propos ont dépassé ma pensée, *je ne pensais pas ce que je t'ai dit.*

C'est pourtant là qu'on ment.

Par un tour de passe-passe qui fait passer l'excès pour l'antipode, on fait comme si, quand des mots « dépassent la pensée », ils signifiaient le contraire de ce qu'on pense. Arnaque. Quand des mots dépassent la pensée, ça ne veut pas dire qu'ils la contredisent, mais qu'ils la débordent. Et que, pour cette raison, ils l'expriment d'autant plus.

Le regret quand, après coup, on fait amende honorable et qu'on supplie l'insulté de ne pas commettre l'erreur fatale de nous prendre à la lettre n'est pas de lui avoir menti, mais de lui avoir dit la vérité. Notre crainte, quand on rétropédale, qu'on se couvre la tête de cendres en jurant que « les propos ont dépassé la pensée », n'est pas que l'autre se méprenne sur la nature de nos vrais sentiments temporairement travestis par la colère, mais qu'il comprenne la nature des sentiments qu'on avait su, jusqu'ici, lui cacher.

Et les individus qui reçoivent ces paroles terribles, ces paroles qui « dépassent la pensée », et qui en font des dossiers, et qui vous les ressortent ensuite, des années plus tard, ne sont pas seulement d'affreux rancuniers qui s'accrochent à une vieille parole pour instruire un mauvais procès, mais aussi des gens qui se souviennent obstinément du mal qu'on leur a fait ce jour funeste où, malgré nous, sous le coup de la rage, nos paroles ont révélé notre pensée, en la dépassant.

« La vérité, si je mens ! »

> « De l'égalité de tous les animaux, nul n'est plus fermement convaincu que le camarade Napoléon. Il ne serait que trop heureux de s'en remettre à vous de toutes les décisions. Mais il pourrait vous arriver de prendre des décisions erronées, et où cela mènerait-il donc ? »
>
> Brille-Babil, *in* George Orwell, *La Ferme des animaux*

Sophia Chikirou (fondatrice de la web TV Le Média) s'est indignée en mars 2018, sur BFMTV, qu'une entreprise ait été payée par une vingtaine de grands médias pour effectuer le comptage de la mobilisation parisienne des cheminots et des fonctionnaires : « Je ne suis pas du tout d'accord avec le fait que des journalistes comptent le nombre de manifestants, a-t-elle dit. Ce n'est pas leur job. »

Au début de l'entretien, à l'appui d'un refus si étonnant, Mme Chikirou fait valoir qu'il est impossible de quantifier une manifestation en mouvement, et prend l'exemple du cortège parisien, dont les trois départs (Bercy, Nation et gare de l'Est) rendaient impossible, dit-elle, tout dénombrement.

Mais quatre minutes et vingt secondes plus tard, quand le journaliste Laurent Neumann observe qu'à Paris (où le comptage est donc effectué par un prestataire indépendant) les syndicats et la police donnent, comme par hasard, pour une fois, à peu près les mêmes chiffres, Sophia Chikirou explique soudain que c'est normal parce que (*sic*) « à Paris, c'est plus facile de compter, parce qu'il y avait trois points de départ qui convergeaient vers le même endroit... ».

Se contredit-elle ou a-t-elle changé d'avis ?

Ni l'un ni l'autre.

Quand Sophia Chikirou dit qu'on ne *peut pas* compter, elle veut dire qu'en fait on ne *doit pas* compter : qui sont ces journalistes qui vont vérifier si, d'aventure, les syndicats n'exagèrent pas ? Pour qui se prennent ces enquêteurs qui cherchent à savoir combien de personnes défilaient dans les rues, au lieu de se fier à la vérité-CGT que nous, au Média, nous pouvons leur livrer ? Ayez confiance ! Nos chiffres sont les bons puisque ce sont ceux-là qu'on vous donne...

En général, on doit se casser la tête pour repérer des pulsions liberticides sous des intentions nobles. Avec Le Média, l'effort est inutile. Ses commissaires expliquent eux-mêmes, ingénument, de quelle façon la défense de l'« indépendance » culmine chez eux dans la désinformation revendiquée. Le problème que pose ici cet organe atrophié de presse vient de la transparence dont il fait preuve... sur son propre refus de la vérité ! Comme s'ils craignaient qu'on eût un doute à ce sujet, les informateurs du Média n'arrêtent pas de montrer (dans des maladresses qui relèvent de la mise en scène) que, chez eux, la vérité est optionnelle et la soumission au Parti, totale.

« Il y avait moins de monde à l'investiture de Trump qu'à celle d'Obama ? *No problem !* » se disent les soutiens de Trump. Sean Spicer[1] va dire le contraire, et traiter de corrompus les médias qui ne voudront pas l'entendre.

« Il y avait moins de monde que prévu dans la grande manif de jeudi dernier ? *Niet problem !* » se disent les Insoumis. Sophia Chikirou donnera seulement les chiffres des syndicats, et laissera entendre que les autres médias sont à la solde du pouvoir. Mais n'est pas Trump qui veut et, au Média, *ils le disent*. Ils le reconnaissent. Ils le revendiquent. Et cette mini-*Pravda*, cette pravdounette égarée dans un univers démocratique, qui fait la morale à tout le monde et qui brandit ses propres chaînes comme l'étendard de la liberté, Le Média, admet tranquillement, publiquement, sans crainte du ridicule, que chez elle, chez lui, chez eux, les faits comptent moins que les souhaits.

1. Éphémère porte-parole de la Maison Blanche entré dans la légende du rire après avoir clos sa première conférence de presse par l'affirmation suivante (à propos de la cérémonie d'investiture de Donald Trump) : « C'est la plus grande foule qui ait jamais assisté à une investiture, *point barre.* »

Emma Gonzalez

> « N'ai-je pas laissé à mon intelligence le temps de se laisser surprendre par telle ou telle interprétation trompeuse, émanant de mon désir et image donc de la réalité telle que je préférerais qu'elle soit, non de la réalité elle-même ? »
>
> Clément Rosset, *Le Réel et son double*

Emma Gonzalez, la très charismatique lycéenne rescapée de la tuerie de Parkland (et engagée dans la lutte pour le contrôle des armes à feu aux États-Unis), déchire, sur une photo parue dans le magazine *Teen Vogue*, une des feuilles marquées d'une cible utilisées pour les entraînements au tir… Mais cette photo a été retouchée par la NRA (National Rifle Association), qui la montre désormais en train de déchirer la Constitution américaine… Et l'image falsifiée est devenue virale. Tout ce que l'Amérique et le monde comptent de défenseurs du port d'armes a fait tourner ce photomontage. Évidemment, la supercherie a été très vite démasquée. Son auteur lui-même, travaillant sur une photo qui était déjà parue, n'espérait pas qu'elle tînt très longtemps.

Mais il est passionnant que cette image (la fausse image d'Emma Gonzalez déchirant la Constitution) ait continué à tourner longtemps après avoir été dénoncée pour le faux qu'elle était. Des gens ont fait tourner (et font peut-être encore tourner) la fausse image, *en connaissance de cause*. Et quand on leur demande comment ils osent, ils répondent, sublimes, qu'à aucun moment ils n'ont dit que l'image était vraie... Comment expliquer cette mauvaise foi ? Comment se fait-il que, délibérément, l'image continue de tourner alors que chacun sait, désormais, qu'elle est fausse ?

Le montage d'Emma Gonzalez déchirant la Constitution n'est pas une image. C'est une métaphore. La métaphore de l'idée que se font d'Emma Gonzalez les adversaires d'une réglementation plus stricte sur le port d'armes. À leurs yeux, cette jeune fille extraordinaire, au charisme de Mandela, qui a réuni plus de monde en deux semaines que la NRA depuis 1871, et dont le visage est capable d'imposer six minutes de silence à une foule fébrile, n'est qu'une saloperie de petite Latina attachée à détruire les États-Unis en s'en prenant au deuxième amendement (dont Emma ne réclame pas du tout la suppression). De sorte que s'ils répandent cette image tout en sachant qu'elle est fausse, c'est parce que, pour eux, le *faux* est plus vrai que la vérité elle-même.

Comment résister à l'envie de diffuser l'image qu'on a envie de voir ? Quelle prise l'honnêteté peut-elle avoir sur une telle tentation ? En y voyant un symbole – le symbole de la décadence de l'Amérique –, les colporteurs de cette image la situent à une altitude où elle n'est ni vraie ni fausse, puisqu'étant uniquement la photo d'un désir elle n'a de comptes à rendre qu'au désir lui-même. Car on peut aisément démontrer qu'Emma Gonzalez n'a pas déchiré la Constitution américaine devant l'objectif d'un photographe. Affirmer le contraire, c'est mentir. Mais il est indémontrable qu'elle ne veut pas détruire le pays – ce que ses ennemis ont envie de croire. Et comme on croit, on voit.

Le complotisme est un symptôme qui se prend pour un diagnostic

« À qui profite le crime ? »

Question stupide

80 % des Français ont au moins cru une fois à une théorie du complot.

C'est ce qui ressort d'une enquête approfondie de la Fondation Jean-Jaurès et du site Conspiracy Watch[1]. Il en ressort également que 55 % des Français croient que le ministère de la Santé est de mèche avec l'industrie pharmaceutique pour cacher au grand public la réalité sur la nocivité des vaccins, qu'un tiers d'entre eux estiment que le Sida a été créé en laboratoire, qu'un Français sur cinq doute encore de la version officielle de l'attentat contre *Charlie Hebdo*, et qu'un sondé sur dix considère qu'il est possible que la Terre soit plate.

Bref, hormis la thèse selon laquelle le réchauffement climatique est une arnaque mercantile et l'immigration de masse un vaste projet de grand remplacement, les niveaux d'adhésion – surtout chez les jeunes Français – sont très élevés.

1. Publiée le 7 janvier 2018.

Pourquoi les jeunes en premier ? Peut-être parce que le désir de croire n'est pas encore entravé par l'expérience. Comment résister aux sirènes d'une théorie du complot qui fournit, sans le moindre effort, un système d'explication globale, une perception héroïque de sa propre opinion et une thèse irréfutable, parce que délirante ? Quand on est jeune, on est jeune, dirait Brassens. Certains sont jeunes jusqu'à la mort. Essayez de contredire celui qui pense que le gouvernement français est derrière les attentats de 2015, ou que les traînées blanches dans le ciel contiennent des substances toxiques, ou que la Terre est plate... Le point commun à toutes ces hypothèses qui se prennent pour des vérités, c'est qu'étant arbitraires et indémontrables, elles sont irréfutables. On ne peut pas donner tort à celui qui pense que les Américains ne sont jamais allés sur la Lune. Les « preuves » qu'on lui présentera s'estomperont devant ses propres « preuves » et prouveront surtout, à ses yeux, qu'on travaille *pour* les Américains.

C'est sur la méthode qu'il faut attaquer le complotisme.

Car il est le contraire de la science.

Le complotisme consiste à *antéposer* la thèse qui fait plaisir pour en chercher ensuite les traces (appelées « preuves ») dans le réel. Ce qui revient à mettre la charrue avant les bœufs. Ou à produire des procès d'intention. La science ne consiste pas à prélever dans le monde ce qui va dans le sens de ce qu'on croit, mais (à l'inverse) à exposer ce qu'on croit à la sanction du réel en cherchant tout ce qui peut invalider la thèse qu'on soutient. Quand l'essayiste Frédéric Lordon explique, dans *Le Monde diplomatique*,

que l'anticomplotisme[1] est d'abord une entreprise bourgeoise pour endiguer la contestation (alors que le complotisme décrit l'effort d'individus ordinaires pour ne plus être dépossédés de leur vie par des dominants), il soumet la connaissance elle-même à l'obligation d'égalité, et maintient délibérément dans l'ignorance celles ou ceux dont il défend le droit de dire n'importe quoi.

1. « "Complotisme" est en train de devenir le nouvel indice du crétin, le marqueur qui situe immanquablement son homme. Un ordre social de plus en plus révoltant à un nombre croissant de personnes réduit nécessairement ses conservateurs aux procédés les plus grossiers pour tenter d'endiguer une contestation dont le flot ne cesse de monter… », Frédéric Lordon, « Le complotisme de l'anticomplotisme », *Le Monde diplomatique*, octobre 2017, https://www.monde-diplomatique.fr/2017/10/LORDON/57960

Le Président des sans-doutes

« Insupportables violences contre la manifestation du 1er Mai. *Sans doute des bandes d'extrême droite.* » Ainsi a réagi Jean-Luc Mélenchon aux violences qui ont émaillé les défilés du 1er Mai dans la capitale… avant de reconnaître que ce n'était pas le cas.

Si Jean-Luc Mélenchon avait été élu, il eût été le Président des « sans-doutes ».

De quoi Mélenchon ne doutait-il pas, en l'occurrence ?

Quelle était la certitude qui, à ses yeux, échappait à toute remise en cause ?

Que, contre toute apparence, au mépris des slogans et au mépris de ce qu'affirmaient les casseurs eux-mêmes, les cagoules des casseurs abritaient « sans doute » des cerveaux d'extrême droite. Mélenchon a ensuite reconnu qu'il s'était trompé. Il a dit (au micro de Jean-Jacques Bourdin) : « Apparemment, ce n'est pas le cas, moi je n'avais rien vu. On m'appelle pour me dire "Il y a de la casse", et j'avais en tête les menaces de mort reçues par des groupes d'extrême droite et les abrutis qui sont allés bloquer des migrants dans les Alpes… » Et Mélenchon d'ajouter qu'il était dans une certaine « ambiance mentale » : c'est donc une *ambiance mentale*, que n'étayait aucune preuve, qu'invoque l'« indubiteux » à l'appui de sa conviction. « Sans doute » ne voulait donc pas dire que c'était indubitable, mais juste dire « à mon avis, vu ce que j'ai vu dans le passé et compte tenu de ce que je pense... ».

Que permet de comprendre le mésusage mélenchonien du « sans doute » ?

Que ce qui n'est pas douteux n'est jamais ce qu'on connaît. Car on ne connaît jamais complètement quelque chose. Le doute arrive avec la connaissance. « Sans doute » n'est pas la conclusion qui s'impose au terme d'un examen rigoureux, mais l'axiome qu'on impose en amont de tout examen. Si un journaliste, par exemple, reçoit des informations sur les casseurs des manifestations, il va travailler, vérifier, recouper, chercher la vérité... il sera *dans le doute*. Si, en revanche, il ne sait rien de ce qui se passe et qu'il a pour unique boussole sa propre conviction, rien ne l'empêche alors d'inventer la version du monde qui lui convient, et de la présenter comme non douteuse puisqu'à aucun moment il ne la soumet à l'épreuve des faits.

Chaque « sans doute » est une preuve d'ignorance.

Sans doute, c'est l'extrême droite qui a souillé les manifestations (puisqu'on est le 1er mai et que je suis Jean-Luc Mélenchon). Sans doute, Manuel Valls a triché (puisqu'il a été élu). Sans doute, les Insoumis gagneront les élections législatives (puisque c'est bon pour le pays). Sans doute, il y a eu un blessé grave à Tolbiac (puisque, par définition, la police est violente)...

N'en doutons pas : « Sans doute » n'est pas la formule du diagnostic, mais de l'*a priori*. Quand on ne doute de rien, c'est qu'on ignore tout.

« Osez questionner »

> « Je pose une question ! On a encore le droit, non ? »
>
> Marine Le Pen
> (à propos de la rumeur, qu'elle-même a propagée, selon laquelle Emmanuel Macron disposerait d'un compte offshore aux Bahamas)

« Osez questionner » : sous ce slogan, RT France, la déclinaison française du groupe d'informations russe financé par le Kremlin, est apparu dans le paysage médiatique.

Il est deux façons de l'entendre.

« Osez questionner », c'est dire : « Osez poser des questions au lieu de vous satisfaire des réponses qu'on vous donne. » C'est le credo de l'homme libre, le viatique du sceptique, le graal du philosophe (pour qui les questions comptent plus que les réponses), bref, la raison d'être de tout esprit critique.

Mais « questionner » ne signifie pas seulement qu'on pose des questions. « Questionner » veut aussi dire « remettre en question » – ce qui est tout à fait différent.

Dans un cas, le « questionnement » est une école de doute.

Dans le second, c'est une arme de censure.

Par exemple : quand Sean Spicer (ancien porte-parole de la Maison Blanche) a affirmé, contrairement aux images, qu'il y avait plus de monde à l'investiture de Trump qu'à celle d'Obama, la conseillère du Président, Kellyanne Conway (qui répondait aux questions de CNN), a qualifié les grossiers mensonges du porte-parole de « faits alternatifs »... Et certains, de bonne foi, ont voulu voir dans cette expression le signe de l'ouverture d'esprit, de la capacité à envisager toutes les hypothèses et à ouvrir sa pensée à d'autres versions du monde que celle dont on nous gave depuis toujours... Bref, Kellyanne Conway *osait questionner*.

En réalité, l'expression de « faits alternatifs » servait uniquement à anoblir l'affirmation délirante selon laquelle il y avait plus de monde pour Trump que pour Obama. Loin d'engager un dialogue entre différentes versions du monde, également rigoureuses et incomplètes, les « faits alternatifs » permettaient de clore la discussion en décrétant le dogmatisme de tous ceux qui les tenaient pour ce qu'ils sont, à savoir des mensonges. Une chose est de questionner, d'être sceptique sur les informations qu'on reçoit et de se donner pour éthique de les soumettre au maximum de vérifications. Tout autre est d'*oser questionner*, c'est-à-dire de brandir le scepticisme (voire l'ouverture d'esprit) pour discréditer à l'avance toute version du monde qui aurait le malheur de ne pas correspondre à l'idée qu'on s'en fait.

Pour en revenir à RT France, si « Osez questionner » consiste à faire un travail de journaliste, à traquer la langue de bois, à vérifier les infos, à lutter contre les falsifications et à produire du débat entre gens rationnels, tout va bien. Mais si « Osez questionner » sert d'alibi à la promotion de complots indémontrables et au recouvrement de l'évidence par le délire, alors RT France est uniquement, à l'image de son groupe, un organe de propagande.

Le doute est un moyen de connaissance. La défiance est l'arme du déni.

Comment lutter contre la désinformation quand on prospère, soi-même, sur le désir de croire ?

« Aucune désinformation n'est inoffensive ; se fier à ce qui est faux produit des conséquences néfastes. » C'est en ces termes que le pape François est intervenu (sur Twitter) dans le débat mondial sur la question des *fake news* et les moyens de lutter contre elles... Quel allié dans la lutte quotidienne contre la désinformation ! Le pape en personne, le vicaire du Christ, entre dans l'arène et défend la probité journalistique contre les imposteurs qui défigurent l'opinion. Si l'expression n'était préemptée par Charles Maurras[1], on pourrait parler d'une « divine surprise ».

Pour autant, les moyens que propose le pape ne sont pas à la hauteur de l'ennemi qu'il pourfend. Les outils qu'il se donne dans le combat qu'il veut mener contre les falsificateurs sont à la fois inoffensifs pour l'adversaire et dangereux pour la cause qu'il défend.

1. Charles Maurras parla de « divine surprise » à propos de l'accession au pouvoir du maréchal Pétain (*Le Petit Marseillais*, 9 février 1941).

Que dit Sa Sainteté ?

« Aucune désinformation n'est *inoffensive.* »

Traduction : toute désinformation est nocive. Et sous les rumeurs, sous les calomnies, sous les falsifications, il y a des esprits malins qui œuvrent contre la vérité. Or, ces propositions sont tout à fait acceptables par le complotiste ou l'amateur de *fake news* imbu lui-même du sentiment de lutter contre la désinformation et les grandes manœuvres des médias dominants qui lancent rumeurs et calomnies pour faire taire les voix dissidentes.

Le souverain pontife précise ensuite sa pensée, en affirmant (*sic*) que « l'antidote le plus radical au virus du mensonge est de se laisser *purifier par la vérité...* ». Si vous dites cela à un complotiste, il vous rira au nez. Pour une raison simple : « se laisser purifier par la vérité » est exactement ce qu'il prétend faire en développant sa théorie.

Est-ce à dire que le pape parle le même langage que les falsificateurs ?

Dieu l'en garde.

Mais le discours sublime selon lequel c'est l'intime *lumière purificatrice de la vérité* qui nous rendra clairvoyants et généreux, et nous aidera à séparer le bon grain de l'ivraie... est en tout point récupérable par le discours fétide selon lequel on nous cache tout, les médias nous mentent, les politiques sont tous pourris et, dans ce marais, quelques vaillants citoyens luttent, comme des lumières dans la nuit, au péril de leur réputation, pour la vérité que les puissants dérobent au peuple.

Les deux ne disent pas la même chose. Seulement le second (le complotiste, si prompt à se vivre comme le seul homme lucide au milieu des rangs ennemis) ne se représente pas le premier comme un adversaire... L'un et l'autre ont en commun de croire en la lumière de la Vérité. L'un et l'autre cherchent un sens à ce monde, et refusent que les hasards ne soient que des coïncidences. Et comme aucun des deux discours ne se satisfait du réel, l'un et l'autre ont leurs martyrs, qui sont des martyrs de la foi, et que les supplices confortent dans le sentiment d'*être dans le vrai*. À dire vrai, le pape n'est pas un bon allié dans la lutte contre la désinformation, car ces paroles – si sages et saintes soient-elles – sont aussitôt désamorcées par ceux qu'elles visent.

Qu'est-ce qu'une philosophie du Rien ?

Le Rien n'est pas aisé à définir.

Le Rien n'est pas le Vide, qui est une réalité physique.

Ni le Néant, qui relève de la *méta*physique.

Et le Rien n'est pas non plus le dérisoire (qui est trois fois rien, mais « trois fois rien, comme disait Devos, c'est déjà quelque chose »).

Le Rien n'est rien de tout ça.

Mais alors, qu'est-ce que le Rien ? Savoir ce que le Rien n'est pas ne nous avance guère.

Pour un rien, nous voilà immobiles.

Et pourtant, le Rien n'est rien que le nom qu'on donne à une attente déçue.

Imaginons que vous soyez présentateur d'une matinale à la radio et qu'Emmanuel Macron vienne, un matin, répondre en direct à vos questions, un tel entretien (par son importance et son format) exigerait de votre part un surcroît de travail et des notes abondantes. Or si, au réveil, ou en arrivant à la radio, vous n'arrivez plus à mettre la main sur vos notes, vous irez fouiller partout, fébrilement, dans votre bureau… et si vos notes restent introuvables, à la question « Sont-elles ici ? » vous répondrez rageusement « Non, il n'y a *rien* ». Il est pourtant inexact de le dire. Il n'y a pas *rien* dans votre bureau. Il y a un tas de trucs (Post-it, cartes postales, ordinateurs, marque-pages, imprimantes, caricatures et dédicaces)... En disant « Je ne trouve *rien* dans mon bureau », vous dites en réalité autre chose. Vous dites : « Il n'y a pas, dans mon bureau, la chose que je cherche. » Et c'est l'absence de ce que vous y cherchez qui vous fait, à tort, parler de « Rien ». Vous avez perçu un bureau rempli, mais vous attendiez autre chose, et votre *déception* l'emportant sur votre *perception*, vous avez dit « Il n'y a rien ». Le *Rien* n'est qu'une façon de traduire vos perceptions dans la langue de votre attente.

« Si je choisis, au hasard, un volume dans ma bibliothèque, raconte Bergson, je puis, après y avoir jeté un coup d'œil, le remettre sur les rayons en disant : "Ce ne sont pas des vers." Est-ce bien ce que j'ai aperçu en feuilletant le livre ? Non, évidemment. Je n'ai pas vu, je ne verrai jamais une absence de vers. J'ai vu de la prose. Mais comme c'est de la poésie que je désire, j'exprime ce que je trouve en fonction de ce que je cherche, et, au lieu de dire "Voilà de la prose", je dis "Ce ne sont pas des vers". Inversement, s'il me prend fantaisie de lire de la prose et que je tombe sur un volume de vers, je m'écrierai : "Ce n'est pas de la prose", traduisant ainsi les données de ma perception, qui me montre des vers, dans la langue de mon attente et de mon attention, qui sont fixées sur l'idée de prose et ne veulent entendre parler que d'elle[1]. »

Comme son nom l'indique ! Le Rien n'est rien.

Mais rien n'est rien ! Tout est déjà quelque chose !

1. *L'Évolution créatrice*, 1907, chapitre III, « De la signification de la vie. L'ordre de la nature et la forme de l'intelligence ».

Le fait de dire « Il n'y a rien » plutôt que « Je ne trouve pas ce que je cherche » est une erreur qui vaut pour son iPad, ses notes, les clés de sa voiture, le doudou de son fils, ou encore Dieu lui-même… Quelle différence entre celui qui dit « Il n'y a rien » parce qu'il ne trouve pas l'objet qu'il cherche, et celui qui dit « Dieu n'existe pas » parce que le monde n'a pas le sens qu'il voudrait y trouver ? C'est le même discours. Et le même égocentrisme. Ce qu'il faut comprendre ici est que le « rien » n'est que la mesure de mon espoir, et que, par conséquent, dire « Il n'y a rien » (quand on ne trouve pas ce qu'on cherche) revient à confondre le réel avec le désir qu'on en a, à croire que le monde est affreux tant qu'il n'est pas parfait, et qu'il n'y a *rien* à faire tant qu'on ne peut pas *tout* changer… Bref, à se prendre soi-même pour le centre du monde. Et dans ces cas-là, le plus souvent, ce qu'on raconte vaut moins que rien.

« Dieu est petit »

> « Mais peut-être qu'il n'y a pas de Dieu, répliqua d'un ton haineux Raskolnikov, qui se mit à rire en regardant la jeune fille.
>
> Un brusque changement s'opéra dans la physionomie de Sonia : tous les muscles de sa face se contractèrent. Elle fixa sur son interlocuteur un regard chargé de reproches et voulut parler, mais aucun mot ne sortit de ses lèvres, et elle se mit à sangloter en couvrant son visage de ses mains. »
>
> Dostoïevski, *Crime et Châtiment*

Si les tueurs croyaient vraiment en Dieu, ils ne tueraient pas en son nom.

Chaque fois qu'un attentat revendiqué par Daech endeuille la France, son auteur crie « *Allahu Akbar !* » au moment de passer à l'acte – ce qui, comme chacun sait, signifie « Dieu est grand » ou bien « Dieu est le plus grand »... Or, quand cette parole est prononcée par un assassin, le geste qu'il accomplit entre en contradiction directe avec le cri qui l'accompagne.

D'abord, parce que le meurtre gratuit d'un innocent par un autre homme ne prouve pas la grandeur de Dieu, mais au contraire son impuissance à empêcher de tels actes : Dieu a beau être grand, qu'il le veuille ou non, moi, l'assassin, je vais tuer… Le geste de l'assassin, par l'interdit qu'il bafoue, réduit la puissance divine, au lieu de la magnifier.

Qui plus est, l'assassin qui hurle « Dieu est grand » prétend lui-même accomplir la volonté de Dieu en tuant – ce qui est encore pire (pour Dieu). Et autrement plus humiliant.

Qu'on désobéisse à Dieu en tuant, passe encore.

Quand Raskolnikov (le héros de *Crime et Châtiment*) tue son usurière (puis la sœur de cette dernière) sous le regard de Dieu, il continue (d'une certaine manière) de reconnaître ce regard. Il tourne le dos à Dieu, mais à la manière d'un défi. Son geste est un bras d'honneur au Ciel, mais son auteur en accepte la sanction – que cette sanction soit la damnation ou le remords. Et Sonia, la prostituée dont il est amoureux (et qui le pousse à l'aveu), est elle-même, à sa manière, l'instrument de l'amour rédempteur que Dieu conserve à l'humanité malade.

La différence entre le jihadiste et l'assassin pétersbourgeois est essentielle : dans le cas de l'islamiste, tout en Lui désobéissant par le meurtre, l'assassin pousse l'orgueil jusqu'à prétendre qu'il tue *au nom de Dieu*, c'est-à-dire jusqu'à interpréter la volonté divine (en décrétant, par exemple, que Dieu est vexé par des caricatures de lui-même ou bien qu'il est content quand on égorge une personne au hasard) et – ce qui est encore plus fou – jusqu'à s'abriter derrière la volonté de Dieu pour nier Sa puissance en transgressant le premier de Ses interdits… Les tueurs de Daech sont des blasphémateurs pathétiques. Si le fanatique (qui prétend accomplir la volonté de Dieu en commettant un meurtre) est vraiment convaincu de ce qu'il raconte, alors il se fait une misérable idée de Dieu. Tuer en Son nom revient non seulement à Lui désobéir, mais a surtout pour effet de Le présenter comme une sorte de manchot dont les martyrs seraient le bras armé. Faut-il mépriser Dieu pour croire qu'Il a besoin d'un coup de main de leur part ! Quand un assassin dit « Dieu est grand », ça veut dire « Dieu est petit », ou mieux : « Dieu est mort. »

Aucun terroriste islamiste n'est un martyr

> « Il faut garder ton sang-froid. Il faut dire que ce que tu ensevelis, c'est mon corps, et l'ensevelir de la façon que cela te plaira et que tu estimeras la plus conforme aux usages. »
>
> Socrate, *Phédon*

C'est une sorte de mur, bordé par des rideaux bleus, qui, comme une copie bien ficelée, représente une série de « martyrs » dont les meilleures phrases sont mises en lumière. On y trouve Socrate, Martin Luther King… et des terroristes du Bataclan ou du 11 Septembre.

« Les artistes ont cherché à *élargir le concept du martyr* », plaide le responsable de l'association qui a organisé l'exposition, en « présentant, ajoute-t-il, des personnalités au-delà de tout jugement de valeur… ». Ce qui permet effectivement, si l'on supprime le filtre moral, de ranger Socrate et un terroriste dans le même martyrologe, le mausolée des gens qui sont morts pour ce qu'ils croyaient.

Les deux artistes danois[1] qui ont commis cette installation ne sont pas des méchants qui mettent sur

1. Ida Grarup Nielsen et Henrik Grimbäck.

le même plan un philosophe et un assassin. Dénoncer l'obscénité d'un tel voisinage serait un coup d'épée dans l'eau puisqu'à aucun moment, les auteurs ne se situent sur le plan des valeurs elles-mêmes. Ce sont juste des gens qui, en toute bonne foi, voient un processus identique dans la transgression terroriste et dans l'expression de la liberté.

Or s'il est vrai de dire qu'un tueur de Daech n'a, pas plus que Socrate, transigé sur ses convictions, il est tout à fait inexact de dire d'un terroriste qu'il est un martyr comme Socrate l'a été.

Socrate accepte sa mort. Le terroriste souhaite la sienne.

Socrate ne sait pas si, après sa mort, il discutera avec les dieux (mourir est un « beau risque », dit-il, avant d'avaler la ciguë), alors que le terroriste ne doute pas de s'envoyer en l'air pour l'éternité avec soixante-dix vierges. Le terroriste est convaincu de trouver son intérêt dans la mort qui l'attend. Aussi demande-t-il au paradis de satisfaire ses aspirations de mortel (essentiellement le sexe et la bouffe). Le terroriste n'est pas un martyr, mais un contractant qui veut bien mourir, à condition qu'après sa mort les filles soient douces, l'alcool fort et la nourriture exquise. Il tue pour obtenir l'éternité, mais avec les avantages de l'ici-bas.

Socrate, lui, est un vrai martyr.

S'il renonce aisément à tous les petits bonheurs de l'existence, ce n'est pas pour s'éclater dans l'au-delà, mais parce que, tout bonheur des mortels étant lui-même périssable, il serait fou d'en faire l'objet de son désir. Si « philosopher, c'est apprendre à mourir », cela vient du fait que l'exercice de la philosophie (qui veut penser plus loin que le corps) est une façon de s'entraîner, pendant la vie, au moment où l'âme *se détachera* enfin de sa prison de chair. Socrate prend tous les coups, mais il n'offre aucune prise. Les terroristes ont une assurance tous risques, qui leur garantit une éternité de partouzes s'ils se font exploser en disant « Dieu est grand », alors que Socrate, ignorant ce qui l'attend, assume le risque de sa disparition et, pour l'éternité, meurt en homme libre.

Le passé simple

À l'oral, il est mourant. Tant et si vite qu'on pourra bientôt dire qu'il *fut*.

On lui préfère le passé composé, qui ne se déplace pourtant jamais sans son auxiliaire et dont le nom (lui-même « com-posé ») amalgame, quand on l'écoute, la posture et la connerie.

On ne dit plus : « Je fis »... Mais on répond : « J'ai fait » *!*

On ne dit plus « Mangeas-tu ? », mais « As-tu mangé ? ».

Prenez, par exemple, le plus beau début de la littérature française, les trois premières phrases de l'avant-dernier chapitre de *L'Éducation sentimentale* (Flaubert) :

« Il voyagea.

Il connut la mélancolie des paquebots, les froids réveils sous la tente, l'étourdissement des paysages et des ruines, l'amertume des sympathies interrompues.

Il revint. »

Mettez-le au passé composé :

« Il a voyagé.

Il a connu la mélancolie des paquebots, les froids réveils sous la tente, l'étourdissement des paysages et des ruines, l'amertume des sympathies interrompues.

Il est revenu. »

Voilà.

En un temps, vous avez fait disparaître l'éternité, le délice des voyages, le hasard des rencontres, le ciel étoilé au-dessus de nos têtes et les cigarettes sur le pont d'un bateau… Passé simple et passé composé ne disent pas la même chose. Quand on remplace le premier par le second, on passe du récit à la discussion.

Le passé composé est le temps des vacances qu'on raconte.

C'est le temps des choses qu'on *a faites*, le temps des anecdotes et du bla-bla : « T'as fait quoi, aujourd'hui ? T'as déjà mangé ? »

Alors que le passé simple est à la fois le temps du récit, dans la durée (*Il voyagea*, nous dit Flaubert… mais combien de temps ? Qui le sait ?) et le temps de l'instant, de l'instant qui jaillit sur fond d'imparfait, comme une fraise au milieu de la crème : *Nous regardions ailleurs*… quand il *fit* son entrée. Le passé simple combine (ou combinait, puisqu'il est imparfait) le récit à la ponctualité. Il offre la nappe et le couvert. La durée sage et la minute heureuse[1]. Et en disparaissant (d'abord des discussions et ensuite, inévitablement, des romans eux-mêmes), il estompe avec lui une manière subtile de dire beaucoup de choses

1. Selon l'expression de Vladimir Jankélévitch dans *Henri Bergson* (1930), PUF, 2015.

en peu de mots, de laisser filer beaucoup d'années tout en les ramassant, et d'extraire (comme l'ail de sa gousse) la splendeur nourricière des instants révolus.

Ce sera mieux avant

> « À quoi sert une chanson, si elle est désarmée ? me disait des Chiliens, bras ouverts, poings serrés… comme une langue ancienne, qu'on voudrait massacrer… »
>
> Étienne Roda-Gil

Soudain, au détour d'un matin, au micro d'une radio publique[1], Régis Debray déclare : « La mélancolie, ça serre le cœur. La nostalgie, c'est différent, ça serre les poings. »

Vrai. Le révolutionnaire est un nostalgique.

« Tous les révolutionnaires que j'ai lus ou connus, dit Debray, pensent avec un rétroviseur. » Le commandant Marcos pense à Zapata, Mélenchon pense à Castro, qui pense à Lénine, qui pense à Robespierre… Leur espérance est ancrée dans le passé. Leurs chants, d'ailleurs, hésitent toujours entre le souvenir et le combat, comme si le second n'existait que par le premier.

À dire vrai, l'échec de toute entreprise révolutionnaire est inscrit dans la structure même de la nostalgie. Parce que la nostalgie (qui, étymologiquement,

1. France Inter.

signifie la « douleur du retour ») est à la fois concrète et utopique. Concrète, car elle est le regret de quelque chose, qu'elle peut nommer. Utopique, parce que la chose qu'elle regrette (l'enfance, le bonheur ou la jeunesse) est à jamais disparue. C'est pour cette raison qu'aucun supplice ne dépasse, au cœur du nostalgique, le fait de revenir sur les lieux de son regret. C'est toute la tragédie d'Ulysse ! Tant qu'il est loin de chez lui, tant qu'il a la *nostalgie d'Ithaque*, tout va bien. Mais une fois qu'il est de retour et que l'avenir lui promet seulement la vieillesse avec sa femme dans un décor dont la présence efface la beauté du souvenir, Ulysse comprend que c'est à l'heure d'arriver qu'on est vraiment perdu, à la façon d'un révolutionnaire qui, comme Régis Debray, après avoir lutté sur tous les fronts et avec tous les outils (de la mitraillette au stylo), comprend qu'une révolution n'est qu'un retour au point de départ et finit par accepter (et perpétuer) l'ordre ancien…

Reste alors la mélancolie, qui serre le cœur au lieu de serrer les poings.

Et pour cause.

La mélancolie (la « bile noire ») n'a pas la précision de la nostalgie. Le mélancolique ne sait plus ce qui lui fait de la peine. Sa tristesse a oublié son origine. La mélancolie, c'est une cause perdue. Quel autre sentiment convient à l'homme qui, comme Debray, est (très exactement) *revenu* du lieu qu'il espérait ?

Le nostalgique *y croit encore* (à la façon dont un pessimiste s'empresserait de croire en Dieu si on lui apportait la preuve de son existence). La mélancolie advient le jour où un révolutionnaire comprend que son espoir lui-même était déjà un regret. Contrairement à *L'Odyssée*, la mélancolie est un exil sans terre natale, dont le mérite est de donner à celui qui l'éprouve le goût de comprendre avant de juger, de voir un tableau dans un détail et de substituer les petites choses aux grandes causes… mais sur fond d'un chagrin qui ne se connaît plus.

Si on attend que tout change pour changer quelque chose, on ne change rien du tout

Plus rare qu'un choc stellaire, un diamant rose ou une victoire au Loto, le changement d'avis d'un militant de La France insoumise. Jusqu'à présent, ça n'est jamais arrivé. Pour une raison qui tient à la nature même de son engagement : nulle objection n'est audible, nulle contrition envisageable de la part de ceux qui, situant le Bien au-delà du Vrai, accusent de méchanceté quiconque ne voit pas la vérité de la même façon. Si vous dites ce qui est, ils vous accusent de le souhaiter. Si vous décrivez le réel, ils vous reprochent de le prescrire.

Ainsi, des Insoumis à qui je faisais valoir qu'il était contradictoire, peut-être, de critiquer le statut d'autoentrepreneur tout en justifiant que leur héraut Alexis Corbière fût intervenu sous ce statut en faveur de La France insoumise pendant la campagne présidentielle, me répondirent que je faisais l'erreur de ne pas raisonner *dans le temps*.

S'il semble contradictoire de dénoncer un statut tout en le pratiquant soi-même (et ils en convenaient), la contradiction disparaît dès qu'on comprend que l'usage d'un tel statut est vécu comme temporaire par son utilisateur : tant qu'on n'aura pas changé de monde, on sera contraint d'utiliser les outils que celui-ci met à notre disposition. Comme le résume l'un d'eux : « Tant qu'on ne peut pas changer le système, on fait avec. »

Pourquoi pas ?

C'est l'argument de Descartes.

Dans la troisième partie du *Discours de la méthode*, Descartes explique que, dans l'attente que la vérité transforme enfin son existence en une allée de lumière, il lui faut tenter de vivre avec les outils dont il dispose. Par conséquent, il forge ce qu'il appelle une « morale par provision » (composée de quatre maximes, qui sont également quatre compromis : obéir aux lois de son pays, rester ferme en ses actions, changer ses désirs plutôt que l'ordre du monde et vivre selon la raison). Mais comme la vérité qu'il se propose d'atteindre n'est pas à sa mesure (Descartes n'est qu'un homme et sa vie, elle-même, est provisoire), la « morale par provision » devient vite une morale pour toute la vie : les compromis qu'il passe en attendant que le monde s'éclaire d'une lumière définitive ne cessent qu'avec la mort...

Les Insoumis pactisent « temporairement » avec le système, de la même manière que Descartes se donne des morales par provision. « Tant qu'on ne peut pas changer le système, on fait avec. » C'est leur morale, leur devise intermédiaire. Ou la façon qu'ils ont trouvée de changer provisoirement leurs désirs plutôt que l'ordre du monde. Sauf qu'en la circonstance également, c'est du provisoire qui dure.

« Tant qu'on ne peut pas changer le système, on fait avec »...

Traduction : « tant que le monde sera ce qu'il est, tant que la loi du marché sera la course au moins-disant social, tant qu'il y aura des patrons et des salariés, et tant qu'on luttera contre le chômage en jouant sur le coût du travail, bref, tant que le système sera injuste et que l'Homme sera égoïste, nous serons dispensés nous-mêmes de tourner le dos au système... Ce qui nous distingue de tous ceux qui abusent, comme nous, des statuts précaires, c'est que nous (en fait, au fond), nous y sommes hostiles. Seulement, tant que c'est le jeu, on jouera le jeu. »

C'est commode. Attendre Godot dure moins longtemps.

Brille-Babil

Toute étude de la révolution russe d'octobre-novembre 1917 devrait inclure la lecture et l'examen approfondi de *La Ferme des animaux*, de George Orwell. En moins de 100 pages, sous la forme d'une insurrection animalière dans la ferme de Mr Jones, Orwell décrit la prise et l'exercice du pouvoir par les bolcheviques, c'est-à-dire, *in fine*, par Staline.

Comme la Russie tsariste, épuisée et corrompue, l'ivrogne Mr Jones est trop imbibé pour s'apercevoir qu'à l'appel des cochons les animaux sont en train de comploter dans la grange. Ils écoutent les conseils du cochon « Sage l'Ancien » (*alias* Lénine), qui, juste avant de mourir, leur donne pour instruction de se débarrasser de l'homme, soit « la seule créature qui consomme sans produire ».

À la mort de Sage, et après le renversement de Mr Jones et l'organisation de la ferme en une assemblée (soviétique) où les décisions sont apparemment prises par la collectivité, mais où seuls les cochons peuvent proposer des lois, le pouvoir est en réalité partagé entre deux gorets : le brillant Boule de Neige (Trotsky, populaire, intelligent, prodigieux orateur, mais mauvais stratège), et le violent (mais rusé) Napoléon (Staline), qui se débarrasse de son rival à l'aide d'une meute (d'une police secrète) et de

Brille-Babil (le cochon-propagande), dont le bagout permet de faire avaler n'importe quelle couleuvre aux animaux de la ferme et surtout – ce qui est fondamental, car, comme l'enseigne Orwell dans *1984*, qui contrôle le passé contrôle le présent – de faire insensiblement varier au profit de la nomenclature des cochons les principes fondateurs de l'« animalisme », au terme desquels les cochons (donc la nomenclature) s'attribuent la totalité des privilèges contre lesquels ils sont censés lutter[1].

C'est Brille-Babil qui noyaute les réunions de Boule de Neige à coups de grognements, qui envoie bêler les moutons pour discréditer l'orateur, ou qui justifie que les cochons se réservent la consommation de pommes et de lait « dans le souci de leur santé, c'est-à-dire de la révolution » – un peu comme d'autres amis du peuple justifient un voyage en business au nom des douleurs lombaires à l'avant-veille d'une manifestation (même si ces derniers ne prennent la place de personne). Le même Brille-Babil présente les débats publics comme une confiscation de la parole du peuple, le coup d'État de Napoléon-Staline comme un sacrifice de sa part, et Boule de Neige comme l'ennemi juré

1. Les sept commandements de l'« animalisme » élaborés dans le contexte de la révolution et la prise du pouvoir par les animaux sont d'abord les suivants : 1. Tout deuxpattes est un ennemi. 2. Tout quatrepattes ou tout volatile, un ami. 3. Nul animal ne portera de vêtements. 4. Nul animal ne dormira dans un lit. 5. Nul animal ne boira d'alcool. 6. Nul animal ne tuera un autre animal. 7. Tous les animaux sont égaux. Or, à l'abri de la mémoire vacillante des animaux et de l'enivrante logorrhée de Brille-Babil, chacun des préceptes de l'animalisme est bafoué par la nomenclature des cochons, qui commercent avec les hommes, dorment dans la ferme, s'enivrent de whisky, exécutent à tour de pattes les séditieux...

de la révolution animalière[1]. C'est lui qui vante la mémoire du cheval Malabar (ou Stakhanov), que le pouvoir vend à des équarisseurs contre quelques bouteilles de whisky.

À la fin du livre, il n'y a plus qu'un seul commandement : « Tous les animaux sont égaux, mais certains sont *plus égaux* que d'autres. » Qu'est-ce qu'être « plus égal » qu'un autre ? Ce n'est pas seulement vivre sur un sommet, d'où l'on s'assoit (tout en les célébrant) sur les doléances du peuple. C'est aussi, en cas de transgression, bénéficier de l'indulgence collective. Sont plus égaux que les autres les citoyens dont l'histoire personnelle excuse les crimes commis. Les victimes qui deviennent des bourreaux – qui réclament des privilèges ou un traitement différencié – *au nom de l'égalité*.

1. « Les mauvaises herbes avaient envahi les blés, et l'on s'aperçut que, lors d'une de ses incursions nocturnes, Boule de Neige avait semé l'ivraie dans le bon grain. Un jars dans le secret confessa sa faute à Brille-Babil, puis aussitôt se suicida en avalant des baies de belladone. Les animaux apprirent encore qu'à Boule de Neige – au rebours de ce que nombre d'entre eux avaient cru jusque-là – n'avait jamais été conférée la distinction de Héros-animal Première Classe. C'était là pure légende propagée par Boule de Neige lui-même à quelque temps de la bataille de l'Étable. Loin qu'il ait été décoré, il avait été blâmé pour sa couardise au combat. Cette nouvelle-là, comme tant d'autres avant elle, laissa les animaux abasourdis, mais bientôt Brille-Babil sut les convaincre que leur mémoire était en défaut. »

#dénoncetonporc

> « Il vaut mieux hasarder de sauver un coupable que de condamner un innocent. »
>
> Voltaire,
> *Zadig ou la Destinée*, chapitre VI

#balancetonporc : sous ce hashtag, dans la foulée de l'affaire Weinstein, la journaliste Sandra Muller a invité les femmes victimes de harcèlement sexuel à témoigner sur Twitter…

Et depuis, la parole se libère. Le voile se lève sur les saloperies *quotidiennes* dont les femmes sont victimes : les gestes, les chantages, les humiliations, les viols… Les patrons libidineux, les voyous qui veulent (*sic*) « attraper les filles par la chatte », les impuissants qui exigent que les femmes se cachent le visage, les crapules qui disent que ce sont les filles qui couchent pour faire carrière… Tout ça est en train de sortir comme un gigantesque paquet de pus. Ne plus se taire est un enjeu démocratique : la liberté est accrue dans un monde où la loi remplace la loi du silence.

Mais une chose est de dire ce qui s'est passé, tout autre est de « balancer » les gens.

Elles ne sont qu'une minorité à céder à cette tentation, mais… Joignant le geste à la parole, Sandra Muller elle-même, comme beaucoup d'autres, donne le nom de son agresseur – ce qui le condamne avant qu'il ne s'exprime. Pire : dans un tweet qu'elle a ensuite prudemment effacé, l'historienne Laurence de Cock (qui me pardonnera de donner son nom) a proposé le hashtag #laprochainefoisonbalancelesnoms, histoire de calmer les « porcs » pour longtemps…

Quand je dis que le problème est de « balancer » les gens, on me répond que le « problème », ce sont les porcs – avec l'air pincé de celle qui vous reproche de négliger l'essentiel au profit des intérêts de son sexe. Or, on peut parfaitement dire l'un et l'autre. Le problème, ce sont les porcs ET le fait de *balancer* les gens, de les exposer à la vindicte, et de sacrifier quelques innocents au martyre salutaire des cochons qui, jusqu'ici, passaient sous le radar de la justice populaire.

Le problème, ce sont les porcs, dans la mesure où l'on admet que tous les porcs – ici traités à la même enseigne – ne sont pas également dégueulasses (un « outrage sexiste[1] » est moins grave qu'un viol).

Le problème est aussi la culmination d'une intention si noble dans une délation qui réclame une indulgence absolue de la part de l'opinion publique.

La justice met des années à condamner, alors que le tribunal Twitter met dix minutes[2]. Sur Twitter,

1. Selon la nouvelle taxinomie en vigueur dans la loi du 3 août 2018 « renforçant la lutte contre les violences sexuelles et sexistes ».

2. Ne pas oublier, malgré cela, que si la majorité des agressions restent impunies et si tant d'affaires se jouent sur les réseaux

tout va plus vite, mais votre dossier n'est jamais examiné, un seul témoignage suffit à vous nuire, les condamnations sont sans appel (puisque les réseaux sociaux n'oublient jamais) et enfin vous êtes condamné au détriment du doute, et non à son bénéfice. S'il est urgent que la loi change, c'est aussi pour éviter qu'une justiciable se prenne pour une justicière.

Tant que le mot-clé #balancetonporc ne sert pas à dénoncer des gens, mais à rendre visible un problème de société, tant qu'on ne donne pas de noms, tant qu'on ne *balance* pas, tout va mieux !

Tout va mieux quand la parole se libère. Mais quand la parole qui se libère devient elle-même une parole qui enferme, qui livre en pâture, qui juge sans procès et, qui, ne faisant aucune différence entre les différents types de « porcs », traite de la même façon Jean-Claude Dus et Harvey Weinstein, le nettoyage de la porcherie court le risque (pour lui-même) de dégénérer en épuration.

---

aujourd'hui, c'est aussi parce que rien n'est fait, encore, pour aider les victimes à parler (les policiers ne sont pas correctement formés pour recevoir les plaintes et beaucoup découragent les victimes de faire une déposition), et parce que, de manière générale – et les chiffres sont accablants là-dessus (seuls 10 % des 10 % des femmes qui portent plainte obtiennent réparation) –, l'immense majorité des dépôts de plainte n'aboutissent pas.

Vaut-il mieux subir l'injustice que la commettre ?

« Il serait juste, sans doute, que je me fasse prendre… »

Chris Wilton dans *Match Point*, de Woody Allen

— Tu te rends compte ? me dit mon ami. Harvey Weinstein est une ordure, OK, mais il a failli échapper à la justice ! Si personne n'avait parlé, le type serait mort heureux ! Après avoir baisé toutes les actrices de la Terre !

— Pas sûr, ai-je répondu. Si cet homme avait échappé à la justice, si personne n'avait osé briser le silence, et s'il était mort peinard et entouré d'hommages, il eût été beaucoup plus malheureux qu'il n'est aujourd'hui…

— Pardon ? Tu veux dire que si Harvey Weinstein ne s'était pas fait prendre, il aurait été plus malheureux que dans la situation où il se trouve maintenant ?

— Ce n'est pas moi qui le dis, c'est Socrate.

— Ça ne prouve rien.

— Ça prouve tout de même que, comme la moitié de la Terre, nous avons en ce moment la même discussion que Socrate et Polos, dans le dialogue de Platon intitulé *Gorgias*. La question qu'ils s'y posent est de savoir si un usurpateur qui complote contre son roi est plus malheureux s'il se fait prendre ou s'il parvient à ses fins. « Comment, Socrate, s'indigne Polos, si le traître est capturé, torturé, crucifié sous les yeux de ses enfants, tu vas me dire qu'il est plus heureux que s'il avait pu prendre le pouvoir et gouverner en faisant ce qui lui plaît ? » Certes oui, répond Socrate. *Il vaut mieux subir l'injustice que la commettre*. Traduction : mieux vaut se faire prendre (et pendre) que mourir en liberté.

— Mais quels sont les arguments de Socrate en faveur d'une thèse aussi absurde ?

— Le premier d'entre eux est qu'en étant injuste le traître (ou le prédateur sexuel) est malheureux de toute façon. Mais surtout : ceux qui disent qu'il est pire de se faire prendre que de ne pas se faire prendre font l'erreur, aux yeux de Socrate, de distinguer le Beau du Bien. Car s'ils admettent que Harvey Weinstein (comme l'usurpateur) est effectivement une crapule, ou un homme « que ses actes ont enlaidi », alors ils affirment simultanément qu'il est vilain de commettre l'injustice, mais qu'il est Bien de ne pas se faire prendre... Et Socrate poursuit : la beauté est bonne et douce, dit-il, et la laideur est mauvaise, c'est-à-dire nous fait de la peine. Et comme le fait de commettre l'injustice, d'usurper le pouvoir (ou de violer des actrices), est une laideur, il est donc plus mauvais de violer que de ne pas violer. Le mal y est plus grand. Et la peine qu'on en retire est supérieure. Par conséquent : considérer qu'il vaut mieux ne pas se faire prendre, c'est situer le Bien aux antipodes du Beau et appeler de ses vœux (et pour soi-même) une chose plus mauvaise que son opposé. Quel homme préfère ce qui est le plus mauvais pour lui ? De Polos à Thérèse Raquin, de Cinna à Jérôme Cahuzac, tout le monde, aux yeux de Socrate (à commencer par Harvey Weinstein lui-même ou Tariq Ramadan), préfère la sanction au remords. Commettre l'injustice est pire que la subir. Ne pas être puni est plus douloureux qu'être puni. Plutôt la condamnation que l'auto-damnation.

On lutte mal contre le viol par le lynchage

> « Déjà, je me demande ce que fait une ancienne pornstar dans un débat sur les violences sexuelles faites aux femmes… »
>
> Feïza Ben Mohamed, Twitter

« On peut jouir lors d'un viol… »

Les paroles que, pour son malheur, l'animatrice Brigitte Lahaie a tenues lors du débat qui l'opposait à la militante Caroline De Haas sur BFMTV n'ont pas fait couler de l'encre, mais du sang. Le sang de la première *pornstar*, littéralement crucifiée sur l'autel du dicible, pour ses propos maladroits. Du sang et des larmes, d'ailleurs, puisque Brigitte Lahaie a fondu en larmes en faisant son *mea culpa* deux jours plus tard.

Madame Lahaie a tort de dire, pour sa défense, que ses paroles ont été « sorties de leur contexte ». C'est exactement le contraire : le contexte dans lequel elle a prononcé ces paroles (« balance ton porc », affaires Weinstein et Ramadan…) les rend inaudibles.

Dire qu'on peut éprouver un orgasme lors d'un viol dans le cadre d'un débat sur l'éventuelle « liberté d'importuner » est d'une coupable maladresse. D'autant que Brigitte Lahaie le dit à quelqu'un qui a subi un viol, et sur le ton de celle qui fait une objection : « On peut jouir lors d'un viol, *je vous signale* »... Ce rappel, cette formulation (« je vous signale »), donne le sentiment qu'elle minimise la gravité du viol et, qu'en contredisant celle qui (à juste titre) détaille l'impact d'un viol sur la libido de sa victime, elle absout le violeur, alors qu'évidemment, ce n'est pas son intention.

Une chose est de défendre les violeurs (ou d'atténuer leur responsabilité) – ce qui serait monstrueux.

Tout autre est de rappeler que le traumatisme est accru, parfois, quand l'orgasme (malheureusement) s'ajoute à la torture du viol. Cela, c'est un fait. Qu'il est fautif non pas de *dire*, mais de *taire* (parce qu'en le taisant, on permet aux violeurs d'y voir une excuse, précisément). On peut (techniquement) éprouver un orgasme lors d'un viol. Ce fait n'exprime pas le consentement de la victime et ne doit pas être assimilé à du *plaisir*. Mais Brigitte Lahaie a raison de rappeler que, *malheureusement*, le corps et l'esprit ne « coïncident pas toujours ». Entre les feux croisés de la souffrance des victimes et d'une parole enfin libérée, ce genre de nuances est inaudible... Les dire est périlleux. Quiconque s'y aventure se fait aussitôt casser la gueule par l'opinion pour avoir maladroitement formulé une vérité au mauvais moment.

Le cancer de la rumeur

Une lanceuse de rumeurs n'est pas une lanceuse d'alertes.

Caroline De Haas (fondatrice de l'association Osez le féminisme !) a défendu la publication d'un article du (très rapidement disparu) magazine *Ebdo* sur des accusations sexuelles à l'encontre de Nicolas Hulot, en déclarant ceci : « J'ai eu des amies qui m'ont dit qu'elles avaient entendu des victimes parler de faits de harcèlement. Au moins deux ou trois. Ça fait un an et demi que des informations me remontent. »

Nul besoin d'avoir fait une école de journalisme (ou de police) pour savoir que des amies qui entendent des victimes parler de quelque chose ne font pas une *information*, mais une rumeur. Qu'il faut examiner scrupuleusement avant (si elle est avérée) de la colporter. Or non seulement Caroline De Haas ne l'a pas fait (elle reconnaît elle-même n'avoir jamais rencontré les accusatrices, ou *l'accusatrice*...) mais surtout elle répand tranquillement ces rumeurs, sur France Info, nimbées d'une imprécision[1] qui rend impossible toute forme de démenti.

1. Quand *L'Obs* (14 février 2018) lui demande combien d'hommes sont des agresseurs, Caroline De Haas répond : « S'il y a une femme sur deux qui est victime de violences sexuelles en France, j'en sais rien, c'est peut-être... pas un sur deux parce qu'il y a peut-être des

Comment voulez-vous vous défendre contre « deux-trois » personnes ?

Comment voulez-vous contester des paroles anonymes et « rapportées par des amies » ? Balance, balance ! L'époque fera le reste.

Caroline De Haas est une pipelette qui se prend pour une vigie.

L'intérêt de sa démarche ne réside pas dans ce qu'elle raconte, mais dans le fait que, s'appuyant exclusivement sur des on-dit pour souiller un innocent (et nuire, de cette façon, au mouvement de libération des femmes), elle dévoile à son insu la mécanique de la rumeur.

La rumeur est un cancer à grande échelle, une *tumeur* dont les métastases sont propagées par les gens qui, à rebours du droit, pratiquent impunément la présomption de culpabilité. Ce sont les ancêtres des auteurs de *fake news*. Ce qu'ils font est moins grave, mais de même nature. Au lieu de peser des faits, ils les *balancent*. Au lieu de tendre l'oreille, ils *augmentent le volume*, dans l'espoir qu'un tapage sera (finalement) pris pour une information. Et quand on leur reproche leurs méthodes, ils brandissent des chiffres (200 femmes violées par jour !) semblant autoriser, par la gravité qu'ils décrivent, que tout le monde perde la raison et pratique ainsi la calomnie. Écoutez le personnage de Basile décrire la mécanique rumorale dans *Le Barbier de Séville* (1775), bien longtemps avant l'invention des réseaux sociaux...

---

mecs qui violent plusieurs meufs, mais c'est au moins un sur trois, c'est énorme, c'est énorme. Et en fait c'est trop dur à admettre, ça. » Étrange logique, en vertu de laquelle le nombre d'hommes violeurs correspond, ou presque, au nombre de femmes violées.

« D'abord un bruit léger, rasant le sol comme une hirondelle avant l'orage... telle bouche le recueille, et, piano, piano, vous le glisse en l'oreille adroitement ; le mal est fait : il germe, il rampe, il chemine, et de bouche en bouche, il va le diable ; puis tout à coup, je ne sais comment, vous voyez la calomnie se dresser, siffler, s'enfler, grandir à vue d'œil ; elle s'élance, étend son vol, tourbillonne, enveloppe, arrache, entraîne, éclate et tonne, et devient un cri général, un crescendo public, un chorus universel de haine et de proscription... »

Aucune cause, si sacrée soit-elle, ne permet qu'on lutte de cette manière. Nul vacarme ne fait une vérité.

Celzéceux

> « Merci à toutes celzéceux qui ont construit notre projet. C'est sa force. »
>
> Emmanuel Macron

Alors qu'il semble embrasser, par sa généralité, les anastrophes « Madame, Monsieur », « Françaises, Français » ou encore « Parisiennes, Parisiens », *celzéceux* relève d'une tout autre dimension.

Est-ce l'extension indéfinie de son usage ?

Ou le fait que la parole présidentielle ait intronisé cette expression comme la seule acceptable façon de parler d'un groupe ?

Le fait est que l'usage de *celzéceux* est si répandu, désormais, qu'il en a recouvert le sens. Qui se souvient encore que *celzéceux* dérive de « celles et ceux » ? Qui a la mémoire assez longue, à l'ère des petites phrases, pour songer au temps où, les mots ayant encore un sens, c'est la galanterie qui commandait de dire « Madame » en premier ?

Reste donc un mot hideux. Sifflant et humide à la fois : *celzéceux*.

Dont la répétition a remplacé la signification.

Celzéceux est un syntagme en exil, un fonctionnement en fuite, un matériau sonore, un son redevenu simple bruit. La transmission du message (l'égalité hommes-femmes) a été reléguée au rang des accessoires pour céder la place à la bonne conscience de s'écouter *parler comme il faut*. On en oublie ce qu'on dit. Un peu comme *piano*, *transistor* ou *canapé* qu'on répéterait cinquante fois… ou comme les serveurs zélés qui, cherchant toute occasion d'être aimables au client, répondent « Avec plaisir » quand on leur demande l'addition. Emmanuel Macron joue avec *celzéceux* comme Kafka joue avec le prénom Milína – dont l'accent sur le *i* évoque « un Grec ou un Romain égaré en Bohême, violenté par les Tchèques, trompé sur la prononciation ; puis, par approximation plus fine, ajoute Deleuze, une femme qu'on porte dans ses bras, qu'on arrache au monde ou au feu[1] »…

C'est ainsi qu'on a pu entendre « *celzéceux* qui choisissent le terrorisme », ou bien « *celzéceux* qui ont fraudé », ou encore l'inénarrable (et imprononçable) « *celzéceux* qui ont choisi de changer de sexe »… Le respect des formes l'emporte sur la circonstance, ou la personne du destinataire. Et ce n'est pas le moindre des paradoxes de cette expression que d'être hyper-formelle tout en basculant dans une pure « matière verbale ». Moins *celzéceux* a de sens, plus on l'emploie. Moins il signifie, plus il s'impose. *Celzéceux*, c'est une formalité informe. Un rot parfumé au respect.

La tentation est grande de sauver ce mot tordu en l'inscrivant dans le sillage du sublime

1. Gilles Deleuze, *Pourparlers (1972-1990)*, Éditions de Minuit, 1990 ; 2003.

« Doukipudonktan[1] » qui ouvre *Zazie dans le métro*. Mais Queneau forgeait (tout seul et en riant) des mots-centaures à usage unique, pour les besoins de la poésie. *Celzéceux* est, au contraire, la création collective (et coercitive) d'une époque paritaire, qui s'autorise, par la vertu dont elle hérite, à prendre la tête de toutes les phrases.

En vérité, dans cet usage « intensif et asignifiant de la langue », *celzéceux* ressemble davantage à la phrase « Karlémami » dont le jeune Poulou (Jean-Paul Sartre) se servait pour désigner le couple de ses grands-parents (Karl et Mamie) : « Le mot jetait son ombre sur la chose ; à travers Karlémami je pouvais maintenir l'unité sans faille de la famille et reverser sur la tête de Louise une bonne partie des mérites de Charles. Suspecte et peccamineuse, ma grand-mère, toujours au bord de faillir, était retenue par le bras des anges, par le pouvoir d'un mot[2]. » Le syntagme né de « l'accord parfait des personnes » est devenu un groupe de morphèmes dont la prévalence repose exclusivement sur l'habitude, et dont la puissance illocutoire préserve de l'irrespect comme l'ail, dit-on, protège des goules. En un mot, *celzéceux* ne veut plus rien dire. Et on ne dit plus que ça. Ce qui dit tout.

1. « Doukipudonktan, se demanda Gabriel excédé. Pas possible, ils se nettoient jamais. »

2. Jean-Paul Sartre, *Les Mots*.

Le Parti unanime

> « Ceux qui, sans nous connaître assez, pensent mal de nous, ne nous font pas de tort : ce n'est pas nous qu'ils attaquent, c'est le fantôme de leur imagination. »
>
> La Bruyère, *Les Caractères*

Le Parti unanime n'est pas le parti d'une seule opinion, qui interdirait les autres. Ce n'est pas le parti unique, le Parti unanime. Mais c'est le parti de toutes les opinions qui ont le tort de se prendre pour des vérités et qui – sans le savoir et quand bien même elles s'opposent parfois frontalement – communient dans l'excommunication.

Pour devenir socialiste, il faut (en principe) adhérer aux valeurs de gauche.

Pour devenir « Républicain », il faut adhérer aux valeurs de droite.

Mais pour avoir sa carte au Parti unanime, il suffit d'être un zombie.

Et des zombies, on en trouve dans tous les camps.

Par « zombie », j'entends quelqu'un qui, mort à la pensée, veut vous nuire pour la seule raison que vos opinions lui déplaisent. Quelqu'un dont l'énergie est consacrée à remplacer le débat (où l'on frappe au-dessus de la ceinture, à coups d'arguments) par un combat (où tous les coups sont permis, à commencer par les coups bas).

L'ennemi du débat, l'adversaire de tous, n'est pas le dépositaire d'une opinion infâme qu'il tenterait d'imposer aux autres, mais le dépositaire d'un comportement qui transcende les opinions, d'une modalité haineuse du dogmatisme uniquement attachée à décrire l'adversaire comme un ennemi, à déduire ce qu'il dit de ce qu'on croit qu'il est, et à discréditer son point de vue pour en éviter l'examen. Ainsi, partant du principe qu'on décide avant de délibérer, le Parti des zombies interdit tout raisonnement en l'indexant sur une appartenance.

Quand on met au pluriel le nom d'un parti dans l'espoir de réussir, par ce passe-passe, à en lisser les courants et les oppositions internes, ou quand on fait au présent le procès du passé et qu'on exhume les anciennes déclarations de quelqu'un pour le réduire aux opinions qu'il a eues, c'est le Parti unanime qui travaille. Tout comme, chaque fois que, pour échapper à une question, on dénie à l'interlocuteur le droit de la poser.

Si vous critiquez le mot « islamophobie » (en traitant de la même façon la critique d'une religion et la haine de ses pratiquants), le PU vous traitera de « raciste ».

Si vous défendez le maintien de ce mot, le PU vous traitera d'« islamiste ».

Si vous critiquez Israël, le PU vous traitera d'« antisémite ».

Si vous défendez Israël, le PU vous traitera de « sale sioniste ».

Si vous faites ingénument valoir que, tout en étant salutaire et nécessaire, « balance ton porc » expose aussi au déni de la présomption d'innocence, le PU ira jusqu'à fouiller dans vos archives pour démontrer qu'en réalité c'est le maintien du patriarcat qui dicte votre scepticisme.

Si, parce qu'on vous y invite, vous faites valoir, en vingt minutes, aux premières universités d'été du féminisme, qu'on peut être un homme et un féministe qui défend l'égalité des droits, on ne retiendra de votre intervention (soudain indexée sur le contenu de votre slip) que le paternalisme d'un mâle blanc. Et, tandis que d'autres hommes violent, excisent, encagent et sous-traitent les femmes, on verra dans un discours argumenté (et dans la personne qui le prononce) le paradigme de l'ennemi à combattre[1].

Le seul but du PU est de tuer le débat qu'il redoute. Et surtout, la nuance. L'ennemi du PU n'est pas le racisme ni l'antiracisme, ni les bourgeois ni les prolétaires, mais l'esprit de finesse. C'est la nuance qu'il veut abattre, ou le goût de regarder deux vérités et de donner sa chance à un argumentaire qui n'est pas le sien. C'est la nuance qu'il faut éliminer du débat, car elle seule permet le débat.

Pour ce faire, le PU a une méthode : l'essentialisation (si vous dites *cela*, c'est que vous *êtes* ceci) et le procès d'intention (vos paroles témoignent d'un

1. Une mésaventure dont je fus la victime pour avoir imprudemment accepté d'intervenir, sous la forme d'un discours de vingt minutes, à la première université d'été du féminisme. L'intervention me valut quantité d'insultes, mais il n'existe, à l'heure où j'écris ces lignes, aucune réfutation argumentée de son contenu, pourtant largement accessible. Et pour cause : quoi que je dise, je n'avais, en qualité de mâle blanc, pas le droit d'émettre une critique.

agenda discret). Un moyen : la falsification (voici ce qu'à *peu de chose près* vous écriviez des années plus tôt, donc votre opinion n'est pas recevable). Et un mode opératoire : la horde – puisque nous sommes des centaines (voire des milliers) à considérer que vous pensez comme vous êtes, alors vous *devez* être ce que nous sommes si nombreux à penser que vous êtes. Comme Cendrillon se prend au jeu (et oublie un instant qu'elle ne doit son allure de princesse qu'au sortilège de sa marraine), le PU croit, à l'ère de Twitter, que le vacarme fera de son propre discours une vérité – quand bien même il serait mensonger.

Malheureusement, ce n'est pas faux.

Personne ne décrit le fonctionnement du PU comme Alexis de Tocqueville, au chapitre qu'il consacre à la tyrannie de la majorité dans *De la démocratie en Amérique*. Voici ce qu'il dit : « Vous êtes libre de ne point penser ainsi que moi ; votre vie, vos biens, tout vous reste ; mais de ce jour vous êtes un étranger parmi nous. Vous garderez vos privilèges à la cité, mais ils vous deviendront inutiles ; car si vous briguez le choix de vos concitoyens, ils ne vous l'accorderont point, et si vous ne demandez que leur estime, ils feindront encore de vous la refuser. Vous resterez parmi les hommes, mais vous perdrez vos droits à l'humanité[1]. » Ainsi fonctionne le Parti unanime, soit le seul tyran dont, à l'ère démocratique, nous avons à redouter la puissance.

Il est aisé d'en mesurer les conséquences, même si elles sont incalculables.

1. Alexis de Tocqueville, *De la démocratie en Amérique* (1835), in *Œuvres complètes*, Gallimard, tome I, 1951, p. 267.

Au lieu de consister en une discussion entre gens de bonne volonté sur le racisme et l'antiracisme, sur la pertinence des généalogies nietzschéenne ou marxienne, sur le souci de lutter contre le harcèlement sans basculer dans la délation, ou sur les questions redoutables que posent la non-mixité, l'intersectionnalité, ou encore le statut de la présomption d'innocence à l'ère des réseaux sociaux, le débat se résume à des crachats collants et des coups sous la ceinture, auxquels on tente de répondre sans trop s'abaisser soi-même.

Au lieu d'évoquer les risques du #balancetonporc et de chercher ensemble le meilleur moyen de ne pas transformer cet appel en un pousse-au-crime, on passe son temps à se défendre d'être celui que vos adversaires (devenus vos ennemis) voudraient voir en vous.

Au lieu de faire entendre des arguments, on perd son temps à démontrer le droit de les dire sans être taxé du pire.

Au lieu de produire de la dialectique, d'avoir la vérité en partage et la civilité pour viatique, les protagonistes en sont réduits à s'entretuer, ou pire : à s'opposer.

Au lieu de mettre la vérité en partage et de se pencher collectivement sur elle, le Parti unanime (qu'on appelle aussi « police de la pensée ») vous enferme dans l'identité qu'il vous attribue, comme on assigne à résidence un délinquant potentiel. Les membres du Parti unanime ne jugent jamais : ils préjugent. Ils ne discutent pas : ils décrètent. Et le préjugé est au jugement de droit ce que l'épuration sauvage est au procès, ou ce que la polémique est au dialogue : un lynchage qui ne s'assume pas.

Mère Justice

« Ô justice, ô ma mère, s'écrie Prométhée, tu vois ce qu'on me fait souffrir. »

Albert Camus, *Prométhée aux Enfers*

« Je crois à la Justice, mais je défendrai ma mère avant la Justice. »

La légende prétend qu'Albert Camus aurait répondu de cette manière à un étudiant algérien le 12 décembre 1957, lors de la discussion qui suivit la remise de son prix Nobel. Une phrase qu'on lui a abondamment reprochée… mais qui est fausse. Et fausse deux fois puisqu'avec le temps, elle est devenue « Entre la justice et ma mère, je choisis ma mère ».

C'est une *fake news*, une falsification. Ce n'est pas ce qu'Albert Camus a dit.

Voici comment les choses se sont passées.

Alors qu'il répondait aux questions des étudiants, Albert Camus fut interrompu par un représentant du FLN qui, entre deux insultes, l'accusa de ne signer de pétitions qu'en faveur des Européens de l'Est, et d'oublier les Algériens et le FLN (qui posait des bombes)… Scandale, indignation, brouhaha, etc. Et, le silence un peu revenu, Camus répondit ceci : « En ce moment, on lance des bombes dans les tramways d'Alger. Ma mère peut se trouver dans un de ces tramways. Si c'est cela, la justice, je préfère ma mère. »

Mais dans la retranscription qu'il fit de l'ensemble de la discussion, le journaliste Dominique Birmann écrivit, dans un exercice de synthèse qui ramassait plusieurs réponses de Camus : « J'ai toujours condamné la terreur. Je dois condamner aussi un terrorisme qui s'exerce aveuglément, dans les rues d'Alger par exemple, et qui un jour peut frapper ma mère ou ma famille. Je crois à la justice, mais je défendrai ma mère avant la justice. » Et ces propos imprécis ont été résumés immédiatement par cette formule lapidaire (et largement apocryphe) : « Entre la justice et ma mère, je choisis ma mère. »

La déformation de ses propos change tout à leur sens.

Si Camus dit « entre la justice et ma mère, je choisis ma mère », ce n'est qu'un égoïste, un « type qui ne veut pas d'ennuis » déguisé en humaniste de salon, une belle âme que ses beaux discours n'engagent pas, et qui préfère sa petite famille au sort de l'humanité… C'est d'ailleurs de cette manière, sinon en ces termes, que les Sartriens se sont évertués à la décrire.

Mais s'il dit (en substance) « quand la "justice" tue des innocents, je choisis le camp des innocents », cela fait de lui un homme que la passion de la justice n'a pas rendu fou au point d'y sacrifier n'importe qui.

Quelle est la leçon de Camus dans *L'Homme révolté* ? Que la révolte est un amour, avant d'être une colère. Et qu'une révolte oublieuse de ses origines dégénère en violence, en terreur et en servitude renouvelée. Si la révolte tue des innocents qui prennent le tramway, c'est qu'elle a perdu la tête en perdant le cœur et qu'elle devient une cause perdue. En réduisant la parole si sage de Camus à l'alternative stupide « Entre la justice et ma mère, je choisis ma mère », on a fait passer pour de l'égoïsme ce qui relève, au contraire, d'une si grande sensibilité à la douleur d'autrui qu'on refuse de le sacrifier sur l'autel de la justice. On a présenté comme un cœur de pierre l'homme qui, par amour, dénie au révolutionnaire le droit d'être un assassin.

« Éprouver l'injustice, est-ce nécessaire pour savoir ce qui est juste ? » (Bac philo)

Faut-il avoir éprouvé l'injustice pour savoir ce qui est juste ?

C'est du moins ce qu'affirment ceux qui, flatteusement, se présentent eux-mêmes comme des « concernés ». Effectivement, rien ne remplace le fait d'avoir vécu ce dont on parle. Ni la qualité d'un témoignage.

Mais depuis quand la violence qu'on a subie est-elle bonne conseillère ?

Le fait qu'il me soit arrivé, maintes fois, de subir des insultes antisémites fait-il de moi un expert en la matière ? Ce serait trop facile. Si la victime du racisme est mieux placée qu'une autre pour lutter contre le racisme, est-ce dire qu'une victime d'actes pédophiles est mieux placée qu'une autre pour protéger les enfants ? Un témoignage est essentiel, mais aucun traumatisme n'est une garantie.

À dire vrai – et c'est une injustice de plus –, les victimes sont plutôt mal placées pour juger du juste et de l'injuste. Comment être victime sans être tenté de confondre ce qui est juste en soi avec ce qui est juste à ses propres yeux ? La souffrance est une loupe, qui donne à ce qui nous arrive l'ampleur d'une vérité universelle. Comment, à cet égard, ne pas confondre la justice et la vengeance ? ni perpétuer l'injustice en y ajoutant son contraire ? Qui, mieux qu'une victime, peut impunément devenir le bourreau de son bourreau ? Pour des raisons évidentes, il est plus difficile d'être équitable quand on est *concerné*. Pas impossible, bien sûr. Mais plus difficile.

C'est la raison pour laquelle Rousseau assure, dans *Du contrat social*, que « pour découvrir les meilleures règles de société qui conviennent aux nations, il faudrait une intelligence supérieure qui vît toutes les passions des hommes, et *qui n'en éprouvât aucune...* ». Être victime parce qu'on est juif, noir, blanc, arabe, ouvrier, trans ou homosexuel ne donne aucune compétence spécifique en matière de haine, et devrait inviter, à l'inverse, à se méfier de son propre jugement. Aucune souffrance n'est un diplôme.

Le droit à l'indifférence

« Je félicite le général de division Sharon Afek pour sa promotion. J'aimerais que nous arrivions au jour où une telle nouvelle ne serait plus une nouvelle », a déclaré Galia Wolloch, présidente de l'Organisation de défense des droits des femmes Naamat, après la nomination du premier général homosexuel de l'histoire de l'armée israélienne. Et elle ajoute : « L'armée israélienne est l'armée de toute la nation – les femmes, les hommes, les religieux, les laïcs, les hétérosexuels et les LGBT. »

Le paradoxe est qu'elle regrette de se réjouir.

Le fait qu'elle s'en réjouisse signifie que le combat n'est pas terminé : la défense des minorités suppose la construction d'une société où le fait de nommer un général homosexuel n'est même plus une information. Ainsi, quand, en 2017, le conjoint de Xavier Jugelé (le policier assassiné sur les Champs-Élysées par un djihadiste) avait pris la parole pour rendre à son homme un hommage bouleversant, l'émotion devant la mort du héros avait pris le dessus sur la découverte de son homosexualité. Le courage était plus important que le scoop. Et c'est à ce genre de sagesse qu'en appelle Mme Wolloch.

Or, ce n'est qu'en 1988 que l'homosexualité a cessé d'être un « crime » au regard de la loi israélienne.

Et près de la moitié des Israéliens continuent d'y voir une maladie. Dans un tel contexte, il est normal que les progressistes israéliens (et les autres) se réjouissent de la nomination d'un général homosexuel parce qu'il est homosexuel. Mais à condition de le faire sans perdre de vue que les mœurs du général ne constituent jamais une compétence et – dans la société que tout le monde appelle de ses vœux – ne devraient pas constituer un critère de recrutement... C'est toute l'ambivalence de la lutte pour l'égalité des droits qui se joue ici.

Si l'on défend les minorités en faisant de leur *différence* un critère de recrutement, le seul résultat qu'on obtient, c'est, éventuellement, à compétence égale, le recrutement privilégié du candidat qui, parce qu'il est issu d'une minorité, donne une bonne image de l'entreprise qu'il intègre. La contrepartie en est que le processus de *reconnaissance* devient, inévitablement, un processus d'enfermement (on vous recrute parce que vous êtes gay, noir, juif ou asiatique... Si vous ne l'étiez pas, les choses se passeraient différemment). Et c'est contre un tel enfermement que Galia Wolloch en appelle au jour où la nomination d'un général gay ne sera plus une information.

Une société postraciale est une société où la couleur de la peau et la façon d'aimer ne sont des critères ni d'exclusion ni de recrutement. Dans un monde véritablement égalitaire, les minorités n'ont pas de droits spécifiques, car elles n'ont rien à revendiquer. Seule la concurrence des compétences entre en jeu, et non la correction d'une injustice historique par l'injustice inverse. Le vrai but à atteindre dans un espace démocratique n'est pas l'introuvable égalité de représentation entre tout le monde, mais l'indifférence absolue aux signes particuliers de la personne qu'on nomme ou qu'on élit.

Le sommet de la reconnaissance est l'indifférence à ce que nous sommes.

Pinkwashing

Le *pinkwashing* (procès d'intention qui désigne le fait de promouvoir l'homosexualité *pour* améliorer son image) est-il une tentative, pour l'État d'Israël, de faire oublier le sort des Palestiniens en feignant de défendre les personnes LGBT ? Telle est la thèse que soutient une vidéo d'AJ + (le relais, sur les réseaux sociaux, de la chaîne qatarie Al-Jazira).

Il est vrai que le statut des homosexuels en Israël est un casse-tête pour les gens qui voudraient épingler sur l'État des juifs le sceau définitif de l'infamie.

Comment comprendre qu'un État présenté par ses détracteurs comme raciste, héritier de l'apartheid, infligeant aux Palestiniens le sort que les nazis infligeaient aux juifs, et dont, à cet égard, il est urgent de boycotter tous les produits… comment comprendre que cette Afrique du Sud moyen-orientale, donc, ait décriminalisé l'homosexualité depuis 1988, autorisé la GPA pour les couples homosexuels, et choisi, en cas d'*alya*[1], d'accorder la nationalité israélienne à un conjoint non juif de même sexe ?

Il y a là quelque chose qui heurte la raison et complique le militantisme anti-israélien.

1. Immigration d'un Juif en Israël.

Heureusement – pour falsifier le monde à la seconde où les faits lui donnent tort –, la rhétorique intersectionnelle qatarie a trouvé le mot de *pinkwashing*. Pour le dire simplement : si Israël feint d'être aimable avec les homos, les bi, les trans, etc., c'est pour faire oublier le sort des Palestiniens.

On a le droit de penser ça.

Ça ne veut pas dire que c'est vrai.

Et pour cause : le *pinkwashing* israélien étant un pur procès d'intention, que rien n'étaie sinon la conviction des gens qui le pensent, ce sont eux, uniquement, que la chaîne qatarie choisit d'interroger... En guise de « preuves », le spectateur reçoit une série d'interviews où tout le monde exprime la même opinion – ce qui, jusqu'à nouvel ordre, ne suffit pas à en faire une vérité. C'est à ses méthodes, plus qu'au contenu de son discours, qu'on repère la propagande.

Mais il y a plus dans AJ +.

Tel Brille-Babil démontrant aux animaux incrédules que le cochon Boule de Neige avait, en fait, combattu aux côtés de Mr Jones lors de la célébrissime « bataille de l'Étable[1] », afin de démontrer qu'en réalité Israël est un État homophobe, la Fox News du Qatar cite le cas de deux attentats commis contre des homosexuels par des fanatiques juifs – comme si le crime de deux fous engageait la responsabilité de l'État lui-même. Enfin, AJ + explique (sans prouver quoi que ce soit) que les services secrets israéliens manipulent les personnes LGBT palestiniennes en menaçant de révéler leur condition – ce

1. Voir, lire et relire *La Ferme des animaux*, de George Orwell – et voir « Brille-Babil », p. 154-155.

qui, reconnaissent-ils, leur vaudraient d'être tuées… C'est possible. Peut-être le Mossad fait-il cela. Mais si c'était le cas, ça ne prouverait qu'une chose : en tout autre endroit du Moyen-Orient qu'Israël, être lesbienne, gay, bi ou trans vous vaut la mort ! Et c'est la seule chose qu'AJ + démontre, par défaut, dans cette vidéo absurde : mieux vaut vivre en Israël, dans un pays où les LGBT sont protégés, que partout ailleurs.

Permettre n'est pas promouvoir

« Évian fait la promotion de l'homosexualité ! » Ainsi ont réagi un grand nombre d'internautes au fait que certaines bouteilles d'Évian (de la collection « Prestige ») représentent un couple d'hommes se tenant par la main, devant la colonne de la Bastille à Paris…

Qu'il y ait des couples d'hommes à Paris est un fait. Qu'on les représente sur une bouteille soucieuse d'être à l'image de la capitale, c'est une évidence. Et pour ces deux raisons, voir dans l'image de deux hommes qui se tiennent la main la promotion d'un mode de vie (quel qu'il soit) n'a aucun sens. Ce n'est pas parce qu'on montre deux hommes main dans la main qu'on appelle tous les hommes à en faire autant. Les autres étiquettes de la collection « Prestige » (qui représentent un homme à vélo ou deux femmes attablées) ne sont pas plus normatives que celle-là.

La question qui se pose ici n'est pas de savoir si Évian organise ou non la promotion de l'homosexualité, mais de comprendre d'où vient une impression tellement absurde ! D'où vient l'impression qu'on encourage l'homosexualité quand on en banalise la représentation ?

La première raison est évidente : c'est l'homophobie. Faut-il haïr l'homosexualité (et redouter sa proximité) pour entendre un slogan dans un croquis et voir une opération de séduction dans la représentation désormais banale d'un couple d'hommes !

Mais au-delà de l'homophobie, de façon générale, le fait de soupçonner une *incitation* sous une légalisation (ou une banalisation) renseigne davantage sur les préjugés du suspicieux que sur les véritables travers de la société. C'est comme une illusion d'optique. La haine d'un mode de vie fait passer, aux yeux du haineux, sa normalisation pour sa promotion. À l'image de Christine Boutin qui, sur le ton de la gaudriole, commentait sur RMC la Palme d'or de *La Vie d'Adèle* en disant « On est envahis de gays ! » – ce qui était odieux, mais surtout absurde, car l'idée d'être entourée d'hétérosexuels ne l'avait jamais effleurée.

Pour en revenir au croquis de deux hommes main dans la main, ce n'est pas davantage une promotion de l'homosexualité que la PMA pour toutes n'est une *incitation* à faire des enfants sans père ou que la légalisation de l'euthanasie ne relève du projet sournois d'exterminer les inutiles et les vieillards (toutes choses qu'il est aisé de vérifier dans les pays où ces libertés sont déjà garanties par la loi). Mais les détracteurs de ces libertés nouvelles font comme si les pires conséquences de ces libertés étaient incluses, à l'état d'intentions, dans le projet même de les faire aboutir. Les gens qui jugent scandaleux le croquis de deux hommes main dans la main sont eux-mêmes incapables de voir qu'ils prennent leur propre crainte pour un diagnostic.

Les familles traditionnelles

> « Je ne sais pas si vous vous rappelez, mais Papa voulait toujours prendre des bains. Pour ça, il nous emmenait, Linda et moi, d'abord dans son bureau – curieusement il avait quelque chose d'urgent à régler, sans attendre –, alors il verrouillait la porte, il descendait les persiennes, il allumait une lumière pour faire joli, et puis il enlevait sa chemise et son pantalon, et on devait en faire autant, après il nous faisait allonger sur la banquette verte qu'on a mise à la poubelle depuis, et il nous violait ! Il abusait de nous. Il avait des rapports sexuels avec ses chers petits. »
>
> Christian dans *Festen*, de Thomas Vinterberg

Les adversaires de l'extension de la PMA à toutes les femmes (et non seulement aux couples qui ont des difficultés à avoir des enfants) font valoir que – dans le cas d'une mère célibataire ou d'un couple de femmes – la PMA revient à priver l'enfant d'un père. C'est vrai : il est faux de dire que le « donneur » est un père. Et surtout, c'est contradictoire : l'enjeu de la PMA (étendue à toutes) étant de montrer que la parentalité n'est pas une affaire de génétique, on ne peut pas invoquer la génétique dans un second temps pour dire qu'en fait *il y a* un père (à moins de réduire le rôle du père à celui de géniteur, précisément). Il faut dire la vérité : lorsque c'est une femme célibataire ou un couple de femmes qui bénéficie d'une procréation médicalement assistée, il n'y a, le plus souvent, pas de papa.

Mais l'erreur est de croire qu'une loi sur l'extension de la PMA *promeut* l'absence de père, alors qu'elle se contente de donner (comme c'est le cas en Belgique, au Danemark, en Espagne, en Finlande, aux Pays-Bas, au Royaume-Uni et en Suède) des droits égaux aux nombreuses personnes qui choisissent de vivre de cette manière. Et il n'y a rien à dire à ça, sinon que c'est effectivement une défaite de l'idée absurde selon laquelle une famille traditionnelle (hétéroparentale) serait la norme de toute structure familiale, de la famille dite « traditionnelle ».

Une famille dite « traditionnelle » ne protège de rien.

Si le genre de famille que défendent les opposants à l'extension de la PMA était une garantie contre la névrose, la folie, la violence, les mauvaises manières ou l'inceste, on lutterait tous, homosexuels ou pas, pour qu'un tel trésor soit notre unique modèle ! Seulement, ce n'est pas le cas du tout. Le fait d'avoir deux parents de sexe différent n'a jamais préservé du déséquilibre, ni de la violence pathogène.

L'idée qu'un être à venir devrait absolument (dans la mesure du possible) avoir un père et une mère résulte d'une confusion entre la fonction et l'intention (ou entre le sexe et le symbole). On fait comme si la façon dont fonctionnent les organes de la reproduction était un renseignement sur la façon dont il faut élever les enfants. Prendre la famille traditionnelle pour la norme, c'est inscrire le couple homme-femme dans le prolongement de la rencontre spermatozoïde-ovule. Ou confondre une *nécessité* naturelle (la fécondation) avec une *volonté* naturelle. Or, la nature fonctionne, mais ne demande rien. Et l'inévitable façon dont un enfant est conçu ne renseigne pas sur les conditions de son existence. Heureusement, d'ailleurs : si la loi prenait toujours *dans la nature* sa norme et son inspiration, ce serait la loi du plus fort (et l'enfer) sur Terre. C'est l'homme qui fait la loi. Pas Dieu.

Une chose est de donner du sperme, tout autre est de louer son utérus

La procréation médicalement assistée (PMA) conduit-elle à la gestation pour autrui (GPA) ? Cet argument bien connu de La Manif pour tous a été repris par l'ancien ministre de l'Intérieur, Gérard Collomb lui-même, qui rappelle être favorable à la première, mais tout à fait opposé à la seconde. Et ces paroles du ministre de l'Intérieur accompagnent un rétropédalage sur la question de la PMA (qu'il n'est plus question d'étendre à toutes les femmes à partir de 2018, mais « avant la fin du quinquennat », comme dit Marlène Schiappa). Ces palinodies gouvernementales imposent d'examiner l'argument selon lequel il y aurait une continuité entre PMA et GPA.

Que sous-entendent les gens qui affirment, de bonne foi, que la première conduira à la seconde ?

Que si le « droit à l'enfant » est universel, alors il n'y a aucune raison d'en priver les couples d'hommes (qui ont besoin, pour cela, d'une mère porteuse et donc, d'une GPA). Si l'extension de la PMA signifie que tout le monde, désormais, a *droit à l'enfant*, et si, pour qu'un couple d'hommes ait un enfant, il faut louer le ventre d'une femme, alors la PMA (qui permet aux couples de femmes d'avoir un enfant) conduit à la GPA (son équivalent masculin). CQFD.

À première vue, le raisonnement est imparable, mais les prémisses sont fausses. Contrairement à ce que pensent ceux qui voient une continuité entre l'extension de la PMA et l'autorisation de la GPA, l'enjeu d'étendre la PMA n'est pas le *droit à l'enfant*, mais l'égalité entre toutes les femmes devant le droit de disposer de leur capacité à enfanter, qu'elles soient seules ou non... Ce qui n'a rien à voir. L'extension de la PMA est un droit qui ne concerne que les femmes, et dont le but est uniquement de garantir l'égalité entre elles. Mais comme les adversaires de la PMA y voient une promotion de la famille homosexuelle, ils en déduisent que PMA et GPA obéissent à la même logique, et que tous les homosexuels finiront par bénéficier de ce « droit à l'enfant » (que ce soit par don de sperme ou par location de ventre).

Faire un don de sperme n'est pourtant pas le même geste que louer son ventre. Les spermatozoïdes ne sont pas un organe interne qui serait prêté ou loué. Le corps de l'homme n'est pas altéré par un don de sperme, contrairement au corps de la femme lors d'une grossesse. Le sperme existe en quantité indéfiniment renouvelable, contrairement aux ovules, qui sont en quantité limitée. Donner son sperme est un plaisir – ce qu'on dira plus difficilement d'un accouchement. Et enfin, nul homme n'est attaché à ses spermatozoïdes comme on s'attache à l'enfant qu'on a porté pendant neuf mois.

Père Patience

La gifle qu'un prêtre de 89 ans a donnée à l'enfant qu'il devait baptiser[1] prouve surtout que cet homme-là n'est un « père » qu'aux yeux des fidèles.

Sacha Guitry (qui n'avait pas d'enfants non plus) adorait que les enfants criassent parce que, remarquait-il, c'est toujours le moment où on les emmène ailleurs… Le fait est que les cris d'un enfant n'ont rien à voir avec ceux d'un adulte. Le cri d'un adulte est une réaction, une réponse, ou une interpellation ponctuelle, sertie dans une série de contraintes sociales qu'on a conscience de transgresser quand on se met à hurler devant tout le monde.

Les cris d'un enfant sont d'une tout autre nature.

Ils ne sont ni ponctuels ni tempérés par la conscience d'une présence. Autrui n'existe pas pour un enfant qui crie. Quand il crie, l'enfant crie partout, et tout le temps, qu'il y ait du monde ou non. Les voisins du restaurant, les spectateurs du cinéma, la police elle-même… L'enfant s'en fout. Dieu lui-même (qui était un fort mauvais père) n'y survivrait pas.

De là, les scènes publiques, mémorables, où des parents implorent (à voix basse et les dents serrées)

1. *Cf.* https://www.lepoint.fr/insolite/un-pretre-gifle-un-enfant-lors-d-un-bapteme-22-06-2018-2229634_48.php

leur enfant de cesser de crier, murmures inutiles et, pour cette raison, assortis parfois de honteuses pressions de la main sur l'avant-bras du bébé, qu'il est seul à percevoir – une maltraitance discrète uniquement destinée à renseigner le brailleur (à l'insu des autres) sur l'écrasement qui le menace s'il ne ferme pas sa bouche.

Il faut avoir vécu tout ça, quotidiennement, pendant des années, pour endurer les cris d'un enfant. Il faut avoir maintes fois éprouvé – et surmonté – la violence qu'inspirent ces cris mortels pour être capable, à la différence du vieux prêtre, *de ne pas passer à l'acte*. De même qu'il faut étudier pour devenir professeur, une telle compétence est d'abord le fait des parents. Quel autre cursus garantit ce genre de formation[1] ?

On trouve à peu près la même scène que la gifle du prêtre dans le *Voyage au bout de la nuit*, quand le héros, Bardamu (médecin lui-même, qui n'a pas plus d'enfant qu'un prêtre), examine un bébé, à la demande de la famille... Soudain, dit-il, « l'enfant en eut assez de mes doigts tripoteurs... et se mit à hurler comme on peut le faire à cet âge, inconcevablement. C'en était trop... Quels cris, mon Dieu ! Quels cris ! Je n'en pouvais plus ». Il aurait pu le gifler, mais non. Il fait pire, il lui parle : « Ne te presse donc pas, petit crétin, lui dit-il, tu en auras toujours du temps pour gueuler ! Il en restera, ne crains rien, petit âne ! Ménage-toi ! Il en restera bien du malheur assez pour te faire fondre les yeux et la

1. Suis-je en contradiction avec moi-même à cet instant ? Comment dire qu'être victime n'est pas un diplôme (*cf. supra*), tout en affirmant qu'être père est une compétence ? Peut-être. Tant mieux.

tête aussi et le reste encore si tu ne fais pas attention ! » Sublime craquage de Bardamu, qui lui vaut d'être aussitôt mis à la porte, mais qui montre aussi que, n'ayant pas appris, faute d'enfant, à se forger une carapace hermétique au vacarme des mômes, Bardamu et le prêtre gifleur n'ont pas les moyens de résister à un adversaire si puissant. La prêtrise et le nihilisme sont des nains face au titan sonore.

L'émoji surréaliste

C'est un émoji – un de ces gentils pictogrammes qui parsèment et parfois gangrènent nos SMS et nos mails – où sont représentées deux mains jointes.

À première vue, c'est une prière. Et (quand il n'est pas effectivement représenté) on croirait presque voir, derrière les mains jointes, un halo de lumière céleste.

Mais quand on le regarde de plus près, on s'aperçoit que l'émoji en question est *aussi* ce qu'on appelle un *high five*, c'est-à-dire le geste qui consiste à taper ostensiblement dans la main d'un ami pour le féliciter ou pour affirmer qu'on est en complicité avec lui. De sorte que le même symbole peut indifféremment signifier la prière et l'amitié, la piété et la sympathie.

Ce qui fait de lui un objet surréaliste.

La rencontre de la piété et de l'amitié est aussi improbable que la rencontre d'une entrecôte et d'une peluche sur le tableau des symboles... La piété et l'amitié n'ont rien à se dire. Car l'amitié est un sentiment sélectif. Si vous faites un dîner chez vous (sans autre raison que le plaisir de recevoir), vos invités seront vos *bons amis*, ceux que vous ne voyez pas suffisamment, et avec qui vous pourrez librement rire et (éventuellement) dire des sottises à table. Bref, vous n'inviterez pas n'importe qui. Et c'est tout le vice de l'amitié : à ses yeux, tout le monde ne se vaut pas. L'œil de l'ami n'est pas celui d'un Seigneur qui vous élit, mais celui d'un égal qui vous choisit.

Contrairement à Dieu, nous aimons certains plus que d'autres. C'est la raison pour laquelle, quand le christianisme était omnipotent en France, entre le Ier et le XVIe siècle, les textes sur l'amitié étaient si rares, et il a fallu que Montaigne (accidentellement catholique, profondément stoïcien) s'emparât du sujet à la fin du XVIe et, s'inscrivant dans la veine de Sénèque, parlât de La Boétie pour que l'amitié fût pensée de nouveau[1].

Pour en revenir à l'émoji qui désigne simultanément la prière et l'amitié, il y a deux conséquences à cette ambiguïté étonnante : la première est visuelle. Quand on sait, on voit. Quand on sait que le symbole est ambivalent, on voit en même temps deux potes qui se tapent la main et un homme qui s'agenouille en levant les yeux au ciel. Et comme pour un tableau d'Escher, le regard est simultanément happé par l'horizontalité des copains et la verticalité d'une invocation.

La seconde conséquence est morale : quel affect est né de l'hybridation de la piété et de l'amitié ? Quel enfant peut naître d'un tel accouplement ? Ils sont deux. Ce sont des jumeaux. La *Demande* et la *Reconnaissance*, où prière et amitié entrent à part égale… Et c'est d'ailleurs le vrai sens de cet émoji, et les deux motifs les plus répandus de son emploi : supplier, ou remercier.

1. *Essais*, I, 28.

Une prière mérite mieux qu'un message subliminal

(La seule chronique qu'il est interdit de lire sans lire la suivante.)

La traduction du Notre Père a été modifiée. À compter du 3 décembre 2017, les fidèles qui récitent la prière la plus répandue parmi les chrétiens ne diront plus : « Ne nous soumets pas à la tentation », mais « Ne nous laisse pas entrer en tentation ».

C'est un événement considérable – à côté duquel une révision de la Constitution relève de l'anecdote. C'est au sacré qu'on touche, ici. C'est l'Éternel (en VF) qu'on retraduit. C'est à la parole du Christ qu'on s'en prend – puisque le Notre Père est transmis par Jésus en personne, qui l'enseigne aux apôtres...

Cet événement ne modifie pas sensiblement la lettre du texte.

L'argument est qu'en substituant « Ne nous laisse pas entrer en tentation » à l'ancien « Ne nous soumets pas à la tentation », on remplace une action (l'action de soumettre) par un *laisser-faire*, ce qui est plus fidèle, dit-on, à la valeur permissive du verbe araméen... À quoi l'on peut ajouter que, effectivement, de cette façon, Dieu n'est plus présenté comme un tentateur, mais comme le portier du vice, qui peut ou non laisser entrer l'homme, dont la chair est faible...

En maints endroits, pourtant, le texte biblique dit exactement le contraire : dans la première épître aux Corinthiens, saint Paul attribue clairement à Dieu la responsabilité de la tentation (afin de nous donner, dit-il, les moyens d'en sortir et la force de la supporter). Et les Évangiles rappellent que Jésus lui-même a connu la tentation... Qu'on dise « Ne nous soumets pas à la tentation » ou bien « Ne nous laisse pas entrer en tentation », Dieu reste tentateur, on dit la même chose.

Mais, dans ces conditions, si ça ne change rien, pourquoi, dès lors, avoir changé le texte, au risque de modifier les habitudes de millions de fidèles ? À mon avis, pour une raison où le Ciel n'entre guère. Remarquez la ligne qu'on a changée : « Ne nous *soumets* pas à la tentation. » Le problème n'est pas la tentation, le problème, c'est qu'on a supprimé le verbe « soumettre ». On a ôté du texte l'idée de soumission. Longtemps avant que Houellebecq en fasse un roman, la première chose qu'on sait de l'islam, le seul truc que croient savoir les gens qui n'y connaissent absolument rien, c'est qu'*islam* (dit-on) signifie « soumission ». La suppression (inutile) du verbe « soumettre » est juste une façon, pour l'Église, de se prémunir contre toute suspicion de gémellité entre les deux cultes. Et les paranoïaques de l'islamophobie qui passent leur temps à la traquer chez des républicains exemplaires feraient bien de se pencher, pour une fois, dans la bonne direction. Parce que ce qui se joue là, sournoisement, contre l'islam, crève les tympans quand on tend l'oreille. Depuis le 3 décembre 2017, tous les fidèles francophones qui disent le Notre Père ânonnent, quotidiennement, à mots couverts : « Chez nous, Dieu ne soumet pas. Nous ne sommes *pas du tout* des musulmans. C'est librement que nous croyons. »

Tout procès d'intention condamne, à l'avance, l'accusateur lui-même

Le texte qui précède celui-ci déshonore (temporairement) son auteur.

D'abord, il est mauvais, ce qui peut arriver.

Surtout, il est malhonnête, ce qui aurait pu ne pas arriver.

Ai-je tort de dire que la modification du texte français du Notre Père (et le remplacement de l'expression « Ne nous soumets pas à la tentation » par « Ne nous laisse pas entrer en tentation ») relevait d'un agenda discrètement islamophobe qui, sous le prétexte d'une plus grande proximité avec le texte originel, était attaché à supprimer le mot de « soumission » (auquel l'islam est associé dans l'esprit des fidèles) ?

Qui le sait ? Ce n'est pas le problème.

Le problème est précisément que je n'en sais rien. Personne n'en sait rien.

J'aurais pu dire n'importe quoi. D'ailleurs, je l'ai fait.

La question n'est pas de savoir si ce que je raconte est vrai ou faux (Dieu le sait), mais si ce que je raconte permet ou empêche le débat. Or, la méthode employée fait clairement obstacle au débat, parce que je n'ai rien démontré ! J'ai juste partagé une intuition, une pauvre opinion sur un texte. Ce qui n'a aucun intérêt.

En présumant que c'est par islamophobie que le texte du Notre Père a été purgé du verbe « soumettre », je mets ceux que j'en accuse dans la situation impossible d'avoir à dire que ce n'est pas le cas... sans pouvoir en apporter la preuve !

Une parole indémontrable (comme l'est la mienne) est une parole infalsifiable. Et ça, c'est impardonnable. Ce qui est impardonnable, c'est d'avoir produit du soupçon, au lieu de le dissiper. L'objet de ces chroniques n'est pas de balancer mes opinions en les enrobant d'un concept. Ce que je crois, on se fiche. Mais d'inviter les uns et autres (et moi le premier) à *penser* contre eux-mêmes, et non à se défendre d'une accusation tellement arbitraire qu'elle n'offre aucune prise aux arguments.

Quel est l'ennemi commun ? l'ennemi de tous ? l'ennemi public numéro un ?

Ce n'est pas le catholicisme, ni l'islam, ni le judaïsme, ni la laïcité, bien sûr.

Le seul ennemi que nous ayons à redouter, collectivement, le cauchemar du débat, c'est le procès d'intention. Qu'on en fasse ou qu'on en subisse. C'est l'accusation indémontrable qui souille l'accusé sans exposer l'accusateur à un démenti argumenté. Voilà ce que j'ai fait.

Je retire bien volontiers l'accusation d'islamophobie portée à l'encontre du Notre Père nouvelle façon, je reprends à grands frais ce débat sur l'exégèse biblique (où mon inculture est encyclopédique) et je présente mes excuses aux gens de bonne volonté (nombreux) qui prient du fond du cœur et ne connaissent pas la haine.

Le syndrome de Don José

Les réseaux sociaux ont le QI d'un mouton, mais la mémoire d'un éléphant.

Deux conséquences à cela.

Les gens y sont condamnés à la seconde où ils sont accusés.

Les gens y sont condamnés pour ce qu'ils ont dit plusieurs années auparavant.

Et cette double infirmité du réseau social (le moutonisme et l'hypermnésie) a pour effet de soumettre les utilisateurs de Twitter au syndrome de Don José[1]. Du nom de l'ancien amant de Carmen. « Tu ne m'aimes donc plus ? » demande-t-il à la

1. « Un des cas les plus banals, mais aussi les plus pathétiques du refus du présent au nom du passé est évidemment le refus désespéré, de la part de la personne que l'on quitte alors qu'elle est toujours éprise, d'admettre le fait que la rupture amoureuse est décidée par la personne qui la quitte : l'argument inévitablement avancé par la victime de la rupture revenant, encore une fois, à contester la possibilité que soit vrai aujourd'hui ce qui était faux hier. Ainsi Don José dans son face-à-face dramatique avec Carmen, à la fin de l'opéra de Bizet. "Tu ne m'aimes donc plus ?" balbutie Don José. "Non, je ne t'aime plus", répond Carmen. Mais c'est impossible, rétorque Don José, animé de l'espoir chimérique que le fait du passé pèse d'un poids quelconque sur le présent : "Nous nous aimions *naguère* ! Ah, souviens-toi, souviens-toi du *passé* !" », Clément Rosset, *Principes de sagesse et de folie*, Éditions de Minuit, 2004, p. 29-30.

bohémienne... C'est impossible, car « moi je t'aime encore » (*sic*) ! Et surtout, ajoute-t-il : « Souviens-toi du passé, nous nous aimions naguère... » Le syndrome de Don José consiste à ne tolérer le présent que s'il est conforme à ce qui *a été*[1]. Si les choses ne sont pas comme elles ont été, le « don-josisme » y verra une arnaque. Comme ce qui est vrai doit être vrai de toute éternité, si le passé diffère du présent (comme, par définition, le passé était là *avant*), alors le présent est faux.

Sur les réseaux sociaux, le syndrome de Don José est tout-puissant.

À l'été 2018, la secrétaire d'État à l'Égalité hommes-femmes, Marlène Schiappa, a vu ressurgir des messages qu'elle avait écrits en 2010-2011[2]. Les temps étaient différents. La ministre gérait un blog, et n'était pas tenue à la communication compassée qu'impose l'exercice du pouvoir, mais qu'importe : sur Twitter, le temps ne passe pas et ses vieux tweets (comme s'ils étaient opposables à la situation présente) ont été assortis de milliers de demandes de démission.

Quelques mois auparavant, en février 2018, la chanteuse Mennel Ibtissem, qui avait reçu les ovations du public pour son interprétation (partiellement en

1. *Cf.* Clément Rosset, *Le Régime des passions*, Éditions de Minuit, 2001.

2. Plusieurs de ces tweets critiquent la projection en école primaire d'un film sur l'homosexualité. D'autres ont cru bon de déterrer une réponse où la secrétaire d'État emploie l'expression de « putes voilées mères au foyer ». Il est impossible de vérifier aujourd'hui s'il s'agit bien d'une réponse parodiant la posture sexiste et islamophobe de son interlocuteur par de la surenchère : celui-ci a supprimé ses tweets et les captures d'écran peuvent être manipulées.

arabe) du morceau *Hallelujah*, de Leonard Cohen, a été contrainte de quitter l'émission « The Voice » après la révélation de ses posts complotistes (notamment sur les attentats de Nice et de Saint-Étienne-du-Rouvray)... Mennel a retweeté des « quenelles » et, à la façon des complotistes, s'est étonnée que les terroristes oublient leur carte d'identité. Et Mennel a dit, après l'attentat de Saint-Étienne-du-Rouvray, que les « vrais terroristes », c'était « notre gouvernement ». C'est hideux et c'est idiot. Mais c'est surtout très répandu et assez banal.

Malheureusement, ce qui est aussi banal, et encore plus bête, est de l'enfermer dans ses propres paroles. Ou d'estimer que d'anciennes opinions collent à sa peau comme son turban colle à sa tête, et lui faire, sans autre preuve qu'une intime conviction, le procès d'intention d'être la Mata Hari du salafisme.

« Je te tiens, fille damnée, dit Don José à Carmen. Et je te forcerai bien à subir la destinée qui rive ton sort au mien. » Traduction : que tu le veuilles ou non, ta liberté passe après mon désir. Ton cœur n'a pas le droit de changer d'avis. Soit tu m'aimes, soit tu meurs.

La France parle à Mennel sur le même ton que Don José à Carmen.

Elle lui interdit d'être et de penser autre chose que ce qu'elle *a été* ou ce qu'elle *a pensé*. En collant ses vieux tweets sur son jeune front, on lui dénie le droit de conquérir une autre vision des choses et de bénir (qui sait ?) le pays dont elle a conchié les autorités. Pour avoir retweeté Dieudonné, on la condamne au même genre de gloire. Elle aurait pu changer d'avis. Désormais, ses anciennes opinions seront des étendards de liberté pour une certaine jeunesse de France. Bref, on l'a tuée comme Don José a tué Carmen. On a fait un symbole, une victime et une arme de celle qui chante aussi bien qu'elle pensait mal.

Bruay-en-Artois : la matrice du pire

« Que Dreyfus est capable de trahir, je le conclus de sa race. »

Maurice Barrès

« Il n'y a qu'un bourgeois pour avoir fait ça ! »

La Cause du peuple, 1er mai 1972

Tout le monde doit connaître l'assassinat, en 1972, de Brigitte Dewèvre, à Bruay-en-Artois, et l'« affaire » qui s'est ensuivie… Car cette petite affaire Dreyfus est la source, la matrice et la preuve des dysfonctionnements de l'opinion publique. Pour mémoire, quelques jours après la découverte du cadavre de Brigitte Dewèvre, le notaire Pierre Leroy, dont la 504 a été trouvée non loin du meurtre, est arrêté par la police.

C'est un grand bourgeois, Pierre Leroy. Il possède une villa au Touquet, une maison à Houdain, des propriétés ici et là, une chasse privée de 60 hectares et un yacht à Boulogne. C'est un tennisman classé, un homme séduisant, un catholique fervent – et aussi[1] un amateur de bordels. Or, pour son malheur,

1. De mauvais esprits diraient « par conséquent ».

le juge Pascal (l'un des tout premiers adhérents du Syndicat de la magistrature) est hostile au secret de l'instruction et donc, au nom d'une « justice à ciel ouvert », choisit de suralimenter la presse de l'époque en détails sur l'enquête – laissant notamment filmer l'arrestation de l'inculpé.

Et tout comme Barrès déclarait au début du siècle : « Que Dreyfus est capable de trahir, je le conclus de sa race », une clique de gauchistes fous (dont Serge July) décréta que, malgré l'absence de preuves, l'assassin ne pouvait être que le notaire, et, le 1er mai, le journal *La Cause du peuple* titra : « Et maintenant, ils massacrent nos enfants », accompagné du sous-titre, « Il n'y a qu'un bourgeois pour avoir fait ça ! ».

Pierre Leroy était innocent.

Et fut relâché dès le mois de juillet.

Même s'il avait été coupable, cette affaire eût été scandaleuse.

L'innocence du bourgeois accable ses détracteurs, mais sa culpabilité ne les eût pas disculpés[1]. Leur faute est antérieure au verdict. Du sentiment (indémontrable) que la justice est une justice de classe, à l'utilisation massive de la rumeur, l'affaire de Bruay présente, en leur émergence, tous les travers de notre époque : le recouvrement de la justice par la morale, le mésusage de la transparence comme alibi pour crucifier publiquement un individu et s'assurer

1. « Il aurait fallu montrer que la haine légitime du peuple s'adresse au notaire pour ses activités sociales, comme ennemi de classe caractérisé, et non à Leroy, assassin de la petite Brigitte, pour la raison qu'on n'a pas encore prouvé qu'il l'ait tuée », Jean-Paul Sartre, « Lynchage ou justice populaire », *La Cause du peuple*, 17 mai 1972.

de sa condamnation (sinon en droit, du moins en réputation), et surtout : l'*essentialisation* d'un coupable désigné non pas en raison des faits, mais en raison de son statut social. Et c'est cela, le plus grave. Dans un monde où les hommes naissent libres et égaux en droit, aucun homme ne peut être tenu pour coupable *a priori*. Chaque fois que (comme dans *L'Étranger*, de Camus) l'on accuse un homme « d'avoir un *cœur* de criminel », chaque fois qu'on fait à l'humanité l'offense d'avoir les pensées de sa classe ou de sa couleur de peau, ou bien chaque fois que, sur les réseaux sociaux, on bâillonne son interlocuteur en invoquant ce qu'on croit qu'il est pour éviter de répondre à ce qu'il dit, c'est Bruay-en-Artois qui recommence.

L'idole de la transparence est l'alibi du procès d'intention

> « Il est à la fois possible et rigoureusement indispensable, par transparence envers le public, que tout éditorialiste affiche explicitement sa couleur politique ; qu'il dise d'où il parle. »
>
> Thomas Guénolé, *Marianne*, 2 octobre 2017

La section tourangelle de La France insoumise a adressé un « questionnaire » à une cinquantaine de journalistes, les sommant de donner, au nom de la « transparence », toute une série d'informations les concernant : rémunération, différentes activités, statut des employés, montant des prestations en cas de conférences et, surtout, opinion politique… L'intention est excellente. La démarche est totalitaire.

D'abord, les renseignements demandés ne concernent pas le commun des mortels mais tantôt les services fiscaux, tantôt carrément la police. Quand une entreprise, par exemple, s'aventure à ficher les opinions politiques de ses salariés, les Insoumis sont vent debout (et ils ont raison). Or, ce droit que ces derniers reconnaissent au commun des salariés, ils le dénient aux journalistes « en vue » – comme ils disent. La loi est la même pour tous, sauf pour ceux dont, en les sortant du droit commun, les Insoumis laissent entendre qu'ils sont déjà hors-la-loi. Et le plus grave est là.

Le simple fait que le « questionnaire » ne soit adressé qu'à une cinquantaine de personnes triées sur le volet (selon les critères des expéditeurs) est une façon de présenter immédiatement ces cinquante destinataires comme suspects. Vous qui recevez cette lettre, vous êtes sous l'œil du peuple qui vous soupçonne à bon droit de le trahir et de formater son esprit au profit du pouvoir en place. Ce questionnaire (que ses auteurs présentent comme une demi-blague, ce qui leur permet de faire passer une idéologie tout en moquant le manque d'humour des gens qui les critiquent) n'est pas un questionnaire, mais un interrogatoire. Et une menace.

L'esprit étant la dupe du cœur, et nos arguments étant bien souvent le déguisement de nos opinions, il serait peut-être utile au débat de connaître, en toute transparence, les convictions des gens qui s'expriment. Mais ce que demandent les Insoumis va beaucoup plus loin qu'une opinion. C'est la *croyance*. L'adhésion. Le système de pensée des éditorialistes dont ils veulent savoir le détail. Ce qu'ils veulent connaître, ce n'est pas l'opinion, mais l'*identité* des gens. Non pas pour savoir qui ils sont, ni pour éclairer le peuple, mais, plus prosaïquement, pour être en mesure de neutraliser toute discussion en indexant le discours qu'ils détestent sur l'identité qu'ils conchient : « Si vous dites ça, c'est que vous *êtes* ça. Du coup, je ne vous répondrai pas. Ce que vous dites passe après les raisons que *nous* donnons à ce que vous dites. » Pour se dispenser d'examiner vos arguments, on vous enferme dans l'identité qu'on vous attribue nous-mêmes. On vous muselle, sous prétexte de transparence... C'est commode. Mais ce n'est pas ainsi qu'on démocratise la presse : c'est comme ça qu'on organise la censure sous prétexte de transparence.

L'autocensure

La censure, comme la tyrannie, n'est possible que par la grâce des lâches et des complaisants. Dans un monde où les hommes sont courageux, les tuteurs ont la queue basse et les censeurs la ferment, mais ce monde n'existe pas, puisque ce n'est pas le nôtre. Ici-bas, qu'elle vienne d'en haut (comme en dictature) ou d'à côté (comme en démocratie), la censure est souvent bien reçue par des légats dont le zèle en étend les tentacules.

Alors qu'il était invité à Vienne, en 1955, Jean-Paul Sartre exigea, sans requête préalable, qu'on suspendît, durant sa venue et au-delà, les représentations des *Mains sales* (sa propre pièce, dont le propos déplaisait au Parti communiste local). Qu'est-ce que la cohérence, et que pèse la liberté, s'il suffit au bourgeois d'y renoncer spectaculairement pour obtenir son diplôme de compagnon de route ? L'auteur de *L'Être et le Néant*, le philosophe de la liberté, l'homme qui voyait une vraie petite mort dans le fait de se prendre pour quelqu'un s'est tranquillement autocensuré, par souci de plaire à des staliniens ombrageux.

Soixante-trois ans plus tard, en 2018, sous le règne de Twitter (et non plus du PCUS), le journaliste Daniel Schneidermann – qui fait profession de liberté, d'iconoclasme et d'insolence – supprima l'un de ses tweets (et raconta qu'il l'avait fait dans un article[1] qui, n'étant pas, lui, supprimé, permettait à chacun de retrouver le tweet félon).

On a les lâches (et les tyrans) qu'on peut.

De quoi s'agissait-il ?

D'une petite blague, une « bonne vanne » comme il dit : une photo de lui-même, barbu, sous le commentaire « Je ne sais pas ce qui vous fait dire que c'est une barbe ! »

Il faut savoir que, quelques jours plus tôt, Daniel Schneidermann s'entendait dire, sur son propre plateau, par le barbu Arnaud Gauthier-Fawas (administrateur de l'Inter-LGBT) : « Je ne vois pas ce qui vous fait dire que je suis un homme ! » – ce qui avait déclenché l'hilarité générale. L'excellente blagounette du présentateur (« Je ne vois pas ce qui vous fait dire que c'est une barbe ») connut donc un succès fulgurant. Et disputa le titre de meilleure parodie à un autre tweet hilarant sur cette histoire (la double photo d'Arnaud Gauthier-Fawas, sous le titre : « Un gars, une fille, la prochaine saison risque d'être chiante »).

Seulement voilà. Schneidermann a retiré son bon mot.

« Cet éclat de rire général, expliqua-t-il, me semble vaguement suspect. Pour que cette petite vanne de rien du tout ait déclenché tant de réactions, il faut bien que certains lecteurs (pas tous, hein) y aient lu ce que je n'avais pas souhaité y mettre. Il y a forcément malentendu quelque part. Je n'en connais

1. https://www.arretsurimages.net/chroniques/le-matinaute/vie-et-mort-dune-bonne-vanne

pas exactement la nature ni l'ampleur, mais je sais qu'il y a malentendu. Comme disait un spécialiste de l'édition, au-delà de 5 000 exemplaires vendus, tout succès repose sur un malentendu. Et sans certitude sur la nature du malentendu, je préfère, puisque mon réseau addictif préféré m'y autorise, supprimer la source de ce malentendu. »

Mais quelle est exactement la nature du quintuple malentendu en question ? Nous n'en saurons pas davantage. Et Schneidermann nous contraint, par ses ellipses, à déplier un peu son discours.

Si susceptible et si maladroit soit-il (ou soit-elle), Arnaud Gauthier-Fawas n'en est pas moins – de la nature de ses revendications jusqu'au timbre de sa voix, de toutes les fibres de son être jusqu'à l'irascibilité dont il/elle fait preuve – une victime par excellence. Se foutre de sa gueule, c'est prendre le risque (considérable, en démocratie) d'attaquer la faiblesse ou de s'acharner sur une minorité. Or, ce risque-là, Schneidermann (qui fait lui-même commerce de sa marginalité) ne veut pas le prendre. Son insolence s'arrête au seuil de l'absence de pouvoir. Si la cible est une victime, il retient son bras.

Ou, plus exactement : il dit qu'il le fait.

Car Schneidermann s'étend longuement sur le récit de sa plaisanterie, il décrit complaisamment le succès (chiffres à l'appui) qu'elle a reçue, il en publie le texte à nouveau, et il reste obscur, quasi cryptique, sur les motifs de son retrait… Tout est fait pour ne vexer personne, et (à la manière de ces parents rigolos qui donnent l'ordre à leurs enfants « de ne pas dire MERDE ») pour donner à entendre, une fois de plus, la blague incriminée. Voici ce que j'ai effacé. Vous pourrez désormais, si le cœur vous en dit, retrouver la phrase que j'ai supprimée dans le texte où je raconte, à mots couverts, pour quelle raison je l'ai fait... C'est parfait. Heureux d'être drôle et avide d'en jouir encore, contemplant à regret l'extinction du feu de paille, Schneidermann choisit de lui donner une seconde vie en ressuscitant la plaisanterie sur laquelle, après mûre délibération, il a finalement choisi de jeter un voile pudique. « Salut, ô ma bonne vanne, tu as vécu ce que vivent les roses, tu auras eu une belle vie. À bientôt, au paradis des rires innocents », déclare Schneidermann, lyrique, à l'issue de l'article qu'on peut, pour toujours, trouver en ligne. Adieu, petite blague désormais indéfiniment accessible !

Sartre voulait plaire au titan tout-puissant du communisme soviétique. Et c'est une pièce entière qu'il a interdite. Schneidermann ne veut pas déplaire à la cohorte disparate des militants qui vivent l'humour comme une offense. Et il n'a supprimé qu'un tweet. Mais le geste est identique. Entre le philosophe qui se tire une balle dans le pied pour séduire des esprits étroits et le polémiste qui surveille son humour (sans renoncer à ses bénéfices), la différence est uniquement d'ampleur et de talent. Le premier était une conscience planétaire, qui couvrait de son aura la propagande et les crimes qu'il aurait dû dénoncer. Le second gagne petit et redoute de perdre sa clientèle en faisant de l'humour. Mais c'est la même soumission à l'audience, la même incapacité à en jouir discrètement, la même crainte d'être drôle (ou pertinent) si on l'est aux dépens d'une victime officielle, la même indifférence (et le même calcul de l'intérêt) sous les atours de la sollicitude, le même mépris des gens qu'ils flattent, et la même soumission spectaculaire au Moloch moral.

Ainsi font, et défont, les (grandes et) petites marionnettes.

Le poussin masqué

> « Les gens libres, bien nés et bien éduqués, vivant en bonne compagnie, ont par nature un instinct, un aiguillon qui les pousse toujours à la vertu. »
>
> Rabelais

Les poussins[1] de Claude Ponti forment une communauté idéale.

À première vue, c'est un joyeux désordre d'où surgissent, comme autant de fleurs ou d'anomalies, d'étranges individus récurrents.

Untel dévore obstinément la presse, confortablement assis au fond d'une mine ou au sommet d'un arbre. Tel autre essaie, imprudemment, de voler – tantôt dans une bulle, tantôt dans un avion, tantôt la tête dans un masque au sommet duquel tournent les hélices d'un hélicopète sans siège. Tel autre encore avance en somnambule, à contre-courant de la masse, la tête dans un champignon…

Les poussins font ce qu'ils veulent. Nul ne les réprimande. Et rien ne leur résiste. Aucune mission ne leur est impossible. Car l'expression de leur

1. Héros de livres pour enfants de Claude Ponti, qui ont, à coup sûr, inspiré les irrésistibles « mignons » de la trilogie *Moi, moche et méchant*.

liberté coïncide avec la nécessité elle-même. Tel l'abbaye de Thélème[1], chère à Rabelais, dont la devise (*Fais ce que voudras*) ne fonctionne que parce que le sentiment de la liberté coïncide avec la volonté de Dieu, ou tel le *Contrat social* de Jean-Jacques Rousseau, qui veut « trouver une forme d'association par laquelle [...] chacun s'unissant à tous n'obéisse pourtant qu'à lui-même et reste aussi libre qu'auparavant », les poussins accomplissent *librement* et parfaitement les desseins de la Providence.

C'est chaotiquement, en apparence, que pour construire (en six jours) le château d'Anne Hiversère, la divinité plurielle et homogène des poussins récupère les œufs, le sucre, le lait, le chocolat, *éclapatouille*[2] la farine et fabrique, avec tous ses ingrédients, la divine « tatouille » d'où seront extraites de folles pièces montées. En réalité, rien n'est laissé au hasard. Livré à lui-même, rendu à sa pur singularité, le poussin (qui ne ressemble à aucun autre) devient le bras armé d'une volonté qui le dépasse.

D'ailleurs, qu'on ne s'y trompe pas : les poussins ne sont pas une communauté anarchique. Il existe un Président Poussin, mieux connu sous le nom de « Poussin masqué », reconnaissable au masque grimaçant dont il a couvert son visage, et qui ne tient, comme le pouvoir lui-même, qu'à un fil. Il gouverne à la façon d'un chef d'orchestre qui, au lieu de combattre le chaos de ses instruments, aurait pris

1. Première utopie de la littérature française décrite par Rabelais dans *Gargantua* (chapitres LII-LVIII).

2. Technique consistant à sauter aussi fort que possible dans une colline de farine en battant des petites ailes.

son parti de leur désaccord et conçu une symphonie dont les dissonances seraient les clés.

Le poussin masqué décrit la quintessence du gouvernant.

Qu'est-ce qu'un ministre, un député, un Président, sinon de simples citoyens (des poussins comme les autres) que l'onction du suffrage universel a provisoirement revêtus d'un visage de circonstance ?

Blaise Pascal l'explique dans le premier de ses *Trois Discours sur la condition des grands*, où il raconte l'histoire d'un homme égaré sur une île dont les habitants décident arbitrairement qu'il en est le roi, et qui (sans être un usurpateur pour autant) accepte de porter la couronne, car, qu'on soit en démocratie ou que le pouvoir soit héréditaire et de droit divin, le pouvoir lui-même n'est qu'un masque. L'exercice du pouvoir repose sur la détention de symboles amovibles qu'on dépose sur une tête avant de les en retirer. « Tout le titre, dit Pascal au jeune duc de Luynes, par lequel vous possédez votre bien n'est pas un titre de nature, mais d'un établissement humain. Un autre tour d'imagination dans ceux qui ont fait les lois vous aurait rendu pauvre ; et ce n'est que cette rencontre du hasard qui vous a fait naître avec la fantaisie des lois favorables à votre égard, qui vous met en possession de tous ces biens. » Autrement dit, vous n'êtes duc que parce que vous possédez temporairement, par un caprice de la fortune, les signes qui correspondent à cette charge. Le pouvoir n'est pas vôtre, mais vous le portez, à la façon d'un masque interchangeable, jusqu'à ce que l'imagination des gens vous le retire et le dépose sur un autre visage.

C'est exactement ce qui arrive aux petits poussins, à la fin de l'album[1], où au-dessus des oisillons endormis (épuisés par la confection d'un gâteau géant) est accroché le masque de Blaise, qui, à visage découvert, retourne à la foule comme l'anonyme qu'il n'a jamais cessé d'être.

1. Claude Ponti, *Blaise et le château d'Anne Hiversère*, L'École des loisirs, 2004.

Le Père Noël existe-t-il ?

Si l'existence est le privilège des individus dotés d'un corps, alors le Père Noël n'existe pas. En tout cas, pas davantage qu'un rêve, un héros de roman ou Dieu lui-même.

Mais peut-on vraiment dire d'un personnage fictif, dont le monde entier célèbre la rondeur et la bonhomie, dont l'image sert de label à tout ce qui s'échange ou se vend dans l'Univers en décembre, et auquel tant de livres et de films sont consacrés, qu'il n'*existe pas du tout* ? La question que pose l'éventuelle existence du Père Noël est la question de savoir si notre croyance est en mesure de donner le jour à la figure qu'elle idolâtre. Pour le dire simplement : suffit-il, Père Noël, de croire en vous pour que vous existiez ?

Si le Père Noël existe, ce n'est pas comme vous et moi (à la manière d'un corps qui est apparu et qui va disparaître), mais sous la forme des cadeaux qu'on reçoit de sa part. Exactement de la même manière que Dieu lui-même n'existe que sous la forme des actions de grâce (ou des crimes) qui sont commis en son nom. Le Père Noël (ou Dieu) font partie de ces vérités dont le contenu dépend de la croyance qu'elles inspirent. Si plus personne ne croit en Dieu, le Ciel se vide. Si aucun enfant ne croit au Père Noël, le bonhomme disparaît.

Certains feront, à juste titre, l'objection selon laquelle on croit *en Dieu* (ou qu'on *est en Dieu*), alors qu'on croit *au* Père Noël (comme à une chose extérieure à soi). Mais c'est un Dieu de superstition dont je parle ici. Un Dieu personnel. Et la figure d'un Dieu personnel, jaloux, colérique ou bienveillant ne doit d'exister, comme le Père Noël, qu'à la croyance des hommes, ou à leur crédulité. C'est la raison pour laquelle la « mort de Dieu » ne désigne pas (dans l'esprit de ceux qui l'annoncent) la mort de quelqu'un, mais la dissipation des valeurs absolues qu'on regroupait sous le nom de Dieu et auxquelles notre croyance, seule, donnait la force d'exister. C'est aussi la raison pour laquelle tous les films qui mettent en danger le Père Noël (de *Pôle Express* avec Tom Hanks, jusqu'au plus récent *Santa & Cie*, d'Alain Chabat) montrent un vieillard qui vacille et vivote au gré de la foi des enfants…

S'il n'est le rêve d'un autre, le Père Noël n'est rien. « Croire » est ainsi, par définition, le maître mot des fictions qui mettent en scène le Père Noël. Si les enfants l'oublient, les forces l'abandonnent. S'ils le renient, il meurt. Comme l'Autre.

La cour des miracles

« De même que cette science qui dépasse la compréhension de l'homme est appelée divine, les hommes ont l'habitude d'appeler ouvrage divin, c'est-à-dire ouvrage de Dieu, un ouvrage dont la cause est ignorée du vulgaire ; celui-ci pense en effet que la puissance et la providence de Dieu n'apparaissent jamais plus clairement que lorsqu'il semble arriver dans la nature quelque chose d'insolite et de contraire à l'opinion qu'il en a d'habitude, cela surtout si cet événement est cause pour lui d'un gain ou d'un avantage ; et il estime qu'une preuve plus claire ne peut être donnée de l'existence de Dieu qu'une apparente dérogation à l'ordre de la nature. »

Spinoza, *Traité théologico-politique*, chapitre VI

Le 11 juillet 2008, en fin d'après-midi, après un temps d'adoration qu'elle vécut en communion avec Lourdes (où elle venait de se rendre en pèlerinage), sœur Bernadette Moriau a soudain guéri d'une paralysie dont elle souffrait depuis de longues années. *Exeunt* corset, attèle et neurostimulateur... Cette guérison inexpliquée a été officiellement reconnue comme un « miracle » par l'Église.

On est heureux pour elle.

On est aussi un peu inquiet pour les gens qui, sérieusement, après avoir délibéré sur cette question, ont choisi de qualifier cette guérison de « miracle »... La question n'est pas de savoir en quoi une telle guérison *n'est pas un miracle*. Mais de savoir en quoi elle l'est. Il ne faut pas inverser la charge de la preuve.

Le comité médical et la commission diocésaine réunis afin de décréter le « miracle » prétendent parler *en vérité* et dire les choses comme elles sont, objectivement, après examen des faits. Donc, posons-leur la question : quels signes tangibles de l'« intervention divine par l'intercession de Notre-Dame de Lourdes » êtes-vous en mesure de présenter pour que nous-mêmes, simples mortels, validions ce verdict audacieux ? Aucun. C'est l'avantage de la superstition sur la science. En superstition, la chose que vous ne comprenez pas vous permet de lui donner le sens qui vous fait plaisir. En science, ce qui vous échappe (pour l'heure) est aussi ce qui vous rend modeste et impose que vous réserviez votre jugement. C'est toute la différence entre un miracle et une hypothèse.

Mais tout se passe dans ce conte de Noël comme s'il suffisait qu'un fait demeurât inexpliqué pour qu'on puisse parler d'un « miracle ». À l'unanimité moins une voix, le comité médical international de Lourdes (composé, entre autres, de véritables médecins) a conclu que la guérison de sœur Bernadette Moriau restait (*sic*) « inexpliquée dans l'état actuel de nos connaissances scientifiques ». Ce qui ne prouve rien. Mais qu'importe. Fort de cette inconnue, Monseigneur Jacques Benoit-Gonnin, évêque de Beauvais, a officiellement présenté comme un « miracle » le phénomène encore inexpliqué.

Comment ose-t-il passer d'un constat temporaire (« en l'*état actuel* de nos connaissances scientifiques ») à un verdict éternel (« cela *est* un miracle ») ? Pour qui prend-on (sinon pour des imbéciles) les gens à qui on raconte une fable pareille ? Il en va du miracle comme du hasard, dit Spinoza : de l'éclipse à la pluie en passant par le tonnerre ou les rémissions, « miracle » est uniquement le nom qu'on donne au phénomène dont les causes nous échappent. Et en parlant de « miracle » (ce qui ne veut rien dire), *en éclairant l'énigme par le mystère*, on augmente l'obscurité, on répand les ténèbres, et on fait basculer la religion dans la superstition. Les défenseurs du miracle sont, ici-bas, les avocats du Diable.

Si Dieu existait,
nous n'aurions pas besoin de Lui

« Nous avons anthropologiquement, ontologiquement, métaphysiquement besoin de la religion… », a déclaré le président de la République, Emmanuel Macron, lors de sa première visite au Vatican. Mais qui est « nous » ?

Le Président ne parle pas seulement au nom des Français croyants – qui ne sont qu'une petite minorité. Sa parole a plus d'ambition. Quand il dit « *nous* avons besoin de la religion… », il parle au nom de l'humanité tout entière. Son but n'est pas d'évangéliser la France ; il ne dit pas : les Français sont tous religieux. Il dit : « Les humains éprouvent tous le besoin de religion. » Ce n'est pas la même chose.

Le fait qu'une majorité d'humains ne croient pas du tout en Dieu ne change rien au besoin que nous avons de religion, au contraire. Le besoin de religion prouve non pas Dieu mais l'absence de Dieu. Les seuls qui fassent exception au besoin universel de religion, ce sont les rares qui croient vraiment en Dieu et qui, pour cette raison, se moquent des messes, des normes, des prières et des rites, et de tous ces ornements. À celui qui sent, dans son cœur, que Dieu existe, le monde entier semble un temple. Il n'a aucun « besoin » qu'une enceinte Lui soit consacrée, ni qu'un intercesseur lui traduise une parole aussi claire. À l'inverse, les rites et les dogmes sont comme les pinces à linge qui soutiennent un visage affaissé. Une religion ne prouve rien, sinon le besoin éperdu que nous avons d'une religion. Et, de la même manière que le divertissement manifeste (en la dissimulant) notre peur de mourir, la religion témoigne, en creux, de notre incrédulité. Et, paradoxalement, de notre lucidité.

Qui ne sait pas que nous sommes apparus par hasard, dans un monde qui s'en fiche, et qu'on va y mourir sans savoir pourquoi on est passé par là ? C'est la seule vérité dont nous disposions. Si nous ne savions pas cela, et si nous n'en avions pas peur, nous n'aurions jamais eu l'idée saugrenue, comme on s'agrippe à quelque chose, de chercher dans l'au-delà le sens d'une vie qui n'en a pas. La religion n'est pas la preuve de l'existence de Dieu, mais la preuve du besoin éperdu de Dieu, c'est-à-dire de la conscience inavouable que Dieu n'existe pas.

Le philosophe Schopenhauer – qui détestait l'idée de Dieu autant qu'un pessimiste peut le faire – n'en tenait pas moins, en vertu de ce paradoxe, les religions pour un « inestimable bienfait ». Même lorsqu'elles « veulent s'opposer au progrès de l'humanité dans la connaissance de la vérité, dit-il, il faut les écarter *avec tous les égards possibles*[1] ». Car, comme un symptôme contient des informations précieuses sur la maladie dont il témoigne, le *besoin de religion* (quand on l'examine) renseigne uniquement sur le vertige d'une absence et la façon dont l'humanité s'est arrangée pour regarder ailleurs. Les religions sont toutes filles du désarroi.

1. Arthur Schopenhauer, *Le Monde comme volonté et comme représentation*, chapitre XVII suppléments.

Douter en Dieu

« Sois l'ami du présent qui passe. Le futur et le passé seront donnés par surcroît. »

Clément Rosset, *Le Réel et son Double*

C'était à Paris, septembre après-midi, rue Fustel-de-Coulanges.

Ma réalisatrice[1] et moi-même devions enregistrer (pour France Culture) une discussion avec Clément Rosset sur Schopenhauer. Et nous étions restés de longues heures (soit plus qu'il n'en fallait) à nous poser des questions merveilleuses. Si Dieu existait, aurait-on besoin de croire en Lui ? Comment se fait-il que nos vies soient tragiques et que pourtant *nous* soyons ridicules ? La musique est-elle là pour nous apaiser, ou bien pour nous réjouir ? Et comment se fait-il qu'elle soit si précise, alors qu'à proprement parler la musique *ne dit* rien ? Enfin, d'où vient, chaque fois qu'on est heureux, la petite voix qui dit à l'oreille « Dépêche-toi mon pote, car ça ne va pas durer » ? On parlait, on riait, on creusait les sujets, on questionnait les questions et on recommençait… Et puis soudain, il a eu soif.

1. Brigitte Bouvier.

Pour Clément Rosset, boire du bordeaux, du champagne, du bourgogne ou du vin jaune était une joie, plus qu'un plaisir. Il allait même jusqu'à dire (en connaissance de cause) que l'ivrogne était plus lucide que l'homme sobre : quand on est ivre, expliquait-il, on sait bien qu'on délire. Alors que, quand on est sobre, on croit qu'on est lucide. Or, il est délirant de croire qu'on est lucide. Le moins fou des deux est, de loin, celui qui sait, au moins, qu'il divague ! L'ivresse a toujours un coup d'avance sur la sobriété. CQFD.

Il s'est levé. Je revois sa silhouette massive se diriger vers la cuisine, d'où il est revenu avec un champagne fameux. Il nous a servi un ballon, il s'est servi une pinte, qu'il a, dans ma mémoire, avalée d'une traite. Et alors, dans le silence retrouvé, au cœur du petit appartement irradié par un soleil en fin de course, et dont la clarté faiblissante lui frappait le visage, l'homme qui venait d'expliquer que Dieu était une hypothèse fantaisiste, la mort de Dieu une bonne nouvelle, et l'absence de Dieu une présence au monde, Clément Rosset, adorateur des plaisirs, fils de Falstaff et du capitaine Haddock, baigné d'alcool et de lumière, a dit : « Bon, *là*, quand même, *j'ai un doute…* »

Dieu, c'est la nature

> « Si la complication des organismes nous paraît merveilleuse, et si la simplicité toute naturelle de leur fonctionnement nous déconcerte à ce point, c'est parce que, sans nous en apercevoir, nous imaginons qu'ils ont été fabriqués pièce par pièce, comme nous-mêmes fabriquons nos machines. »
>
> Vladimir Jankélévitch, *Henri Bergson*

Tous les flocons de neige ont six branches, alors qu'aucun d'entre eux n'est identique à l'autre… Difficile de croire au hasard devant un tel spectacle. Comment ne pas voir, dans le fait que tous les flocons de la Terre aient la même structure (alors qu'ils sont tous différents) l'œuvre d'un sculpteur qui aurait taillé le réel (comme dit Jérôme Cahuzac) « en bloc et en détails » ?

La tentation est grande de croire en la Providence quand on assiste à la formation d'un flocon et qu'on voit les cristaux s'organiser immanquablement en six branches. Comment ne pas lire une intention sous cette géométrie spontanée ? Comment ne pas se dire, en partant de la forme des flocons, que le monde est ordonné ? Et qu'il a donc un

« *ordinator*[1] » (comme dit saint Augustin) ? Un *ordinator* (c'est-à-dire Dieu), dont nos ordina*teurs* n'auront jamais la capacité ni la puissance...

Si convaincant soit-il, un tel enthousiasme ne fonctionne guère.

Si Dieu est le sculpteur des flocons, le tailleur des grains de sable ou le parfumeur de chaque rose, alors Dieu n'est qu'un artisan un peu plus habile que les autres... Entre l'*ordinator* et les ordinateurs, il n'y a qu'une différence de degré.

Les cristaux de glace s'organisent spontanément en flocons.

Ceux qui voient là-dedans le travail d'un sculpteur qui taille la neige avec son burin font comme si Dieu était une sorte de surhomme hyperdoué, mais un homme quand même. Seulement, Dieu n'est pas un homme, ni un artisan. Dieu ne *fabrique* pas les choses. Dieu n'a pas davantage sculpté les flocons un à un que le pâtissier n'a soudé, une à une, les molécules de beurre et de sucre pour faire son gâteau... C'est la chaleur du four qui a travaillé pour le pâtissier et qui a dessiné toutes les arabesques de la pâte et les visages qu'on croit y voir quand on la contemple alors qu'elle sort du four[2] ! De la même

1. « *Deus ergo naturarum omnium sapientissimus conditor et justissimus ordinator* » (« Dieu donc, créateur très sage et ordonnateur très juste de toutes les natures »), saint Augustin, *La Cité de Dieu*, XIX, 13.

2. Cette chronique n'est qu'une interprétation, sommaire et trop brève, du sublime chapitre que Vladimir Jankélévitch consacre à la question de la vie chez Bergson. Son propos est de dire que nous faisons l'erreur de croire que les choses se sont construites comme elles se laissent analyser, c'est-à-dire pièce par pièce. Ce qui n'est qu'une façon, pour l'intelligence, de mettre le monde à sa portée. Rien de ce qui est compliqué ne lui échappe. Tout ce qui est simple est hors de

manière, ce n'est pas sous l'effet du burin divin, mais sous l'effet de leur structure que les molécules d'eau s'organisent en forme hexagonale et produisent des flocons à six branches indéfiniment différents. Dieu n'est pas le sculpteur de chaque flocon, ni le souffleur de chaque volute, ni le soudeur des molécules du gâteau. Dieu n'a pas disposé les fleurs une par une pour l'agrément du promeneur, ni taillé la neige pour nous prouver qu'Il existe. Le nom de Dieu désigne uniquement, en la circonstance, les lois de la physique qui produisent des chefs-d'œuvre inattendus. Dieu est la *raison* pour laquelle, des molécules aux fleurs en passant par les flocons, l'évolution est toujours créatrice[1].

---

sa portée, or la simplicité, comme la vie, comme l'amour, est étrangère à la découpe d'un phénomène en éléments séparés. Jankélévitch compare cette illusion à « l'émerveillement dont pouvaient être saisis les contemporains de Gutenberg à la vue des premiers livres imprimés, en songeant que ces caractères admirablement réguliers étaient peut-être dus à la plume d'un copiste », Vladimir Jankélévitch, *Henri Bergson*, *op. cit.*, p. 138-139.

1. *Cf. ibid.*

L'altruisme est-il inscrit dans la nature ?

> « Non, l'altruisme n'est pas qu'une valeur morale, c'est une valeur pragmatique. Elle est bien plus en adéquation avec la réalité que l'égoïsme ! »
>
> Matthieu Ricard

Le chercheur Pablo Servigne fait valoir, dans *Alternatives économiques* (février 2018), que « la loi du plus fort » est un « mythe » qui n'a aucun fondement solide dans la nature, et qu'un tel mythe est au service d'une « société toxique », la nôtre.

À l'appui de sa thèse, le scientifique déclare avoir constaté, au cours de ses recherches, que toute la nature n'obéissait pas à la loi du plus fort : que les manchots se regroupaient pour résister au froid, que les fourmis produisaient pour leurs gardiennes la nourriture nécessaire à la défense de l'arbre où elles habitent, que les lionnes chassaient ensemble, que les arbres eux-mêmes redistribuaient les nutriments aux plus faibles d'entre eux, bref qu'au sein du règne naturel la loi du plus fort ne règne pas sans partage, puisque l'entraide y prospère également.

Ce faisant, il met la science au service de la politique[1].

Son but est manifestement d'extirper le mal à la racine en montrant que la nature elle-même n'est pas égoïste, et qu'on la comprend mal quand on se réfère à elle pour dire que l'égoïsme est une fatalité... Malheureusement, il n'y a aucun sens à parler de « loi du plus fort » au sein du règne naturel, ou d'entraide, ou d'altruisme.

La *loi du plus fort*, l'*entraide* ou l'*altruisme* sont des mots humains qui désignent des vices ou des vertus humaines. Appliquer ce lexique au règne naturel revient à confondre la nature avec soi. Ainsi, rapportée à la nature, l'expression de « loi du plus fort » (que Pablo Servigne emploie sans précaution) ne veut strictement rien dire : au sein du règne naturel, ce n'est pas le plus fort qui survit, mais le plus apte, ou le mieux adapté. Ce qui est différent de la force. La « loi du plus fort » désigne la façon dont les hommes qui voulaient en réduire d'autres en esclavage se sont représenté la nature pour y trouver la justification de leurs actes[2].

De la même manière, il n'y a aucun sens à dire que c'est par bonté, ou altruisme, ou charité chrétienne

1. Exactement de la même manière que ceux qui, avec les meilleures intentions du monde, rappellent que l'homosexualité est présente chez les animaux et qu'il est absurde, par conséquent, de décréter qu'elle est « contre-nature ». Or, ce faisant, ils valident malgré eux le discours selon lequel la nature est une norme.

2. On appelle ça du « darwinisme social ». Et ses théoriciens voyaient, à l'image de Herbert Spencer, « dans les luttes civiles, les inégalités sociales et les guerres de conquête rien moins que l'application à l'espèce humaine de la sélection naturelle ».

que les loups veillent sur la horde, que les fourmis se protègent ou que les arbres échangent leurs nutriments ! Ces mots-là, sur des animaux, n'ont pas lieu d'être, sinon dans les *Fables* de La Fontaine.

Pablo Servigne commet l'erreur de parler de la nature avec des termes qu'on destine à l'homme. Et il commet cette erreur parce qu'en scientifique militant il veut montrer que l'*entraide* est un principe naturel. En faisant cela, il commet une erreur plus grave encore : il fait comme si la nature devait nous servir de référence. Il valide le discours des racialistes ou des esclavagistes qui prétendaient s'appuyer sur l'inégalité naturelle pour asseoir leur domination. L'intention n'est pas la même. Mais la faute est identique. Qu'on s'appuie sur l'« égoïsme » de la nature pour justifier l'esclavage ou qu'on célèbre son « altruisme » pour en appeler à une société nouvelle, on érige la chimère d'une « nature » en référence ultime.

La sélection naturelle

> « Les dents, par exemple, naîtraient les unes, les incisives, tranchantes et propres à couper les aliments, les autres, les molaires, larges et aptes à les broyer ; car dit-on, elles ne seraient pas produites en vue de ces fonctions, mais par accident elles s'en trouveraient capables. De même pour toutes les autres parties qui sont, selon l'opinion générale, en vue de quelque chose. Les êtres chez lesquels il s'est trouvé que toutes les parties sont telles que si elles avaient été produites en vue de quelque chose, ceux-là ont survécu étant, par un effet du hasard, convenablement constitués ; ceux, au contraire, pour qui il n'en a pas été ainsi, ont péri et périssent […]. Mais il est impossible que dans la réalité il en soit ainsi[1]. »
>
> Aristote, *Physique*

Il est faux de dire que la nature est bien faite, mais il est juste de dire qu'elle est bien *adaptée*. La chercheuse Melissa Ilardo a observé, à l'échographie, que la rate des Indonésiens badjos (qui

1. Aristote, *Physique* II, « La nature », chapitre VIII.

vivent principalement de la pêche) est 50 % plus grosse, en moyenne, que la rate du peuple voisin, les Saluan, qui ne sont pas, eux, un peuple de pêcheurs. Or, la rate joue un rôle essentiel dans la plongée en apnée, puisque ses contractions augmentent la teneur en oxygène du sang.

Autrement dit, le corps des hommes qui vivent essentiellement de la plongée, dont les pêcheurs descendent jusqu'à 70 mètres (avec des poids et un masque de bois), et qui passent 60 % de leur temps de travail à plonger à la recherche de poissons, de pieuvres et de crustacés, est parfaitement adapté aux contraintes de leur environnement.

Deux possibilités : soit vous croyez ferme en Dieu, soit vous n'y croyez pas.

Si vous croyez en Dieu, si le monde a un sens, si rien ne doit au hasard d'exister, alors il n'y a aucun problème : vous verrez dans l'opportune dilatation de la rate des Badjos le signe que, dans sa grande sagesse, Dieu a destiné certains de nos frères humains (par le corps qu'il leur a fabriqué) à vivre comme ils le font et dans l'endroit où ils se trouvent.

Si, en revanche, vous avez tendance à ne pas tenir la nature pour une norme, alors les problèmes commencent : d'où vient que, comme par hasard, la rate des plongeurs en apnée soit plus grosse de moitié que celle des gens qui ne plongent pas ? Comment expliquer une telle coïncidence, sinon par un décret divin ?

En réalité, un tel phénomène – qui n'a rien de mystérieux – renseigne idéalement sur le fonctionnement de la « sélection naturelle » dont Darwin délivre la formule – qui n'a rien à voir avec la « loi du plus fort » à laquelle on la réduit parfois – : « Ce n'est pas la plus forte ni la plus intelligente des espèces qui survivra, mais celle qui sera la plus apte à changer », explique le naturaliste. La sélection naturelle est un tri au terme duquel se reproduisent les organismes dont les caractéristiques leur permettent de survivre dans un environnement donné, et disparaissent les organismes dont les caractéristiques sont préjudiciables à cette adaptation. Si vous êtes un crabe blanc, par exemple, et que vous vivez sur une plage où le sable est de la même couleur, vos descendants et vous-mêmes aurez plus de chance de se reproduire que les descendants du crabe dont la couleur, le rendant plus visible, l'expose davantage aux prédateurs. Si en revanche, le sable est noir, c'est l'inverse qui se produira. Pour en revenir à la rate du peuple des plongeurs, le processus est identique : puisque la grosseur de la rate augmente les chances de survivre et de s'alimenter, cette caractéristique verra *naturellement* sa fréquence s'accroître d'une génération à l'autre, non parce que Dieu l'aurait voulu, mais parce qu'on vit mieux là-bas quand on a la rate plus grosse et que, par conséquent, ceux dont c'est le cas auront, statistiquement, une descendance plus nombreuse. L'hypothèse divine n'est d'aucune utilité pour expliquer les mutations naturelles.

Quand on aime, on ne compte pas

> « Madame sait tout ; madame est pire que les rayons X […], qu'on a fait venir pour Mme Octave et qui voient ce que vous avez dans le cœur[1]. »
>
> Françoise, dans *À la recherche du temps perdu*, de Marcel Proust

Et si l'intelligence artificielle nous permettait de rencontrer l'âme sœur ?

L'auteur d'un article paru en juillet 2018 dans le magazine *Les Échos*[2] examine la possibilité que des algorithmes parviennent un jour à dénicher le partenaire idéal, mais il ajoute à juste titre que ce qu'il décrit est encore introuvable.

Dire que nous en sommes loin serait trop peu en dire.

Nous sommes à une distance infinie de ce jour-là. Nous sommes aussi loin de mettre l'amour en

1. Marcel Proust, *À la recherche du temps perdu*, « Combray », chapitre II.

2. Basile Dekonink, « L'intelligence artificielle, nouvel atout des sites de rencontre », Lesechos.fr, 2 juillet 2018 ; https://www.lesechos.fr/idees-debats/sciences-prospective/0301887366793-lintelligence-artificielle-nouvel-atout-des-sites-de-rencontre-2188940.php

équations qu'un homme d'atteindre l'horizon en marchant droit devant lui, ou qu'un savant fou de donner la vie en cousant des morceaux de corps. On approche autant du jour où un algorithme lira dans nos cœurs qu'on approche de la Lune en montant sur une échelle…

Autant dire qu'on n'y arrivera jamais.

C'est même l'un des rares sujets sur lesquels il est permis d'être catégorique.

Car ce n'est pas la complexité du processus amoureux qui le préserve du décorticage et de la statistique. Toute complexité est accessible, en particulier par des machines dont c'est la raison d'être. Si l'amour était seulement complexe, on pourrait en faire des diagrammes et des clones.

Seulement, plus que complexe, le sentiment amoureux est d'une redoutable simplicité. Le genre d'évidences qu'il assume est hors de portée pour nos petites machines.

Et il est aisé de le comprendre : imaginez, par exemple, que votre conjointe (ou votre conjoint) vous demande imprudemment pour quelle raison vous l'aimez. Si vous vous aventurez à répondre à cette question, votre histoire est morte. Pour une raison *simple* : si flatteuse soit la raison que vous donnez à votre sentiment, celui-ci est soluble dans la dissipation des raisons qui l'expliquent. Si vous dites « Je t'aime *parce que* tu es belle », vous laissez entendre que vous aimerez moins quand la beauté s'estompera…

Tout cela ne signifie pas que Tinder (ou n'importe quel réseau de rencontre) échoue toujours à trouver notre partenaire idéal. Le partenaire idéal (c'est-à-dire, en l'occurrence, celui qui nous ressemble le plus), chacun peut désormais, peut-être, le trouver : ce n'est qu'une question d'équivalence et de passions communes. Mais à moins d'un miracle, il n'y a littéralement aucune raison pour que le partenaire idéal, le *perfect match*, soit aussi le partenaire de vos rêves. Et aux antipodes de l'illusion algorithmique selon laquelle qui se ressemble s'assemble, il faut lire (ou relire) Vladimir Jankélévitch : « L'amour ne sélectionne pas des caractères, il adopte la personne tout entière par une élection massive et indivise. L'amour ne veut rien savoir sur ce qu'il aime ; ce qu'il aime, c'est le centre de la personne vivante, parce que cette personne est pour lui une fin en soi, ipséité incomparable, mystère unique au monde. J'imagine un amant qui aurait vécu toute sa vie auprès d'une femme, qui l'aurait aimée passionnément, et ne lui aurait jamais rien demandé et mourrait sans rien savoir d'elle[1]. » Quel algorithme aurait l'intelligence de réunir ces deux-là ? Déduire ou expliquer l'amour, c'est en perdre la substance.

1. Vladimir Jankélévitch, *Quelque part dans l'inachevé*, Gallimard, 1978.

Les morts sont les morts

> « … ma grand'mère avait un air de condamnée à mort, un air involontairement sombre, inconsciemment tragique, qui m'échappait mais qui empêchait maman de regarder jamais cette photographie, cette photographie qui lui paraissait, moins une photographie de sa mère que de la maladie de celle-ci, d'une insulte que cette maladie faisait au visage brutalement souffleté de grand'mère. »
>
> Marcel Proust, *Sodome et Gomorrhe*

En juillet 2017, le journaliste américain James Vlahos crée un *chatbot* (un « agent conversationnel », c'est-à-dire un programme informatique de discussion avec des humains) qui lui permet de discuter par écrit avec « son père », décédé d'un cancer au mois de février de la même année. Pendant des mois, tandis que le cancer gagnait du terrain, le fils a enregistré les confidences de son père (avec son accord) et recueilli l'équivalent de 91 970 mots prononcés sur trois mois, auxquels il ajoute les réactions que son père *aurait pu avoir* sur un certain nombre de sujets : « Si même un soupçon de vie-après-la-mort numérique est possible, explique-t-il, mon père est la personne que je veux rendre immortelle[1]. »

Mais où est l'immortalité ? Le père est mort et enterré.

Ce qui est immortel, ce sont les données, les *data* du père. Tout ce qui peut être indéfiniment conservé, ce sont les traces laissées par le vieil homme avant de disparaître. Et l'élaboration des réponses qu'il pourrait faire à partir des réponses qu'on connaît. De ce point de vue, il y a peu de différence entre la sauvegarde de ces informations (et leur remix à des fins de « discussion ») et un album de famille ou bien une série de vidéos…

Chaque image d'un album prête à sourire ou à pleurer, parce qu'elle est associée à un moment dont les détails bouleversent – en particulier les choses auxquelles on n'avait pas pensé et qui jaillissent d'un coup, avec une image inattendue. C'est alors au présent que nous sommes émus. Car nous sommes les contemporains d'une émotion inédite et infinie – comme un village entier, fleurs et maisons, peut soudain surgir d'un morceau de madeleine trempée dans une tasse de thé.

Tandis qu'un souvenir interactif, comme le *dadbot*, ne renseigne pas davantage qu'un algorithme un peu pointu (qui prédit vos comportements de consommateur) renseigne sur votre nature profonde. Les individus ne s'obtiennent pas par addition. Ni par couture. Ni par juxtaposition de mémoires volontaires. Discuter avec le logiciel qui amalgame ces informations

1. Alexandre Hervaud, « Un journaliste "discute" avec son père décédé grâce à un programme qu'il a créé », *Libération*, 19 juillet 2017.

pour élaborer la réponse la plus conforme à ce qu'un homme aurait pu dire revient toujours à parler au passé. Dans le premier épisode de la deuxième saison de *Black Mirror*[1], une jeune veuve recrée littéralement son fiancé, à partir de la totalité des traces qu'il a laissées en ligne. Mais si étonnamment semblable soit-il, le personnage qui surgit de cette compilation n'est qu'une pâle copie de l'original, dont la présence lui est rapidement insupportable, car elle accroît le sentiment de la perte par le spectacle désolant d'un fantôme prévisible.

En matière de résurrection, le big data n'arrive pas à l'orteil de la littérature.

1. « *Be Right Back* ».

Le retour à l'état de nature

> « Le corps de l'homme sauvage étant le seul instrument qu'il connaisse, il l'emploie à divers usages, dont, par le défaut d'exercice, les nôtres sont incapables, et c'est notre industrie qui nous ôte la force et l'agilité que la nécessité l'oblige d'acquérir. S'il avait eu une hache, son poignet romprait-il de si fortes branches ? S'il avait eu une fronde, lancerait-il de la main une pierre avec tant de raideur ? S'il avait eu une échelle, grimperait-il si légèrement sur un arbre ? S'il avait eu un cheval, serait-il si vite à la course ? »
>
> Jean-Jacques Rousseau, *Discours sur l'origine et les fondements de l'inégalité parmi les hommes*

Les premières puces sous-cutanées ont été implantées en Suède, en 2017, sur 450 volontaires ; des puces qui contiennent des informations sur l'identité du porteur et lui permettent, notamment, d'ouvrir des portes sécurisées, de manger à la cantine ou encore d'utiliser la photocopieuse… Rien n'interdit d'imaginer que, demain, la même puce contienne votre carte Vitale, votre carte de crédit, votre carte d'identité, votre passeport, comme elle contient déjà votre trousseau de clés.

Mais la puce qui nous simplifie l'existence est aussi celle qui nous met sur écoute. L'instrument qui permet de se déplacer à toute vitesse est aussi l'outil qui nous enferme, car il permet de nous suivre sans jamais nous perdre de vue.

Comment expliquer cette ambivalence ? Comment expliquer que l'outil qui nous facilite la vie soit aussi celui qui supprime notre liberté ? Il faut passer par Rousseau pour le comprendre.

Dans le portrait fictif qu'il propose de l'« homme sauvage », Rousseau rappelle que le corps de l'homme sauvage est « le seul instrument dont il dispose ». De fait, comme il ne connaît pas les outils, le sauvage se sert de lui-même : son poignet lui sert de hache, sa main lui sert de fronde et ses jambes lui servent de cheval… Bref, « il se porte tout entier avec soi ». Et c'est avec l'entrée en société (et la prise en compte d'autrui) que les hommes se sont donné des outils qui les libèrent de la nature.

Or, que fait la petite puce qu'on se met sous la peau et qui nous ouvre toutes les portes ? Elle ubérise les outils. Elle enjambe les instruments que l'homme interpose entre le monde et lui-même… Ce faisant (parce qu'elle rend obsolètes les clés, les cartes et les outils sans lesquels, jusqu'ici, nous ne pouvions pas vivre), la petite puce nous fait faire un bond prodigieux non pas en direction de l'avenir, mais en direction du passé : personne ne ressemble autant aux *hommes sauvages* dont le poignet sert de hache que les hommes-orchestres du XXIe siècle, dont la puce incorporée permet d'ouvrir les portes sans clé. De même que l'homme sauvage, aux yeux de Rousseau, est soumis corps et âme aux nécessités naturelles où il puise sa force et son agilité, de même l'homme-orchestre du futur sera soumis corps et biens aux exigences de la technique où il puise pourtant l'illusion d'une plus grande autonomie. La technique a remplacé la nature et la puce sous-cutanée a remplacé la force physique, mais dans les deux cas, qu'il soit sauvage ou *pucé*, l'indépendance de l'homme lui coûte sa liberté.

La peur inutile

« Si un employé ou juste un client avait eu une arme… les terroristes auraient fui ou se seraient fait tirer dessus, et ça aurait été une tout autre histoire. » Ainsi parlait Donald Trump devant la National Rifle Association (NRA) des attentats du 13 novembre 2015 à Paris. Traduction : si chacun avait assuré sa propre défense, les terroristes seraient tombés sur aussi violents qu'eux-mêmes et auraient hésité, devant la riposte, à commettre ce carnage. Un tel raisonnement est exactement ce qu'on appelle un « retour à l'état de nature », c'est-à-dire à la guerre de chacun contre chacun.

À l'état de nature, en amont de la loi, dit Thomas Hobbes, c'est bien connu : l'homme est un loup pour l'homme[1]. Pour la raison simple que, livré

1. La formule « L'homme est un loup pour l'homme » n'apparaît qu'une seule fois dans le corpus hobbesien, dans l'épître dédicatoire du *De Cive* : « Et certainement il est également vrai, et qu'un homme est un dieu à un autre homme, et qu'un homme est aussi un loup à un autre homme. L'un dans la considération des Citoyens les uns avec les autres ; et l'autre dans la considération des Républiques ; là, par le moyen de la Justice et de la Charité, qui sont les vertus de la paix, on s'approche de la ressemblance de Dieu ; et ici, les désordres des méchants contraignent ceux mêmes qui sont les meilleurs de recourir, par le droit d'une légitime défense, à la force et à la tromperie, qui sont les vertus de la guerre, c'est-à-dire à la rapacité des bêtes

à lui-même, l'homme à l'état de nature veut à la fois s'étendre et se protéger. Évidemment, de telles passions font de chacun de nous un danger (un loup) pour son voisin. Et si la loi n'y mettait pas bon ordre, nous serions tous en train de nous entre-dévorer, au profit des plus forts[1].

C'est ce monde-là que Donald Trump appelle de ses vœux.

En déplorant que les terroristes n'aient pas trouvé de citoyens armés sur leur chemin, en faisant valoir que c'est *pour cette raison* qu'il y a eu tant de morts, Trump ressuscite littéralement l'état où chacun est responsable de sa propre défense. Le terroriste est un loup pour le citoyen. Il faut donc que le citoyen devienne un loup pour le terroriste. Que chacun soit un loup (ou un cowboy) pour l'autre, là est la solution. Souvenez-vous de Charles Pasqua, nouveau ministre de l'Intérieur, qui promettait, en 1986, de « terroriser les terroristes ». Au lieu de s'appliquer

farouches ; laquelle, quoique les hommes, par une coutume qui est née avec eux, se l'imputent mutuellement à outrage, se représentant leurs actions dans la personne des autres ainsi que dans un miroir où les choses qui sont à la main gauche paraissent à la droite, et celles qui sont à la droite, à la gauche, n'est pas toutefois condamnée comme un vice par ce droit naturel qui dérive de la nécessité de sa propre conservation », *De Cive*, « Épître dédicatoire », Flammarion, 1982, p. 83.

1. « Par cela il est manifeste que pendant ce temps où les humains vivent sans qu'une puissance commune ne leur impose à tous un respect mêlé d'effroi, leur condition est ce qu'on appelle la guerre ; et celle-ci est telle qu'elle est une guerre de chacun contre chacun. [...] dans une telle situation, il n'y a de place pour aucune entreprise parce que le bénéfice est incertain [...] ; et, ce qui est pire que tout, il règne une peur permanente, un danger de mort violente. La victime humaine est solitaire, misérable, dangereuse, animale et brève », *Léviathan*, Gallimard, 2000, p. 224-225.

et d'écraser le terrorisme de sa fermeté, la loi (selon Pasqua) allait tenter de terrasser le terrorisme avec ses propres armes. Œil pour œil, dent pour dent… Retour à l'état de nature.

Ce n'est pas sur le plan de la morale qu'une telle intention doit être combattue. En matière de terrorisme, les effets comptent plus que les principes. Quand il s'agit de sauver des vies, les bons sentiments passent après les résultats. S'indigner ne sert à rien : si un retour à l'état de nature était une meilleure façon de lutter contre une telle violence, Trump aurait raison. Seulement, ce n'est pas le cas : le remède que propose Trump (et la vision du monde qu'il défend) ne marche pas.

En défendant l'idée que, si tout le monde était armé, il y aurait moins de terrorisme, le président américain parie sur la peur réciproque de mourir, qui règne à l'état de nature. Or, les terroristes sont précisément des gens qui n'ont *pas peur* de mourir puisque c'est, au contraire, ce qu'ils recherchent ! La peur n'est, en rien, dissuasive pour le fanatique. L'erreur de Trump, terrible, est de prêter au terroriste les passions rationnelles de l'homme à l'état de nature, et de croire que la peur de mourir le fera rentrer dans le rang… En cela – comme en témoigne le nombre d'attentats aux États-Unis –, plus qu'obscènes ou indignes, ses propositions sont essentiellement inefficaces.

Les fantômes n'ont peur ni des loups ni des cowboys.

Plus on filme la mort, moins on lui fait face

« Tout ce qui était directement vécu s'est *éloigné* dans une représentation. »

Guy Debord, *La Société du spectacle*

Tragédie à la station de métro Châtelet, un après-midi de janvier 2018. Vers 18 h 30, un jeune homme de 22 ans est mort de plusieurs coups de couteau, après une rixe, sous les yeux de tous et surtout sous les caméras des téléphones portables. La plupart des usagers qui passaient par là ont trouvé plus opportun de le filmer que de lui venir en aide.

Nous aurions tort de les juger, car en faisant cela ils perpétuent un geste universel et vieux comme le monde. Le geste de regarder pour mettre à distance, de filmer pour conjurer, de représenter pour ne pas éprouver, bref, de mater… pour mater.

Pourquoi un accident sur l'autoroute provoque-t-il systématiquement un embouteillage sur la voie d'en face – qui va pourtant dans l'autre sens ? Parce que les gens ralentissent pour regarder.

Quel est le point commun entre un journaliste qui filme l'agonie d'une adolescente prisonnière de la boue (Omeyra[1]), un youtubeur qui filme le cadavre d'un pendu[2] et le badaud qui filme un type en train de mourir au lieu de lui porter assistance ? Tous trois ont en commun de contempler la mort... pour ne pas y mettre les mains. L'épigraphe que Guy Debord lui-même donne à *La Société du spectacle* (la préface de Feuerbach à la deuxième édition de *L'Essence du christianisme*) est sans appel : « Et sans doute notre temps... préfère l'image à la chose, la copie à l'original, la représentation à la réalité, l'apparence à l'être... Ce qui est *sacré* pour lui, ce n'est que l'*illusion*, mais ce qui est profane, c'est la *vérité*. Mieux, le sacré grandit à ses yeux à mesure que décroît la vérité et que l'illusion croît, si bien que *le comble de l'illusion* est aussi pour lui *le comble du sacré*. »

Guy Debord a raison de penser que le spectacle est partout. Surtout à l'ère des Smartphones. Mais il a tort de croire que c'est l'effet du capitalisme, et que l'image est une conséquence de la marchandise. C'est dans la peur de mourir, plus que dans la lutte des classes, que prend naissance la tentation du spectacle. Filmer la mort permet de la fictionnaliser. La saisir sur le vif a pour effet de l'irréaliser. En la

1. À la mi-novembre 1985, des coulées de boue nées de l'éruption du volcan Nevado Del Ruiz, en Colombie, ont submergé la ville d'Armero, en contrebas, faisant plus de 20 000 victimes, dont la petite Omeyra, prisonnière d'une gangue de boue, qui agonise devant les caméras.

2. Les quinze millions d'abonnés du youtubeur Logan Paul ont ainsi pu découvrir le cadavre d'un jeune homme qui s'était pendu peu de temps avant dans la forêt Aokigahara, au Japon, communément appelée la « forêt des suicides » en raison des nombreux suicides qui y ont lieu chaque année.

mettant en image, on l'atténue. Par définition, l'objet qu'on regarde ne nous touche pas.

La fascination qu'exerce la vue d'un cadavre sur des badauds n'est pas seulement du voyeurisme ; c'est aussi une façon de s'immuniser contre la mort en en faisant un spectacle – à l'image de ces journalistes dont l'imprudence (parfois mortelle) sur le champ de bataille vient du sentiment fou que la caméra, comme un bouclier magique, les protège des balles (phénomène identifié pendant la guerre du Vietnam et fréquemment recensé ensuite). La même tendance est à l'œuvre ici : les badauds qui filment un homme en train de mourir se fabriquent un bouclier, qui les préserve magiquement de ce qu'ils sont en train de montrer, et leur permet commodément d'oublier qu'ils auraient pu tout aussi bien être eux-mêmes à la place du mort.

Les « anticors » ont le goût du sang

> « La haine est absente d'une corrida. N'y règnent que la peur et l'amour. »
>
> Jean Cocteau

Il faut parler des militants anticorrida avec le respect qu'on doit aux ancêtres du lynchage moderne. Les anticorridas (ou « anticors ») sont les grands-pères du procès d'intention. L'anticorrida est la première cause commune à l'ère d'Internet, la première meute organisée. En 1996, ils étaient déjà actifs en ligne. Et d'ailleurs, ils ont totalement gagné la partie. Leurs opinions sont devenues sinon des vérités, du moins des opinions obligatoires. Il est étonnant, à ce titre, que cette horde-là, la horde anticorrida, si vieille et majoritaire soit-elle, conserve obstinément les méthodes des groupuscules. Les végans d'aujourd'hui, avec leurs quenottes et leurs oreilles de lapin, sont incapables de rivaliser avec ces kroumirs du Bien. Leur discours est archi-répandu mais leurs méthodes restent violentes, ils vocifèrent alors que tout le monde, ou presque, est du même avis qu'eux.

Est-ce à dire qu'ils exagèrent la gravité du danger qu'ils combattent ?

Il est certain, en tout cas, qu'ils nuisent au combat qu'ils mènent, et se privent d'une victoire totale en devenant eux-mêmes des matadors... En persécutant les braves amoureux de la corrida (qui sont aussi les héritiers de Michel Leiris, de Georges Bataille, de Picasso, de René Char ou d'Hemingway), les anticors exportent brutalement l'arène hors de l'arène... Ils la mettent sur la place publique. À cette nuance près que ce n'est plus le taureau qu'on pourchasse, mais le taurin. Et ils s'y mettent à 10, à 100, à 1 000, et ils ne lâchent pas, ils épuisent la bête avant de l'achever dans un bain de fiel où ils s'assurent que sa réputation se brise comme le cou de la bête.

On peut comprendre, évidemment, que la corrida soit aussi un spectacle qui soulève le cœur. Nul ne juge le fait qu'on déteste la corrida – ce qui est peut-être mon cas, d'ailleurs.

Mais détestable aussi est la façon dont on juge les gens qui l'aiment encore. Dire qu'on aime la corrida, aujourd'hui, ne fait pas tomber sous le coup de la loi, mais sous les crocs des prédateurs anti-taurins. Si vous proférez des banalités comme « La corrida est un art, qui transforme une charge en danse, où les taureaux sont traités comme des individus », ou bien « Mieux vaut, à tout prendre, mourir dans l'arène que dans un abattoir où on ne vous pose pas la question », alors vous êtes un « nazi, un fasciste, un barbare, un cannibale, une ordure, une immondice, un salaud de carniste qui mériterait (*sic*) qu'on lui bouffe les siennes » (ce qui, pour un végétarien, comme l'anticor l'est souvent, est hautement contradictoire).

Manger du chien

La fête de la Viande de chien a débuté le 21 juin 2018 dans la ville chinoise de Yulin. Près de 10 000 chiens y ont été abattus dans des conditions atroces. Rappelons qu'en Chine, chaque année, c'est 10 à 20 millions de canidés qui sont tués pour être mangés, après avoir été cuits vivants sous l'œil ravi de leur consommateur. Ce qui pose un problème redoutable.

Le fait de manger du chien (c'est-à-dire, concrètement, de trouver du plaisir à dévorer l'animal dont on a lu la détresse dans le regard, ou, pire, de se régaler de la chair jappante qu'on a jetée, comme un homard, dans un wok bouillant sous nos yeux), ce fait-là est-il excusable au nom de la différence des cultures et du respect qu'on doit à chacun ?

Qui a raison, dans cette histoire ?

Celui qui dénonce la monstruosité objective du bouffeur de chiens, ou bien celui qui s'incline devant une tradition que, sans la comprendre, il refuse de juger ? Pour *trancher* (ou non) un tel débat, il faut en venir à la racine du dégoût lui-même.

Pourquoi manger du chien semble-t-il monstrueux à la plupart d'entre nous ?

Est-ce uniquement parce que nous n'avons pas l'habitude de le faire ? Sûrement pas. D'abord, on l'a fait. Et puis il y a des tas de choses dont nous n'avons pas l'habitude mais qui, pour cette raison parfois, nous semblent désirables.

Le dégoût qu'inspire le fait de manger du chien ne vient pas seulement de l'impression d'étrangeté qui nous saisit devant un tel spectacle, mais aussi, et surtout, *du sentiment que les chiens ont eux-mêmes des sentiments* – et que leur regard en est la traduction...

Un chien, c'est une plainte, une tendresse, une joie, une dévotion parfois, et toujours une complicité ! C'est tout cela que dévorent les *cynophages*. L'éventuelle saveur de la chair du chien n'arrive pas du tout à effacer cette idée-là. Même si c'était bon, ce serait immonde... C'est paradoxalement l'*humanité* du chien qui nous rend sa consommation si abjecte. Manger du chien (et, dans une moindre mesure, manger du cheval ou manger du chat), c'est (un peu) comme manger de l'humain.

Comment, dès lors, ne pas tenir tout homme qui mange du chien pour l'équivalent d'un cannibale ? Comment étendre l'*idée d'humanité* au-delà de l'homme (c'est-à-dire jusqu'aux chiens) sans douter de l'humanité de celui qui les dévore et s'en régale ? Pour le dire plus concrètement : comment ne pas tenir pour un définitif connard celui qui mange du chien ? Comment ne pas essentialiser son geste ni tenir la « culture » en vertu de laquelle il bouffe du chien pour intrinsèquement inférieure à la nôtre ? Quand le cœur se soulève à la vue de ces chiens qui cuisent vivants sous les yeux hilares de leurs bourreaux, on a le choix entre le racisme et le relativisme. Ou le cœur et la raison[1].

1. À cette hypothèse, on peut ajouter que, pour des raisons qui m'échappent, on ne mange jamais (ou rarement) des animaux eux-mêmes carnivores. Pourquoi ? Dieu le sait.

Quand on n'a plus le choix, un choix n'est pas un choix

« L'immense majorité des SDF qui dorment dehors le font par choix », a déclaré le député LREM Sylvain Maillard, en février 2018.

Le député n'a pas tort de rappeler que certaines personnes qui dorment dehors refusent l'abri qu'on leur propose. C'est à eux qu'il pense quand il dit « C'est leur choix ».

Il existe effectivement des gens dont l'acte de dormir dans la rue est un mode de vie. Une éthique. Un choix. Un acte, précisément. Depuis l'Antiquité, on les appelle des *cyniques* – non pas au sens qu'on donne aujourd'hui à ce mot, mais parce que « cynisme » vient du grec *kuôn*, qui veut dire le « chien ». De fait, les cyniques revendiquent une vie de chien. Leur maître, Diogène de Sinope, qui dormait dans une jarre et méprisait les empereurs, était connu pour pisser ou se masturber dans la rue en plein jour, en regrettant qu'on ne pût pas supprimer la faim aussi facilement… Et les cyniques sont des penseurs puissants. Cohérents. De vrais insoumis, invinciblement libres, à qui on ne peut rien prendre puisqu'ils ne possèdent rien. Leur génie est de vivre comme ils pensent. Or ils pensent bien, mais ils vivent dehors ! Alors qu'ils ne font la morale à personne, leur attitude est un casse-tête pour les gens qui, comme nous, pratiquent la vertu dans la limite du confort. Les cyniques sont les seuls dont on peut dire que *c'est vraiment leur choix* de dormir dehors. Mais ce n'est pas à eux, pourtant, que songe notre député quand il évoque un « choix ».

Les autres, dont il parle, sont les gens qui refusent l'aide qu'on leur propose, soit parce qu'ils ont un animal, soit parce qu'ils craignent la promiscuité, soit parce qu'ils ont renoncé depuis trois ans à appeler vainement le 115, soit parce que, malgré tous les dispositifs anti-SDF dont les villes sont désormais hérissées, ils parviennent péniblement, comme on fait tenir un château de cartes sous le vent, à construire sinon un toit, du moins un *habitat* quelque part, avec des habitudes, et qu'ils ne vont pas sacrifier cette lutte au luxe temporaire d'un lit… Comment dire « choix » ici ? « C'est leur choix » est une formule malheureuse pour désigner les gens que la nécessité prend à la gorge et dont la nécessité façonne le caractère. À dire vrai, c'est une formule cynique (au mauvais sens du terme), car elle donne, sans rougir, à l'indifférence les formes du respect.

Choisit-on librement le côté obscur de la force ?

« Ne nous laisse pas entrer en tentation. »

Notre Père

Les Siths (anti-héros de *La Guerre des étoiles*) ont-ils vraiment *choisi* le côté obscur de la force ? Ou ont-ils été attirés par lui ? Les Siths sont-ils responsables du « choix » qu'ils font, ou sont-ils les victimes d'une tentation dont on n'a pas su les préserver ? Est-ce librement qu'ils ont vendu leur âme ? Ou ont-ils été vaincus, et soumis, par le Diable corrupteur[1] ?

Le basculement vers le côté obscur concentre une alternative qui traverse toute l'histoire de la métaphysique : l'homme est-il responsable du mal qu'il choisit ? Ou faut-il le blanchir de la décision qu'il est contraint de prendre ?

Prenons l'exemple d'Anakin Skywalker – dont on peut dire, objectivement, qu'il tourne mal en devenant

1. La question de savoir si l'Homme est responsable de la méchanceté qu'il adopte donne lieu, chez Plotin (néoplatonicien du IIIe siècle), à une véritable contradiction : tantôt le métaphysicien parle du « Mal » comme d'une substance autonome dont la force nous attire à elle, tantôt il en fait le résultat du goût (trop humain) de se contempler soi-même au lieu d'élever son âme vers le principe dont elle procède.

Dark Vador. Anakin est un gentil garçon, élevé comme esclave d'un ferrailleur, et qui doit à son talent (de compétiteur en protojet) d'être, un beau jour, affranchi. Seulement, en quittant la planète servile, il quitte aussi sa mère, qui lui manque, et qu'il ne retrouve que pour la voir agoniser dans ses bras. Est-il responsable de la colère qui le saisit alors, et qui le porte à commettre son premier crime en décapitant tous les membres de la tribu qui a tué sa maman ? Est-il responsable d'avoir peur, après cela, de perdre les gens qu'il aime ? Est-ce de sa faute s'il est inquiet, au point que Yoda refuse qu'il intègre le conseil des Jedi et le plonge ainsi, davantage, dans la colère et la frustration ? Est-ce de sa faute, enfin, si, par conséquent, il se laisse convaincre par les arguments du seigneur noir des Siths et devient l'affreux Dark Vador ?

On pourrait se dire qu'Anakin est uniquement le jouet du côté obscur, fasciné par sa noirceur, et qu'en somme il n'est pas plus responsable de son choix qu'un pantin ne l'est de ses mouvements. Mais on aurait tort.

Anakin n'est pas responsable des malheurs qu'il a connus.

Mais il l'est du caractère (craintif, protecteur et violent) que ces malheurs ont forgé… Son passé n'est pas son choix. Mais ses choix ne se résument pas à son passé. Ce ne sont ni les circonstances, ni les traumatismes, ni la peur qui le *contraignent* à choisir le côté obscur. C'est le choix, libre et préalable, du côté obscur qui le porte à invoquer la peur de perdre les siens (ou le souci, bidon, de protéger les institutions) pour justifier l'allégeance au seigneur noir des Siths (qui est aussi le président du Sénat galactique). Bref, qu'on ne s'y trompe pas :

Anakin a basculé du côté obscur *avant* de se poser la question. Il a décidé, avant d'hésiter. Et les raisons qu'il se donne ne sont que les prétextes au choix qu'il a déjà fait.

La responsabilité individuelle n'est pas soluble dans le malheur. Anakin n'est pas responsable de ce qu'il est, *mais* il est responsable de ce qu'il en fait[1].

1. Pour donner à cette interrogation les contours d'un débat contemporain, on peut songer aux critiques suscitées par le jugement suivant de l'écrivain Édouard Louis à propos des Gilets jaunes : « Quand les classes dominantes et certains médias parlent d'homophobie et de racisme dans le mouvement des Gilets jaunes, ils ne parlent ni d'homophobie ni de racisme. Ils disent : "Pauvres, taisez-vous !" ».

Or, de la même manière que les décisions (et les opinions politiques) du futur Dark Vador lui sont directement imputables (malgré la place qu'il convient de faire aux difficultés de son enfance), on peut aisément demander en retour à l'écrivain à combien il évalue le seuil au-delà duquel le racisme et l'homophobie cessent d'être excusables ? Par exemple : un Gilet jaune qui gagne 3 000 euros par mois a-t-il encore le droit de dire « Sale pédé ! » ou « Rentre chez toi, Négresse ! », ou bien a-t-il perdu ce droit en dépassant le salaire moyen ?

Solo

« Il n'y a pas de honte à être heureux.
Il peut avoir de la honte à être heureux tout seul. »

Albert Camus, *La Peste*

La conversion de Han Solo (de la contrebande active à la défense de la démocratie) fait de lui le modèle de tous les brigands, fictifs ou non, qui ont un jour été saisis par une cause plus large qu'eux-mêmes ou par un danger plus grand que leur propre ruine.

De Gavroche ou Jean Valjean à Harley Quinn en passant par les mafieux bosniaques qui ont interrompu leurs trafics pour défendre Sarajevo contre l'envahisseur serbe, Han Solo ressemble à plein de champions ordinaires. C'est cela qui le rend magnifique. Et c'est la raison pour laquelle la conversion de Solo à la cause de la résistance (dans l'épisode intitulé *Un nouvel espoir*) est plus importante encore que la découverte de la force par Luke Skywalker.

Luke Skywalker ne fait que devenir lui-même en devenant un Jedi.

Les Skywalker sont une dynastie, dont chaque génération accomplit son destin (pour le pire ou le meilleur) et dont le *sang* est d'une qualité particulière, qui les détermine à embrasser la force.

Il n'y a rien de tout cela chez Han Solo.

Comme son nom l'indique, il n'y a rien de collectif en *Solo*.

Solo est un humain, égoïste, cynique, mesquin, arrogant, qui gagne aux cartes son vaisseau et qui ne paie pas ses dettes. Et c'est par une transaction qu'il entre dans la vie de Skywalker, puisqu'il est rémunéré pour les conduire, lui et son maître, sur la planète Aldoran. En un mot, Solo n'a rien dans son caractère ni dans son existence qui le dispose au choix final d'intégrer la résistance. C'est pourtant ce qu'il fait. Que s'est-il passé pour qu'il se convertisse à la bonne cause ?

Sa conversion remonte peut-être au moment où, arrivant à hauteur d'Aldoran, il tombe non pas sur la planète, mais sur les restes de la planète, que la terrifiante « Étoile noire » a détruite. À cet instant, Han Solo entrevoit la possibilité de l'extermination totale et, par conséquent, la vanité de ce qu'il fait. Aussi, après avoir contribué, quoi qu'il lui en coûte, au sauvetage de Léïa et Luke des griffes de l'Empire, Han Solo (déchiré entre le désir de sauver sa peau et le sentiment d'une responsabilité qu'il n'a pas choisie) feint d'empocher son dû et de partir… avant de revenir, et de permettre, par son intervention, la destruction de l'Étoile noire.

Ce n'est donc pas par principe qu'il fait le Bien, ni pour avoir une meilleure image de lui-même, mais c'est parce que, tout comme Jean-Baptiste Clamence, le héros de *La Chute*[1], Han Solo, soudain, alors

1. Albert Camus, *La Chute*, Gallimard, 1956.

qu'il était tranquillement amoureux de lui-même, a eu peur pour les autres et mal au monde entier. Sous le poids des circonstances, l'égoïsme a progressivement, en lui, cédé la place au sens du sacrifice. Avant de vaincre l'Empire, Han Solo s'est d'abord vaincu lui-même. Comme on renaît à soi, *Solo* a renoncé à la solitude, il s'est libéré de l'égoïsme. Et cette victoire-là transforme un être éhonté en ce que l'humanité offre de meilleur.

Que pèsent trois mois de prison à côté d'une soirée d'anniversaire ?

C'est l'histoire d'un détenu (de la maison d'arrêt de Béthune, dans le Pas-de-Calais) qui a profité d'une permission de sortie pour s'échapper, le temps de fêter les 5 ans de sa fille. L'homme devait rentrer à 18 heures, et ne s'est rendu qu'à 23 heures. Résultat : trois mois de prison supplémentaires. Pourtant, sans avoir prémédité son geste, l'homme savait pertinemment ce qu'il allait lui en coûter. Son avocate elle-même a fait valoir que son client était « conscient de la gravité des faits ». L'évadé temporaire a agi *en connaissance de conséquence*.

S'il avait espéré ne pas se faire prendre (et échapper à la sanction), c'eût été simplement un filou... En l'occurrence, c'est tout à fait différent : voilà un homme qui, dans une balance mentale, dépose d'un côté la perspective de rester enfermé trois mois de plus et, de l'autre, la promesse d'embrasser sa fille, contre toute attente, le jour de ses 5 ans.

Comment expliquer que la balance penche du côté de la fillette ? Et comment expliquer – plus étrange encore – qu'un si mauvais calcul soit unanimement applaudi ?

Quelle idée de passer une saison de plus derrière les barreaux pour un bisou volé à son enfant ?

Certes, il est désagréable de rater l'anniversaire de sa fille, mais enfin, si cela permet de la voir trois mois plus tôt... Faut-il être égoïste, ou mauvais père, pour sacrifier trois mois de présence à une présence de quelques heures le jour J ! En termes de quantité, l'homme est un irresponsable qui a troqué de l'or contre du vent, un fou qui a bradé sa propre liberté pour faire ce qu'il veut, le temps d'une soirée...

La raison pour laquelle on ne peut pas, malgré tout, s'interdire de penser que l'homme n'a pas eu tort d'agir comme il l'a fait – et l'on se plaît à croire que, sans être irresponsable ni égoïste, on aurait peut-être fait pareil – est qu'à nous aussi trois mois de liberté supplémentaires eussent paru peu de chose à côté d'un bon bisou de papa, donné à son enfant le jour de son anniversaire. Cette histoire est un faux dilemme, puisque le dilemme n'existe que du point de vue des quantités. Si l'on compare trois mois de liberté à une soirée volée, la balance penche en faveur des trois mois. Mais si l'on compare trois mois de vie ordinaire au souvenir impérissable de sa présence ce soir-là, il n'y a pas photo – mais cette fois-ci dans l'autre sens.

Qu'est-ce qu'une soirée à côté de *trois mois* ? se demandent les uns. Et ils disent vrai.

Qu'est-ce que trois mois à côté *d'une seule* soirée ? répondent les autres.

Et ils sont *dans le vrai.*

La demande et le souhait

À la question de savoir si le gouvernement avait fait pression sur le CSA pour qu'il évinçât Matthieu Gallet de la présidence de Radio France, Benjamin Griveaux (porte-parole du gouvernement) a répondu « Il n'y a pas eu de *demande* du gouvernement… » avant de préciser, trois minutes plus tard : « Le gouvernement a exprimé un *souhait.* » La nuance est fine ; dans l'intervalle qui sépare la demande et le souhait se joue l'exercice du pouvoir.

Benjamin Griveaux a raison de dire qu'il n'y a eu aucune demande du gouvernement. Et pour cause : ce serait, objectivement, un déni de démocratie. En revanche – et la nuance prend ici toute sa saveur –, le gouvernement a *émis un souhait*. Une demande est explicite, autoritaire, éventuellement contraignante. Un souhait, en revanche, semble moins coercitif. Quand on souhaite, on *souhaiterait*, on aimerait bien… Alors que quand on demande, on demande !

Quand Françoise Nyssen, ministre de la Culture, déclare que, même s'il « appartient à l'intéressé (comme au CSA) d'en tirer les conséquences, un dirigeant d'entreprise publique condamné pour favoritisme, ce n'est pas une situation acceptable », elle ne demande rien, elle ne formule qu'un souhait… Pourquoi le souhait résonne-t-il comme une demande ? Que manque-t-il ordinairement à un souhait pour qu'il devienne une demande ?

Le zèle.

Des oreilles serviles.

Quand un citoyen ordinaire dit « Je demande », tout le monde s'en fout.

Mais quand la ministre de la Culture exprime un souhait, le CSA s'exécute. En toute indépendance, bien sûr. Et souverainement. Elle n'a pas demandé. Donc ils n'ont pas obéi. Mais comme ils ne voulaient pas d'emmerdes, ils se sont, comme par hasard, conduits comme *elle souhaitait*...

C'est la question de l'indépendance qui est posée ici. Et en général, on la pose de travers. On croit aux puissants qui font des pactes sur le dos du peuple, aux collusions souterraines entre des instances qui, comme le CSA et le gouvernement, devraient être séparées... C'est se tromper d'adversaire. Le véritable ennemi de la démocratie n'est pas le filou. Ni le type qui sort de son rôle pour faire pression sur l'institution d'en face. Le véritable ennemi de la liberté, c'est le courtisan. L'homme dont le zèle devance les demandes – ce qui permet aux puissants, pariant sur le zèle des cœurs prostitués, de tout obtenir sans demander quoi que ce soit. Quand on est à la tête de l'État, un souhait n'est pas une demande, mais un ordre.

Quelle différence entre l'indépendance et l'autonomie ?

Alors que la Catalogne réclamait (et feignait d'obtenir) son *indépendance*, la Lombardie et la Vénétie ont également demandé, dans un référendum, davantage d'*autonomie* à Rome. On traite l'indépendance et l'autonomie en synonymes, ou en cousines, que sépare uniquement une différence de degré : en somme, l'autonomie serait une moindre indépendance, une indépendance qui n'assume pas.

La façon dont se sont passés les deux référendums (en Italie du Nord et en Catalogne) montre pourtant qu'il n'y a pas simplement une différence de degré entre l'autonomie et l'indépendance, mais une différence de nature, qui explique peut-être, d'un côté, la (relative) sérénité du vote italien et, de l'autre, la folie politique hispano-catalane (et les allers-retours d'un leader indécis, Carles Puigdemont, qui rétropédala avant de s'exiler).

Comme souvent, l'étymologie éclaire une nuance.

L'*indépendance* est limpide : le préfixe privatif « in » désigne une rupture totale, un affranchissement complet. Je suis *in*dépendant, autrement dit : nos destins sont disjoints. Chacun sa route, chacun son chemin… Nous sommes voisins, pas davantage.

Et rien ne nous lie, sinon la proximité qui peut faire de nous des ennemis.

L'*autonomie* est plus délicate à définir. Et donc plus intéressante. *Nomos*, en grec, désigne la « loi », ou la « règle ». *Auto*, comme chacun sait, veut dire « soi-même ». Autonomie, littéralement, signifie « la loi qu'on se donne à soi-même ». Alors que l'indépendance ne se connaît ni Dieu ni maître, l'autonomie reconnaît au-dessus de sa tête la souveraineté de la loi. Entre l'autonomie et l'indépendance, il y a l'abîme qui sépare une loi qu'on se donne à soi-même du refus de la loi commune au profit d'une souveraineté totale.

Et pourtant, la loi qu'on se donne à soi-même est aussi une loi commune. Sinon, ce n'est pas une loi. Les pays qui célèbrent et garantissent l'autonomie individuelle sont d'énormes législateurs. Quand la loi n'est pas injuste, le fait d'être autonome n'est pas entravé par la loi, au contraire. À dire vrai, l'autonomie désigne l'*usage immodéré qu'un individu peut faire de sa liberté, à l'intérieur d'une loi commune à laquelle il a lui-même contribué, et qui, en limitant l'étendue de sa liberté, garantit sa survie*. L'autonomie est le geste sage par lequel un homme comprend que sa liberté dépend de la loi et non de la désobéissance à la loi. Comme dit Spinoza[1], « l'homme qui est dirigé par la Raison est plus libre dans la Cité où il vit selon le décret commun, que dans la solitude où il n'obéit qu'à lui-même ». L'autonomie est à l'indépendance ce que la liberté est à l'insoumission.

1. À la toute fin de la quatrième partie de *L'Éthique*.

Peut-on guérir, sans efforts, d'une addiction ?

Le CHU de Nantes a mis au point un nouvel outil dans la lutte contre les addictions : un bonnet truffé d'électrodes mises en contact avec les zones du cortex cérébral dont on cherche à modifier l'activité… Il paraît que c'est efficace. La stimulation transcrânienne à courant continu direct (c'est-à-dire le bonnet) régulerait la production de la dopamine (dite « molécule de la récompense ») au niveau du cortex frontal et aurait pour effet très concret de diminuer considérablement l'addiction à l'alcool, mais aussi au tabac, au cannabis, à l'héroïne, au crack, voire l'anorexie ou la boulimie…

Dans le dernier album (achevé) des aventures de Tintin (*Tintin et les Picaros*), le capitaine Haddock est guéri, malgré lui, de son addiction à l'alcool par le professeur Tournesol, qui, au mépris de toute règle éthique, prend l'alcoolique pour cobaye d'une pilule qui le dégoûte de la boisson… La situation est différente, puisque le Capitaine n'est pas consentant. « Tortionnaire, cannibale, oryctérope, vous êtes un sinistre farceur… » dit-il au scientifique[1]. Comment

1. Lequel esquive la rage par la surdité : « Ma sœur ? Qu'est-ce que ma sœur vient faire dans cette histoire ? »

le désapprouver ? Du jour au lendemain, *à son corps défendant*, le whisky qu'il adore a le goût de l'eau de Javel. Il n'est pas douteux, pour cette raison, qu'une fois passés les effets de la pilule, Haddock replongera dans son vice…

Telle est l'ambivalence de ces dispositifs : tout comme le bonnet à électrodes, la pilule du professeur Tournesol ne vaut que si elle est secondée par un désir… Or, le désir n'est guère stimulé par l'illusion de pouvoir, sans effort, se défaire d'une addiction.

Peut-on guérir séparément de soi-même ? Peut-on s'en remettre à la technique pour se débarrasser d'une addiction sans lutter contre elle, en déléguant aux outils le soin de mener le combat à la place de sa volonté ? Ou est-ce, au contraire, perpétuer l'addiction qu'on a juste enterrée vivante, au plus profond de soi ?

Songez aux appareils de musculation passive, ou bien à la liposuccion… Les muscles qu'on vous augmente pendant le sommeil ne sont pas vraiment les vôtres. La graisse qu'on vous enlève (sans que vous bougiez les fesses) vous reste dans la tête. Ce qu'on vous ajoute ou ce qu'on vous retire, vous ne l'avez ni conquis ni éliminé. Dans le cas du patient du CHU de Nantes (qui aurait pu être le capitaine Haddock), l'alcool dont on vous dégoûte artificiellement vous *reste dans le sang*, comme une passion funeste, une braise sous la cendre. Certes, j'arrête de boire, mais ce n'est pas moi qui arrête, c'est juste mon cerveau. Et mon cerveau, jusqu'à nouvel ordre, n'est pas la source (mais l'interprète) du désir – ou de la névrose – qui a donné le jour à l'addiction. En matière d'addiction, il ne suffit pas d'être arrêté pour arrêter.

Le récépissé
(chronique kantienne)

> « Les impératifs hypothétiques représentent la nécessité pratique d'une action possible comme moyen pour quelque autre chose qu'on désire (ou du moins qu'il est possible qu'on désire) obtenir. L'impératif catégorique serait celui qui représenterait une action comme étant par elle-même, et indépendamment de tout autre but, objectivement nécessaire. »
>
> Emmanuel Kant,
> *Fondements de la métaphysique des mœurs*

La municipalité de Caen a voté, au printemps 2018, l'application murale (sur 40 mètres carrés de mur) d'un produit *hydrofuge* qui (pour le dire simplement) renvoie l'urine sur le pantalon et les chaussures du pisseur indélicat… Et c'est justice, d'ailleurs. Le cochon qui fait pipi dans la rue n'en mérite pas moins.

L'inconvénient du dispositif – outre son coût exorbitant – est que, de cette manière, on renonce à la morale. Si, dans l'hypothèse où tous les murs de la ville seraient hydrofugés, vous vous retenez de faire pipi dans la rue, ce ne serait pas par principe, mais uniquement pour ne pas vous pisser dessus. Ce qui est un problème : la logique de *votre* intérêt passe avant le respect d'une évidence collective.

Pour le comprendre, il faut en revenir à la distinction que fait Emmanuel Kant entre l'impératif catégorique et l'impératif hypothétique.

L'impératif *catégorique* se suffit à lui-même. Son énoncé lui sert de justification.

Il est un commandement dont l'irrespect, s'il était universel, abolirait l'humanité. Si tout le monde, homme et femme, se mettait à mentir, à brûler des feux, ou à pisser dans la rue, il n'y aurait plus d'humanité. Par conséquent, s'il ne faut pas pisser dans la rue, c'est parce qu'il ne faut pas le faire ! *Ça ne se fait pas* – non pas seulement parce que c'est mal élevé, mais parce que c'est immédiatement destructeur.

L'impératif *hypothétique* désigne au contraire tous les mouvements de la vie où l'action n'est pas dictée par le respect de la loi, mais par le calcul des gains et des pertes. Dans l'impératif hypothétique, il n'y a plus de morale. Si je ne pisse pas dans la rue, c'est uniquement parce que je peux être verbalisé, ou que je vais me salir moi-même... Ce n'est en aucun cas la morale qui me retient de me soulager, juste le calcul mesquin des conséquences (sur ma propre vie).

Quelle importance, dans la mesure où le résultat est le même ?

Pourquoi pleurer l'absence de morale si le comportement qu'on obtient – même dicté par des considérations égoïstes – est conforme à ce que la citoyenneté est en droit d'attendre de ses ouailles ?

L'enjeu n'est pas pratique, ni quotidien, mais engage l'idée qu'on se fait de l'homme.

Sommes-nous des hommes libres qui ne pissent pas dans la rue parce que, quand on est un homme libre, on ne pisse pas dans la rue (« Un homme, ça s'empêche » écrit Albert Camus dans *Le Premier Homme*) ? Ou bien sommes-nous des moutons qui ne se retiennent que parce qu'on les en dissuade ? Avons-nous peur de la loi, ou bien (tout bêtement) des conséquences de son irrespect ? Et (au-delà du pipi) la civilité, les bonnes manières ou la considération d'autrui sont-elles des valeurs absolues, des valeurs inconditionnées, ou bien le résultat des dispositifs qui nous récompensent quand on se tient bien et qui nous ridiculisent dans le cas contraire ?

Certes, le résultat est identique. Mais, dans le cas des murs hydrofuges, c'est par la servitude, et non la liberté, qu'on parvient au respect.

Si on vous met la main au cul, ne tendez pas l'autre fesse (chronique anti-kantienne)

Quelle est la meilleure façon de lutter contre les agressions sexuelles ?

Que les hommes apprennent à se tenir ou que les femmes apprennent à se défendre ?

La question peut sembler secondaire, puisque, après tout, l'un n'empêche pas l'autre : que les hommes changent de comportement ne dispense pas les femmes d'apprendre à se battre. Mais la question est de savoir ce qu'il faut faire en premier.

Où est l'urgence ? Dans l'autodéfense ou dans la réforme des comportements ? Dans la répression ou dans la prévention ? Faut-il d'abord mettre l'accent sur l'éducation des « porcs » ou bien sur l'art de placer un bon coup de genou ?

Les uns (et les unes) font valoir à juste titre que les agressions sexuelles sont un problème de société. Face au mal systémique, il faut l'ambition d'une réponse globale, qui ne peut pas se satisfaire de la seule baston. Et, même s'il est bon que les femmes apprennent à se battre, tenir l'autodéfense pour une priorité est encore une façon de faire peser sur les femmes la responsabilité des agressions qu'elles subissent. Mieux vaut mettre le paquet sur le porc, en sensibilisant, en éduquant patiemment, en luttant contre le *victim blaming*, et en mettant en avant l'unique responsabilité des harceleurs.

C'est un discours magnifique, dont l'unique défaut est de mettre la charrue avant les porcs.

Souhaiter que les femmes apprennent, en première instance, à se battre, ce n'est pas les tenir pour responsables, mais refuser qu'elles soient victimes. Et considérer que la sagesse est d'agir, d'abord, sur ce qui dépend de soi. Si l'enjeu est d'apprendre les bonnes manières, un bon coup de genou y contribue utilement. De ce point de vue, aucun film n'est plus pédagogique, ni réjouissant, que l'excellent *Boulevard de la mort*, de Quentin Tarantino, où quatre jeunes filles cassent la gueule d'un tueur sur la route.

Mais surtout – puisqu'il y a urgence – les mesures à prendre sont des mesures d'urgence ! Comment dire qu'il y a urgence tout en présentant comme prioritaire une mutation profonde des comportements ? Ce genre de changement prend du temps. Il est plus rapide, pour une femme, d'apprendre à se défendre que pour une société de changer de mœurs. Quand les gens ont faim, avant d'endiguer les mécanismes qui produisent la faim, on appelle les Restos du cœur. Quand il y a des émeutes, avant de régler la question des banlieues, on envoie la gendarmerie. Quand les porcs agressent, harcèlent, menacent et humilient, l'urgence n'est pas de leur parler de respect, mais de leur casser les couilles (littéralement) avant de les aider à changer un jour, peut-être.

Deux chronologies sont à l'œuvre ici. Le temps géologique d'une mutation (en profondeur) du caractère masculin et le temps spontané de l'autodéfense contre des agressions. Le premier a l'éternité pour lui. Le second, l'efficacité.

Le principe de parcimonie

Pourquoi, quand on ignore ce qui s'est passé, faire compliqué quand on peut faire simple ?

« Le Kremlin est un bon diable, utile aux politiciens en déroute, aux retraités en déprime et aux analystes en mal d'inspiration. » C'est de cette façon que le spécialiste des relations internationales Vincent Hervouët critique le fait que la Première ministre britannique, Theresa May, désigne la Russie de Poutine comme responsable de l'empoisonnement (en mars 2018) de l'ex-espion russe Sergueï Skripal et de sa fille Ioulia.

Il est vrai qu'il n'y a pas de preuves, pas de témoins, pas d'armes, pas de mobile, pas de scénario, et que Theresa May a tout intérêt à dénoncer la Russie – un tel épouvantail aujourd'hui, en Europe, que, dès qu'il s'agit de rosser les Russes, tout le monde se réconcilie[1]… En un mot, rien ne prouve que les Russes sont les assassins. Et rien ne prouve qu'ils ne le sont pas. De quel côté la balance doit-elle pencher quand on ignore tout ?

Du côté de l'hypothèse la plus simple.

1. « Or, sous tous les cieux sans vergogne/C'est un usage bien établi/Dès qu'il s'agit d'rosser les cognes/Tout l'monde se réconcilie. » George Brassens, « Hécatombe ».

Répondant à l'objection selon laquelle personne d'autre que Moscou, en la circonstance, n'est en mesure de fabriquer un agent neurotoxique de type militaire, Hervouët concède que l'arme provient certainement de l'armée russe, mais fait valoir, aussitôt, qu'il y a du « trafic » et des « mafias » qui achètent et utilisent ce genre de poison… Et que, *par conséquent*, dans le cas de la tentative d'assassinat du colonel Skripal comme pour la mort de Litvinenko, en 2006[1], on se trompe probablement en voyant la main du Kremlin derrière un crime crapuleux. Or, ce raisonnement ne tient pas. Non parce qu'il est faux, mais parce que ce n'est pas un raisonnement. C'est l'exhumation *ad hoc* d'une hypothèse qui permet de faire passer une théorie que rien ne démontre, sinon le désir qu'elle soit vraie.

C'est comme pour l'assassinat de Kennedy.

Une chose est de pointer les failles d'un scénario, de démontrer, par exemple, qu'une seule balle n'a pas pu causer trois blessures, et qu'à cet égard, peut-être, Lee Harvey Oswald n'était pas le seul tireur. Tout autre, en revanche, est d'en conclure que, du coup, c'est Lyndon Johnson, ou Fidel Castro, ou encore la CIA, qui aurait commandité ce meurtre. Que les choses soient moins claires qu'on ne croie, c'est évident et on a raison d'attirer la vigilance de chacun sur les zones d'ombre d'une enquête.

Mais qu'on entreprenne d'éclairer ces zones d'ombre avec la seule lumière de ses propres certitudes, qu'on ajoute au constat d'une faille l'invraisemblance d'une hypothèse, qu'on accuse Johnson d'avoir tué Kennedy ou la « mafia » d'avoir tué

1. Empoisonné au polonium 210.

Skripal, c'est absurde. Non seulement, il n'en sait rien. Mais surtout, l'hypothèse selon laquelle des « mafias » auraient soudoyé un militaire pour se procurer un agent neurotoxique et s'en servir pour assassiner opportunément deux soldats russes passés à l'ennemi est autrement plus coûteuse que l'hypothèse selon laquelle, comme dit Theresa May, la Russie est « (probablement) responsable ». Se moquer des gens qui accusent le Kremlin sans preuves ne permet pas de jouer au détective et d'innocenter les mêmes sans plus de preuves.

Vincent Hervouët n'a peut-être pas tort. Ce qu'il dit est peut-être exact. Mais personne n'en sait rien. Ce qu'on sait, en revanche, c'est qu'en ignorance de cause, il faut appliquer le principe de parcimonie et, entre deux hypothèses, choisir la moins coûteuse. L'analyste qui s'y refuse fait apparaître, en ce refus, la signature de sa propre opinion.

Kevin Spacey : le syndrome de Dorian Gray

> « Il est trop tard, Basil, balbutia-t-il.
> — Il n'est jamais trop tard, Dorian ! Agenouillons-nous et essayons de nous rappeler une prière. N'y a-t-il pas un verset qui dit : "Quoique vos péchés soient comme l'écarlate, je les rendrai blancs comme la neige" ?
> — Ces mots n'ont plus de sens pour moi, maintenant ! »
>
> Oscar Wilde, *Le Portrait de Dorian Gray*

Après avoir été viré de la série *House of Cards* (où il tenait le rôle principal), l'acteur américain Kevin Spacey (qui est accusé de plusieurs agressions sexuelles sur de jeunes hommes) a été littéralement *effacé* d'un film de Ridley Scott (*Tout l'argent du monde*), dont les scènes où il apparaît ont été tournées de nouveau avec un autre acteur… Toute trace de sa présence dans le film est estompée. On l'a éradiqué. Kevin Spacey a disparu de l'écran à la vitesse de la lumière.

Aucun acteur, paradoxalement (depuis Jack Nicholson), ne joue les *méchants* comme lui. De Lex

Luthor à Frank Underwood en passant par le diable en personne, Kevin Spacey incarne depuis toujours ce que l'humanité fait de pire. De sorte qu'avec les révélations sur ses agressions sexuelles l'acteur s'est mis à ressembler à son personnage. Avant que la loi ne punisse l'homme des crimes qu'il a peut-être commis, la loi du marché punit l'acteur d'avoir pratiqué les vices qu'elle adorait le voir incarner. C'est bien ce qui explique la rapidité de sa disgrâce : comment voulez-vous qu'une foule vous présume innocent alors qu'elle a déjà de vous l'image d'une ordure ? Kevin Spacey est impardonnable d'être lui-même un prédateur, c'est-à-dire d'avoir importé dans le réel les saloperies qu'on croyait bien à l'abri, sur un écran.

Dans *Le Portrait de Dorian Gray*, le livre d'Oscar Wilde, le tableau vieillit à la place de son modèle. Chaque fois que Dorian Gray fume de l'opium, ce sont les cernes du portrait qui se creusent, chaque fois qu'il ment, c'est sur la toile que son visage se fend d'un rictus, chaque fois qu'il tue, c'est sur la main de son image qu'on voit des gouttes de sang… Aussi, telle la société américaine qui croit s'être débarrassée du pire en confiant à la fiction la tâche de le montrer, Dorian Gray, à l'abri, couvert par un tableau qu'on stigmatise à sa place, peut-il tranquillement mener la vie d'une crapule opiomane qui ment, qui viole et qui tue. Que Kevin Spacey – dont l'image captait et contenait les turpitudes – soit accusé d'agressions sexuelles, c'est comme si Dorian Gray s'était fait prendre. Ou s'était mis à ressembler à son portrait. Comme si la fiction où il croyait entreposer ses vices avait contaminé la réalité.

Le vrai rôle de Kevin Spacey dans la société américaine, le rôle de ses rôles, était d'incarner le pire pour en préserver le réel. En étant aussi méchant que ses personnages, Kevin Spacey a levé le voile sur la présence du pire au cœur d'une société qui croit s'en débarrasser en le mettant en scène... Ce qu'on lui reproche va bien au-delà d'un scandale sexuel. Et sa disgrâce est définitive. Comment lui pardonner d'avoir montré qu'il ne suffisait pas d'incarner le pire pour qu'il disparût de la vie ? L'image qu'on brûle n'est qu'un reflet qu'on se donne. De la même façon qu'à la fin du roman de Wilde le portrait redevient intact et le cadavre du personnage porte enfin les traces de tous ses crimes, une fois que l'Amérique aura brûlé Kevin Spacey, il restera une société malade face au souvenir inentamé d'une crapule plus vraie que nature.

Lolita

« Alors, ô ma beauté ! dites à la vermine
— qui vous mangera de baisers –
Que j'ai gardé la forme et l'essence divine
De mes amours décomposés ! »

Charles Baudelaire, *À une charogne*

Le grand roman de Vladimir Nabokov, *Lolita*, est un infâme chef-d'œuvre, un caviar de pus, une langouste à la sauce merde. « Mes juges, dit le narrateur fou, ne verront dans ce texte qu'une turlupinade de fou dépravé, et amateur de fruits verts... » Et pour cause. Car elle a 12 ans, Lolita. Douze ans et sept mois. On nage, dans ce livre, on patauge en pleine pédo-criminalité. Et, qui plus est, nous n'avons sur tout cela que le point de vue du cochon quadragénaire qui pénètre quotidiennement une *nymphette*. Une nymphette, c'est-à-dire (dit-il) « une créature démoniaque, dont le charme est accru par la vulgarité ». Alors que la plupart des jeunes filles ont le visage banalement bête avec des tresses en queue de cochon, Lolita, elle, est une perfection. Une perfection en petite jupe et lunettes noires sur une natte inondée de soleil, ou bien en socquettes blanches sur un court de tennis, parodiant le désespoir, le corps ployé dans une attitude de ballet… Du grain de beauté sur son flanc jusqu'aux vestiges de vernis sur les ongles de ses pieds nus, en passant par l'empreinte crénelée que laisse l'élastique de son short, tout en elle est un tableau.

Et devant tant de beauté, Humbert Humbert (ce sont ses noms), qui a vingt-neuf ans de plus et se fait passer pour son père aux yeux de la loi, se retrouve un peu comme une pieuvre aux tentacules ballantes, ou comme un chien qui dépose une balle et constate, désespéré, que son maître ne joue plus.

Car *Lui* la possède, mais *Elle* se joue de lui.

Et c'est elle, au début, qui se jette dans ses bras, et le laisse frôler avec la piété d'un communiant les lèvres brûlantes et son haleine… C'est elle qui colle ses incisives, puis qui le repousse en le traitant de gros dégoûtant quand il essaie de l'embrasser dans le cou. C'est elle, ELLE, qui essuie ses lèvres sur son épaule après avoir bu dans un gobelet. Et puis qui, dans la nuit, le couvre de baisers fureteurs et voltigeants. Elle qui croit lui apprendre quelque chose en lui montrant que, s'il le souhaite, il peut se masturber. Et lui propose d'échanger des fellations contre de l'argent de poche.

Bien sûr qu'il est trop facile de dire « C'est elle… » ! Et que c'est l'argument classique du prédateur qui dit que c'est sa proie qui l'a aguiché. Reste que Lolita est la confession d'un geôlier que sa prisonnière a détruit. L'aveu d'un dégueulasse vaincu par la beauté. Humbert Humbert est impardonnable de ne pas refuser ce qu'elle-même accepte.

Lui sait ce qu'il fait. Elle-même n'en sait rien. Et soumettre, et torturer son bourreau (comme elle le fait), est aussi, probablement, une façon de s'en défendre. Mais derrière la mauvaise foi du type qui dit « C'est pas ma faute », on entend la détresse qui déclare « Tu es méchante de ne pas m'aimer, moi qui te veux tant de bien… ».

D'ailleurs, c'est elle qui le quitte, un jour, sans drame ni chagrin, et qui en profite pour lui taper 4 000 dollars. Et le narrateur, ce crotale à grelots, se transforme alors en un écrivain extraordinaire dont la plume fixe Lolita en chacune de ses grâces, comme une divinité de chair éternellement boudeuse… longtemps après que la vermine a mangé son petit corps.

Les Nymphéas

> « Çà et là, à la surface, rougissait comme une fraise une fleur de nymphéa au cœur écarlate, blanc sur les bords. Plus loin, les fleurs plus nombreuses étaient plus pâles, moins lisses, plus grenues, plus plissées, et disposées par le hasard en enroulements si gracieux qu'on croyait voir flotter à la dérive, comme après l'effeuillement mélancolique d'une fête galante, des roses mousseuses en guirlandes dénouées. »
>
> Marcel Proust, *Du côté de chez Swann*

Parmi les chefs-d'œuvre de la collection Rockfeller mise aux enchères en mai 2018 chez Christie's figure un des plus beaux *Nymphéas* de Monet. Le peintre impressionniste a tenté de représenter les nymphéas tout au long des trente dernières années de sa vie, et la toile en question a été vendue 95 millions d'euros.

Ce n'est pas cher payé, tant ce qu'elle représente est inestimable.

L'enjeu des *Nymphéas* n'est pas de représenter des nymphéas.

Cela, tout le monde peut le faire. Un dessinateur, un herbier, un photographe, un enfant figure des nymphéas, des meules, des cathédrales ou des nénuphars avec suffisamment de détails pour qu'on les reconnaisse. Si le but de Monet, en les peignant 250 fois, était uniquement de les montrer, la longue série des Nymphéas serait l'histoire d'un échec renouvelé. Ce que représente Monet quand il peint non pas des nymphéas mais les jeux de lumière que les nymphéas *impriment* à son œil malade n'est autre que la « pure présence des choses » (Jacques Darriulat).

L'impressionnisme n'est pas – comme on le croit trop souvent – une école de la subjectivité consistant à peindre ses impressions plutôt que les choses elles-mêmes et à remplacer le monde, en somme, par une certaine façon de l'éprouver. L'impressionnisme est, au contraire, le défi fou que le peintre se donne de saisir *la lumière elle-même* à partir des sensations qu'elle procure, à la façon dont le Narrateur d'*À la recherche du temps perdu* conserve en lui, exactement, « le grelot profus et criard qui arrosait, qui étourdissait au passage de son bruit ferrugineux, intarissable et glacé, toute personne de la maison qui le déclenchait en entrant "sans sonner" ». L'artiste est le thuriféraire d'une sensation qu'il universalise en l'approfondissant.

C'est la raison, la *déraison*, pour laquelle, quand Monet peint les nymphéas, il dissout les nymphéas. Il liquéfie leurs contours, il les mêle à l'eau, qu'il mêle aux frênes, saules et peupliers dont le reflet, lui-même, estompe encore les plantes marines… Quand Monet peint des nymphéas, il n'imite pas la nature, il l'exprime (selon le mot de Frenhoffer à Porbus[1]). Il instille un tremblement dans une eau

1. « La mission de l'art n'est pas de copier la nature mais de l'exprimer ! Tu n'es pas un vil copiste, mais un poète ! s'écria vivement le

morte, il fait varier les reflets, il mélange tout (le brun verdoyant des arbres, le jaune des gynécées et les sépales en émeraude) et, d'un parterre aquatique, soudain, « soit qu'il fît étinceler sous les nymphéas le kaléidoscope d'un bonheur attentif, dit Proust, ou qu'il s'emplît vers le soir, de la rêverie du couchant... il semble les avoir fait fleurir en plein ciel ».

Et quand il comprend ce qu'il regarde, le spectateur est tête en bas.

La preuve que Monet n'a pas échoué, mais, au contraire, qu'il triomphe (et pour l'éternité), tient dans le fait que, quand on a ces tableaux en tête, quand on sent tout ça et qu'on arpente les chemins de Giverny (la maison de Monet, où se trouvent les « vrais » nymphéas), ce qu'on voit quand on les contemple n'est pas seulement un jardin d'eau fendu par un pont japonais, mais d'abord une sorte de firmament dont les chatoiements intermittents figurent les étoiles.

---

vieillard en interrompant Porbus par un geste despotique. Autrement, un sculpteur serait quitte de tous ses travaux en moulant une femme ! Hé bien, essaie de mouler la main de ta maîtresse et de la poser devant toi, tu trouveras un horrible cadavre sans aucune ressemblance, et tu seras forcé d'aller trouver le ciseau de l'homme qui, sans te la copier exactement, t'en figurera le mouvement et la vie. Nous avons à saisir l'esprit, l'âme, la physionomie des choses et des êtres. Les effets ! les effets ! mais ils sont les accidents de la vie, et non la vie. Une main, puisque j'ai pris cet exemple, une main ne tient pas seulement au corps, elle exprime et continue une pensée qu'il faut saisir et rendre. Ni le peintre, ni le poète, ni le sculpteur ne doivent séparer l'effet de la cause qui sont invinciblement l'un dans l'autre ! La véritable lutte est là », Honoré de Balzac, « Le chef-d'œuvre inconnu », *L'Artiste*, août 1831.

Le plan B

Haro sur Angot et bonjour tristesse.

« Pour tous les artistes, être artiste, c'est toujours un *plan B*. C'est toujours ne pas avoir pu faire ce qu'on pensait faire quand on était petits… C'est toujours le résultat, au fond, d'un échec. » Ainsi parlait Christine Angot, sur le plateau d'« On n'est pas couché » (France 2). Une phrase que personne n'a laissée passer.

« Comment peut-elle dire ça ? s'indigne-t-on. Comme si on faisait de l'art faute de mieux… Alors que (c'est bien connu) l'art est un enthousiasme ! Une expérience de liberté ! On ne choisit pas l'art comme on choisit le droit ou la philo après le bac – c'est-à-dire faute d'un meilleur choix ! Plus qu'un choix, ou un repère d'indécis, l'art est une *nécessité…* »

N'en déplaise aux célibataires de l'art qui le consomment sans le pratiquer et se font de la création une représentation tantôt irénique, tantôt douloureuse, l'écrivain Christine Angot n'a pas tort de parler ainsi de son travail. Que dit-elle ? Qu'on rêvait d'être avocat, culturiste, matinalier, instituteur ou médecin, et finalement, faute de mieux, on devient écrivain, comme le plan B de toutes ces ambitions avortées… Qui, parmi les gens qui trouvent ce propos désolant, n'a pas rêvé, d'abord, d'être quelqu'un d'autre, ou de faire autre chose ? Lequel d'entre nous est suffisamment Confucius lui-même pour affirmer que, de toute éternité, la seule vie qu'il désire est la vie qu'il a ? Qui n'a jamais éprouvé le sentiment vertigineux que son existence était la négation de toutes les vies qu'il n'a pas vécues ? Voilà ce que désigne l'échec ! L'échec n'est pas d'échouer. L'échec est de comprendre que nous n'avons qu'une vie alors que nous avons l'appétit pour mille.

Si vous faites cela, vous ne faites pas ceci.

La porte que vous ouvrez ferme à jamais celle que vous n'ouvrez pas.

Chaque décision est un deuil. Chaque instant de la vie est un bouquet de possibles dont une seule fleur survit. Un choix n'est pas un choix. Un choix est une hécatombe. Que reste-t-il de tout ce que nous n'avons pas choisi ? ou de ce que nous avons voulu sans y parvenir ? Que faire de ces fantômes ? À quoi servent nos échecs ?

C'est là que l'écrivain entre en scène.

Parce qu'il est un torero de l'échec. Un alchimiste. Qui fait de la danse avec du chagrin. Et qui console des vies qu'on rate, en nous donnant la chance de les sentir, de les toucher. Les téléspectateurs reprochent à Christine Angot d'avoir dit que « le choix de l'art était un plan B » uniquement parce qu'ils ont du plaisir, en amateurs, à glorifier l'existence de l'artiste incompris. Mais le *plan B*, c'est-à-dire le plan de l'écriture, vaut mieux que ça. Le *plan B* est la surface où toutes les existences ont enfin (simultanément) droit de cité... C'est l'usine de l'écrivain qui transforme en pépite chacune de vos déceptions. Et qui, par la force du consentement à ses propres échecs, parvient (parfois) à mettre l'échec en échec. Le plan B n'est pas un échec. Le plan B, c'est le paradis.

Le démodé est un visionnaire

« On fait des films parlants, on a la T.S.F... et pendant ce temps-là, qu'est-ce que tu fais... des vers ! Voyons, ce n'est pas sérieux !... Des vers, à notre époque ! C'est de l'entêtement, c'est de l'obstination, ça ! On te parle de Megève et tu réponds : Venise !... Mets ta pendule à l'heure, pour l'amour du bon Dieu !... Allez ! Allez ! Courage, mets-toi du cosmétique, aie des pantalons courts jusqu'à cinq heures du soir, apprends à patiner, ne bois plus de vin rouge, fous-nous la paix avec le dix-huitième siècle et, quand tu veux faire l'amour, ne me demande pas chaque fois de me déshabiller ! »

Sacha Guitry, *Un homme d'hier,*
une femme d'aujourd'hui

Ils ont une ligne fixe à l'ère des Smartphones, ils rédigent leur courrier à la main. Pire : ils envoient encore des mails et prennent une « messagerie » pour un « répondeur ». Les démodés sont une proie facile. Personne, d'ailleurs, ne se prive de leur tirer dessus puisqu'en se moquant des inadaptés on se met soi-même en position d'avant-garde.

L'homme qui, parce qu'il est vieux ou bien têtu, refuse obstinément de sacrifier ses habitudes, son exique ou sa lenteur spécifique aux frénésies du présent suscite soit l'agacement, soit le paternalisme ironique de celui qui, corps et âme, appartient à son époque. La personne en qui les usages anciens se sont calcifiés au point de faire partie de lui est un peu comme une porcelaine au milieu des éléphants : il dit « soulier », « Antenne 2 », ou bien « Europe Numéro 1 », son lexique prête à sourire, il rédige à la main les réponses aux invitations qui finissent par lui parvenir, et il est embarrassé quand un rendez-vous saute, car il n'a plus de place sur son agenda…

Traîner sa carcasse dans un monde qui accélère et recevoir quantité de quolibets n'est qu'un dommage collatéral à côté de ce que l'*être-démodé* permet d'entrevoir. Comme l'albatros un peu pataud sur sa barcasse, les ailes du passé l'empêchent d'avancer. Mais comme l'aigle, rien ne lui échappe d'un monde où il n'a pas sa place.

Être démodé, c'est voyager sans bouger. Qui reste immobile quand les temps changent se déplace davantage que ceux qui en épousent le mouvement. Un homme démodé regarde le monde qui l'entoure avec l'œil ahuri qu'on poserait sur un morceau d'avenir. Il s'étonne des bizarreries du présent parce qu'étant incapable de s'y habituer il ne cesse de les découvrir. C'est un Anglais à New York attiré par les gratte-ciel et qu'on reconnaît au fait qu'il est *tête en l'air*. C'est un exilé, un extraterrestre (ou un Persan) qui, depuis la planète de son passé, accorde l'attention qu'elles méritent à toutes les fantaisies du moment, et qu'on néglige de contempler… Ce n'est pas l'avant-gardiste qui chérit le présent puisqu'il veut être *en avant de lui*. C'est l'homme démodé qui, par le refus de s'y adapter, le scrute avec un dégoût passionné. D'ailleurs, il y a toujours un moment (maintes fois mis en scène) où c'est l'homme démodé, le vieux croûton, le vieillard en décalage, qui dit soudain quelque chose de plus juste que les autres. Le démodé, le grand maladroit est aussi le légataire de l'essentiel dans la conscience collective, et la figure héroïque de celui qui ne s'est pas noyé dans le temps.

Le meilleur est l'ennemi du Bien

> « Dieu a choisi entre de différents partis tous possibles ; ainsi, métaphysiquement parlant, il pouvait choisir ou faire ce qui ne fût point le meilleur, mais il ne le pouvait point moralement parlant. »
>
> Leibniz, *Essais de Théodicée*, § 233

Gottfried Wilhelm Leibniz est généralement présenté comme un philosophe « optimiste » parce que la seule citation qu'on connaisse de lui est : « Il y a une infinité de mondes possibles, dont il faut que Dieu ait choisi le meilleur… » Une expression que Voltaire, quarante ans après la mort de Leibniz, avait rendue populaire en la tournant en dérision dans *Candide* – qui continue d'affirmer que tout est pour le mieux dans le meilleur des mondes possibles, alors qu'il traverse quantité de catastrophes…

Leibniz est-il si optimiste qu'il semble l'être ?

Tant s'en faut.

Comment Leibniz se défait-il de l'objection suivante : si Dieu peut choisir n'importe quel monde, pourquoi n'élit-il pas un monde sans injustices, ni torture, ni tsunamis, ni camps de concentration, ni fanatisme, ni attentats, ni épidémies, ni meurtres ?

Le Dieu de Leibniz dispose, comme au supermarché, de la totalité des mondes possibles. Et il peut choisir de donner le jour à celui qu'il veut. À cette limite près que Dieu est bon. Et que, pour cette raison, le seul choix qui s'impose à lui est celui du meilleur. C'est-à-dire le choix de notre monde – puisque c'est lui qui a été choisi. Alléluia.

Aux yeux du métaphysicien, le mal qu'on trouve en ce monde ne s'y trouve pas par hasard. Ou bien Dieu aurait choisi un autre monde que celui-ci... Les crimes, les tragédies sont exigés par le calcul du meilleur qui doit en passer par le pire pour arriver à ses fins.

En ce sens, voir le mal, c'est mal voir.

Si les mœurs de Harvey Weinstein, les tweets de Donald Trump, l'entrisme islamiste, l'homophobie, le racisme, le féminisme intersectionnel, la mort de Dieu, le rire de Thierry Ardisson, le camembert pasteurisé, les slogans de certains gilets jaunes ou les diatribes d'Aude Lancelin semblent à tous des choses horribles, c'est que nous n'avons pas, comme Dieu, la vision d'ensemble. Nous nous arrêtons sur le mal comme devant un mur. Nous regardons le mal comme le spectateur d'un tableau s'arrête à un détail hideux, au lieu de voir que ce détail trouve sa place dans l'harmonie générale... Et à l'intention des myopes comme nous – qui s'indignent du mal sans comprendre que, si Dieu l'a permis, c'est qu'il a une raison d'être –, Leibniz déclare, carrément (*sic*), que « permettre le mal, comme Dieu le permet, c'est la plus grande bonté... » En somme, Leibniz *dissout les tragédies* dans l'hypothèse que Dieu a une intention cachée...

Ce n'est pas de l'optimisme.

C'est du citrate de bétaïne.

C'est un art de digérer les catastrophes en les recouvrant (comme avec du miel) du sentiment qu'elles ont un sens, même si ce sens nous échappe. C'est une façon de fermer les yeux sur le mal, en accusant les autres d'être myopes (à la façon des gens qui, après les attentats du 13 novembre, se moquaient de ceux qui refusaient de tenir les bombardements occidentaux pour les causes d'un tel crime). Bref, c'est une façon de ne pas agir, en se persuadant que l'intelligence, et non la trouille, commande de baisser les bras.

C'est la prothèse qu'on retire. Pas le handicap

« Mal nommer un objet, c'est ajouter au malheur de ce monde. »

Albert Camus

Qu'est-ce qu'on sous-entend quand on dit de quelqu'un qu'il est en « situation de handicap » ?

Au commencement, la *situation de handicap* – opportunément substituée au fait d'être « handicapé » – tient moins à une déficience objective (auditive, visuelle, motrice) qu'à l'inadaptation de l'environnement. La *situation de handicap* désigne non pas le handicap lui-même, mais le décalage entre une déficience et l'indifférence du monde. Dès lors, si l'environnement s'adapte, alors le handicap disparaît. En un sens, le handicap lui-même est *soluble* dans une amélioration des outils, comme une difficulté dont il suffirait de modifier les éléments pour s'en défaire…

C'est là que ça coince.

Que l'expression invite à voir un enjeu de civilisation dans l'adaptation collective aux contraintes du handicap, c'est parfait.

Mais que, par conséquent, elle laisse entendre qu'une personne handicapée n'est, en réalité, qu'*en situation de handicap*, c'est-à-dire n'est handicapée que temporairement – le temps que le monde s'adapte –, c'est injuste et faux. Une personne handicapée n'est pas en *situation de handicap !* Elle *est* handicapée. Le handicap n'est pas un attribut temporaire de l'existence, comme une année de chômage, un vêtement, une *situation* sociale *ou* professionnelle, ou un autobronzant.

Que le monde s'adapte, c'est indispensable.

Que le handicap disparaisse pour autant, c'est faux.

Le handicap n'est pas une situation. C'est un état.

Dénier (implicitement) aux personnes handicapées la persistance de leur handicap, en faisant comme si, au fond, ça n'allait pas durer, comme si ça n'était qu'un malentendu imputable à la *situation*, comme si tout allait s'arranger, en somme, avec un *retour à la normale*, c'est méconnaître le handicap à l'instant même où l'on croit en prendre soin.

Car le handicap n'est pas une déviation temporaire, mais un mode d'existence à part entière : un aveugle de naissance n'est pas exactement un *non-voyant* – il n'a pas davantage été privé de la vue que nous ne sommes privés d'ailes dans le dos… L'univers du handicap a ses trouvailles, son génie, son langage propre, en un mot : sa singularité. Ce n'est pas un moindre monde, un purgatoire temporaire, d'où l'on sortirait par la grâce de la technique. Mais un univers original, riche en soi, compétitif en bien des domaines et dont les contours (et la valeur) n'ont rien à voir avec une *situation*.

Le théorisme

> « L'exaspération contre la police est la forme qu'a prise, à ce moment-là, la revendication d'une reconquête contre un appareil d'État, qui, presque physiquement, nous étouffait. »
>
> Geoffroy de Lagasnerie

C'était le mercredi 18 mai 2016, vers 12 h 30, quai de Valmy, à Paris : une voiture de police était prise à partie par des manifestants « antifas » qui, après en avoir brisé les vitres, ont lancé un fumigène à l'intérieur, et agressé le policier qui en est sorti.

Avant leur procès devant le tribunal correctionnel de Paris, le sociologue Geoffroy de Lagasnerie dénonça, dans *Libération*[1], en défense des accusés du quai de Valmy, une « vision réductrice » de la séquence qui, en insistant sur la violence des agresseurs, en « empêche toute appréhension politique »...

De même que chez Platon, les « yeux de l'âme » voient mieux que ceux du corps, le regard compréhensif du sociologue doit l'emporter sur l'œil répressif de la justice. Lagasnerie y explique notamment qu'il faut « comprendre les ressorts qui ont

1. Dans une tribune publiée le 14 septembre 2017.

contribué à façonner des sujets contestataires ». Il faut se souvenir, rappelle-t-il, « de la tension qui régnait lors du mouvement contre la loi Travail : la brutalité d'un gouvernement prétendument de gauche qui entendait imposer une loi de régression sociale en utilisant l'article 49-3 à l'Assemblée et en décourageant la contestation par la force : contrôles d'identité, gazages, matraquages... L'affaire du quai de Valmy est un produit de ce contexte : elle est le résultat de l'intransigeance du gouvernement de l'époque, notamment Manuel Valls et Bernard Cazeneuve, dont les méthodes se rapprochaient plus de la technocratie autoritaire que de la pratique démocratique ».

Peut-être ses arguments sont-ils excellents.

Le problème est de laisser entendre que le délit de fracturer une voiture de police (pour y jeter un fumigène avant de frapper les fonctionnaires qui en sortent) est soluble dans la manifestation d'une causalité socio-économique. Il n'y a rien à dire au rappel, par la sociologie, qu'un comportement délictueux est aussi, souvent, l'expression d'un rapport de force : pour connaître un phénomène, enseigne Spinoza, il faut l'inscrire dans la série des causes qui le précèdent. Mais quand la sociologie présente l'explication comme une excuse, elle devient *théoriste*.

Le théorisme désigne le recouvrement du réel par la théorie.

C'est une modalité du déni par excès de compréhension : « Quand nous regardons les images de l'agression quai de Valmy, écrit Lagasnerie, *plutôt que d'orienter notre regard vers les quelques individus agissants*, nous devons voir la violence d'une séquence politique... » Seulement, ce qu'on voit quand on regarde les images, ce n'est pas une séquence politique, mais, tout bêtement, des gens qui brûlent une voiture de police. Le savant enchaînement des causes et des effets, la prise en compte des rapports de force, l'historique des violences policières, la dureté (présumée) des lois Valls ou Cazeneuve... tout cela recouvre imparfaitement l'évidence d'un fumigène qu'on jette dans le coffre d'une voiture.

Il est vrai que Lagasnerie n'appelle jamais explicitement à l'acquittement des protagonistes... Il laisse entendre qu'il le souhaite, mais il ne le dit pas. La fin de son texte est infiniment modérée : le sociologue réclame juste qu'on « affronte ces questions » et qu'on en « tire les leçons » – ce qui est excellent, mais n'engage à rien. Le sociologue lève le poing, mais il n'a pas de mains ; il crie, mais il fait attention à ce qu'il dit. Il ne défend pas les incendiaires, mais il montre qu'il le fait. Il fait mine d'entrer dans l'arène, mais l'altitude de son propos le préserve de la confrontation, et le vague de sa conclusion le préserve de l'engagement. Ultime vertu du théorisme : il permet de fuir l'arène tout en fustigeant l'ordre établi.

L'excellence rend justice à l'apprenti

> « Socrate : Le dieu Theuth, inventeur de l'écriture, dit au roi d'Égypte : "Voici l'invention qui procurera aux Égyptiens plus de savoir et de mémoire : pour la mémoire et le savoir j'ai trouvé le remède [*pharmakon*] qu'il faut." – Et le roi répliqua : "Dieu très industrieux, autre est l'homme qui se montre capable d'inventer un art, autre celui qui peut discerner la part de préjudice et celle d'avantage qu'il procure à ses utilisateurs. Père des caractères de l'écriture, tu es en train, par complaisance, de leur attribuer un pouvoir contraire à celui qu'ils ont. Conduisant ceux qui les connaîtront à négliger d'exercer leur mémoire, c'est l'oubli qu'ils introduiront dans leurs âmes : faisant confiance à l'écrit, c'est du dehors en recourant à des signes étrangers, et non du dedans, par leurs ressources propres, qu'ils se ressouviendront ; ce n'est donc pas pour la mémoire mais pour le ressouvenir que tu as trouvé un remède." »
>
> Platon, *Phèdre*

D'où vient l'idée reçue selon laquelle les filières d'apprentissage seraient toutes des pis-aller ? À quoi tient l'indéracinable sentiment que, quoi qu'on en dise publiquement et malgré toutes les pudeurs de la doxa, l'apprentissage demeure une vie de garage ? L'antique dévalorisation du travail manuel vient de loin. Non pas de Platon, mais de l'idée qu'on se fait de ses idées. L'une des lectures les plus répandues (et les plus caricaturales) de la pensée de Platon est d'y voir un dualisme du corps et de l'âme.

L'âme, dont la vocation est de chérir la vérité qu'elle entrevoit.

Le corps, qui couvre de son ombre le regard, entrave la connaissance et fait peser sur la vertu le fardeau de la matière.

Par extension, au fil de l'Histoire, ce dualisme simpliste est devenu un dualisme moral entre, d'un côté, la pureté, la connaissance et le travail intellectuel, et, de l'autre, la souillure, le mélange, le vice et le travail manuel... L'idée grotesque selon laquelle le travail manuel (c'est-à-dire l'*apprentissage*) est un enseignement de seconde classe, un enseignement de moindre qualité ou de moindre valeur, descend, en ligne directe, de cette mauvaise lecture de Platon qui traduit en termes moraux la supériorité de l'âme sur le corps.

Heureusement, et comme souvent, Platon est aussi le remède à ce vieux dédain.

« La justice, enseigne-t-il au livre IV de *La République*, n'est ni l'égalité ni l'équité ni l'ascension sociale, mais l'harmonie entre les parties de l'âme. » Le métier que vous faites n'a aucune importance. Peu importe que vous soyez cordonnier, souverain, agriculteur, philosophe ou apprenti, la seule chose qui compte – et qui est juste – est la façon dont vous le serez. L'essentiel est qu'en ce vaste ensemble à forme humaine qu'on appelle une cité, vous développiez les compétences qui sont les vôtres. « La nature, écrit Platon, n'a pas fait chacun de nous semblable à chacun, mais différent d'aptitudes, et propre à telle ou telle fonction[1]. » Une cité juste est comme un individu dont les organes, de la digestion à la réflexion, accomplissent leur fonction sans se plaindre, chacun dans son registre. Une cité bien ordonnée (à la fois sage, courageuse, tempérante et juste) exige avant tout que chacun exerce la tâche qui convient à sa nature et que la perfection prévale en chacune de ses parties – comme un corps suppose que, du bas-ventre jusqu'à l'âme, chaque instance fonctionne adéquatement. Le critère du jugement n'est jamais l'activité qu'on exerce, mais la seule qualité du travail accompli. L'équilibre nécessaire à la sauvegarde des cités, comme des entreprises ou des nations, suppose uniquement que chacun soit un aigle en son domaine.

1. Platon, *La République*, livre II.

Il faut cultiver notre jardin

> « Vous entendrez dire que ces hommes travaillent pour la gloire et qu'ils tirent leurs joies les plus vives de l'admiration qu'ils inspirent. Erreur profonde ! On tient à l'éloge et aux honneurs dans l'exacte mesure où *l'on n'est pas sûr d'avoir réussi.* »
>
> Henri Bergson, *L'Énergie spirituelle*

La fable du « laboureur et ses enfants », de Jean de La Fontaine, rend immanquablement heureux quiconque la lit de près.

Chacun connaît à peu près la situation de départ :

« Un riche laboureur sentant sa mort prochaine
Fit venir ses enfants, leur parla sans témoins.
"Gardez-vous, leur dit-il, de vendre l'héritage
Que nous ont laissé nos parents.
Un trésor est caché dedans.
Je ne sais pas l'endroit ; mais un peu de courage
Vous le fera trouver, vous en viendrez à bout.
Remuez votre champ dès qu'on aura fait l'août.
Creusez, fouillez, bêchez, ne laissez nulle place
Où la main ne passe et repasse..." »

Et le père passe ! Et les fils retournent le champ. Bien sûr, ils ne trouvent aucun trésor (« D'argent, point de caché »), mais le champ leur apporte la fortune, et « le Père fut sage De leur montrer avant sa mort, Que le travail est un trésor ».

La morale n'est pas à la hauteur de la fable. Qui va plus loin qu'un éloge du travail ou de la réussite. La réussite elle-même n'est pas l'enjeu. Le succès (dont le trésor est la métaphore) n'est qu'un lièvre dans cette histoire. C'est en évoquant sa possibilité que le père obtient de ses enfants le comportement qu'il faut avoir pour marcher avec assurance en cette vie. « L'agitation et la chasse est proprement de notre gibier, nous ne sommes pas excusables de la conduire mal et impertinemment : de faillir à la prise, c'est autre chose », dit Montaigne. Qu'importe le bout du chemin, seule compte la façon de l'arpenter.

« Le laboureur et ses enfants » est une fable sur le *don* de la confiance. Comment donner à quelqu'un la force d'avoir confiance en lui ? La réponse que La Fontaine apporte à cette question est extraordinaire, car, au départ, la confiance se donne *sur un mensonge*. Le père ment à ses enfants quand il leur dit qu'il y a un trésor enfoui. Et par ce pieux bobard, il les incite à accomplir ce dont ils sont capables. Il leur donne la force d'assumer leur force, et d'en porter les effets aussi loin que la persévérance le permet. Donner confiance consiste à manipuler quelqu'un suffisamment pour qu'il adopte l'attitude qui, immanquablement, lui donnera confiance. Aussi le père ne ment-il pas tant que ça, puisqu'il suffit aux enfants, pour trouver le trésor qu'ils vont chercher, de comprendre que le trésor est dans l'acte même d'entreprendre, ou de chercher. La seule défaite est de ne rien faire.

(À l'attention des morveux qui font grève avec un pouce dans la bouche)

L'université n'est pas votre Maman

Dans *Bananas*, de Woody Allen, le général Vargas (une sorte de Fidel Castro de l'État fictif de San Marcos) décrète, le jour de sa prise de pouvoir, que, désormais, sous son gouvernement, tous les enfants de moins de 16 ans… auront 16 ans (les citoyens plus âgés pouvant, eux, garder l'âge qu'ils ont).

Ce n'est pas si bête.

En disciples de Fidel Castro (plus que de Woody Allen), les étudiants grévistes de 2018 (à Toulouse, à Bordeaux, à Tolbiac) ont réclamé un « 10 améliorable » aux partiels de fin d'année, c'est-à-dire la garantie, quelle que soit la copie rendue, qu'ils obtiendront la note minimale de 10 /20. Traduisons-le : si vous avez plus de 10/20, vous gardez votre note, mais si vous avez moins de 10… *en réalité*, vous avez 10 ! Il suffisait d'y penser. On devrait d'ailleurs étendre ce dispositif à toute forme d'examen : si vous passez le permis de conduire, par exemple, et que vous n'avez pas eu le temps de réviser le Code, pas de problème ! Tous ceux qui auront moins de trente-cinq bonnes réponses auront les trente-cinq bonnes réponses ! C'est merveilleux.

On s'est longtemps moqué, à bon droit, des anciens soixante-huitards embourgeoisés, qui, tout en gardant une tendresse pour leurs passions révolues, se soucient de la villa qu'ils loueront pour l'été... Mais ceux-là ont, au moins, cinquante ans de plus qu'eux-mêmes ! Qu'un individu mette un demi-siècle pour devenir un croûton, c'est excusable. Dans le cas des étudiants grévistes, il n'y a aucun délai entre la révolte et l'embourgeoisement. La contestation du système est aussitôt assortie de la demande faite au système de garantir, par la notation, à celui qui le conteste les moyens de l'intégrer. On veut bien tout casser et pendre le dernier flic avec les tripes du dernier député, mais à condition d'obtenir nos diplômes et un emploi !

Il existe bien, dit Tocqueville, « une passion légitime pour l'égalité qui élève les petits au rang des grands », mais il se rencontre aussi « un goût dépravé pour l'égalité, qui porte les faibles à vouloir attirer les forts à leur niveau, et qui réduit les hommes à préférer l'égalité dans la servitude à l'inégalité dans la liberté ». En l'occurrence, ce *goût dépravé* pour l'égalité (qui n'est qu'une façon de rester dans l'enfance et de parler à l'État comme on parle à ses parents) prend la forme du « 10 améliorable », qui, loin de mettre tout le monde à la même enseigne, abolit fictivement l'inégalité par la notation, et confond la conquête d'un droit (passer un examen) avec la revendication d'un passe-droit (obtenir la moyenne, parce qu'on a fait la grève). De sorte qu'on en vient à présenter la revendication d'avantages exorbitants pour une défense de l'intérêt général. Et un caprice de gnome pour une mesure de liberté.

D'un certain « pouvoir de révocation »

« On peut brusquer les événements. On ne va pas attendre 2022 pour gouverner… notre vocation à gouverner existe à tout moment… »

C'est l'avocate et militante Raquel Garrido qui l'a dit, au terme d'une des nombreuses conférences tenues dans le cadre des « amphis d'été » à Marseille, organisés par La France insoumise à la fin de l'été 2017. Une parole que Jean-Luc Mélenchon lui-même a traduite un peu plus tard par une formule directement inspirée de l'assureur MMA : « Pas de bla-bla, du combat[1]. »

Le problème, c'est que ça ne veut littéralement rien dire : en démocratie, les majorités ne changent pas à tout moment, mais au gré des élections présidentielle et législatives – c'est-à-dire (en ce qui concerne la France) en 2022. Qu'on le veuille ou non, et à moins d'un coup d'État, tout le monde attendra 2022.

Cette phrase n'a donc aucun sens.

Mais elle a une fonction.

Faire croire aux gens (ou, plus finement, le leur laisser entendre) qu'ils peuvent révoquer leurs dirigeants. Les entretenir dans l'illusion (vieille

1. « Zéro tracas, zéro bla-bla… MMA ! »

comme la démocratie) que *le « peuple », ou l'idée qu'on s'en fait, a plus d'importance que les électeurs.*

Même dans l'hypothèse (improbable) où les Insoumis seraient aujourd'hui le premier parti de France, le fait de dire, comme Raquel Garrido ou Jean-Luc Mélenchon, qu'ils pourraient arriver au pouvoir *avant* 2022 revient à laisser entendre (sans y croire soi-même, surtout quand on est élu) que la durée légale d'un mandat compte moins que le temps accordé par le peuple à celui qu'il a investi. Une élection ne vaut rien… Le Président qui déplaît se voit révoqué comme une vieille concubine. La *décision* des électeurs passe après le *bon plaisir* des électeurs.

Il est important de soutenir des revendications et de défendre des droits, mais il est démagogique de dire aux gens qu'ils vont renverser le pouvoir avant le terme d'un mandat. Une chose est de porter des doléances, tout autre est de menacer d'un coup d'État si elles ne sont pas entendues. En affirmant que la souveraineté du peuple n'est pas intermittente, mais permanente – et qu'il suffit, en somme, à un Président d'être impopulaire pour être congédié –, Raquel Garrido en appelle à un monde où, le pouvoir étant sommé de plaire, les gouvernants ne disent au peuple que ce qu'il aurait plaisir à entendre.

Un enfant gâté est davantage pris au sérieux par ses parents (dans la mesure où ces derniers exécutent ses quatre volontés et ne se contentent pas de promesses qu'ils ne peuvent pas tenir) que le peuple français ne l'est par des gens qui lui racontent ce genre de fable. Si les élections obéissent à un calendrier, et si, n'en déplaise aux Insoumis, entre deux scrutins, les électeurs ne peuvent pas révoquer la personne qu'ils ont élue, ce n'est pas pour priver le peuple de sa souveraineté, mais pour éviter la démagogie de celui qui, pour se faire élire tous les jours, devient le courtisan de ses électeurs. Le pouvoir de révocation par le peuple, c'est un coup d'État permanent.

Le coup d'État social

Née avec les ordonnances du gouvernement d'Édouard Philippe sur le Code du travail, « coup d'État social » est l'expression dont La France insoumise et son leader charismatique, Jean-Luc Mélenchon, ont fait leur cri de ralliement au début du quinquennat Macron.

Seulement…

Comment parler d'un « coup d'État » quand le pouvoir est parfaitement élu ?

Et peut-on parler d'un « coup d'État » à propos d'une réforme dont les avantages et les inconvénients font l'objet d'un débat entre les salariés eux-mêmes ?

En parlant de « coup d'État social », La France insoumise ne décrit pas une situation, mais reprend un credo : ses partisans s'inscrivent dans le sillage de Marx – aux yeux de qui la démocratie représentative et les débats parlementaires ne sont qu'une mascarade, dont le seul but est d'asseoir la domination des maîtres sur leurs esclaves. Les partis qui feignent de s'écharper dans l'arène capitonnée du Parlement ne sont en réalité que les gardiens de puissants intérêts… Aussi, chaque élection n'est-elle que le renouvellement du *coup d'État social permanent* que la bourgeoisie impose aux travailleurs. Le

Parlement démocratiquement élu (aux yeux d'un marxiste) *institutionnalise l'inégalité*. C'est la raison pour laquelle le philosophe Alain Badiou parle de « capitalo-parlementarisme ».

Ce n'est pas Macron, le « coup d'État social » (pas davantage que ce n'était Sarkozy, Hollande, Giscard ou Mitterrand). C'est l'idée même de gouvernement. D'ailleurs, à moins d'entrer eux-mêmes au gouvernement (et encore), tous les partis communistes de toutes les démocraties de toutes les époques depuis le XIXe ont toujours interprété les élections comme une défaite annoncée pour la classe ouvrière : pour éviter ce coup d'État institutionnel permanent, la rue (dite « démocratie réelle ») doit prévaloir sur le Parlement. Ou, du moins, laisser entendre que c'est son intention. Ce qui permet de comprendre tous les discours des Insoumis autour du thème « La démocratie, ce n'est pas tout le pouvoir au Président, ni une fois tous les cinq ans, c'est dans la rue que ça se gagne, etc. ». Le problème (ou la contradiction) étant que ces discours sont portés... par des députés. Les Insoumis sont des élus qui dénoncent un coup d'État. Ce sont des représentants qui détestent la représentation. Ils vont à l'Assemblée, mais ils y vont sans cravate. Ils sont dedans et dehors à la fois, un pied sur la moquette et un pied dans la rue. Ils claquent la porte, mais ils restent à l'intérieur ! Et ils voudraient tenir, *de l'intérieur*, le discours de l'extériorité... Le résultat est que, comme ils appartiennent aux deux mondes, leur protestation a paradoxalement pour effet de maintenir le statu quo.

Rien n'est plus inoffensif qu'une demi-colère.

Ceux qui l'éprouvent ressemblent à ces piétons furieux qui se jettent sur votre portière pour vous casser la gueule, mais, qui, s'apercevant que la portière est ouverte et que le conducteur est tout à fait disposé à se battre, la claquent aussi fort que possible. Pas fous, les mécontents.

De la démocrature

> « Pourquoi vois-tu la paille qui est dans l'œil de ton frère, et n'aperçois-tu pas la poutre qui est dans ton œil ? »
>
> Matthieu 7, 3-5

La France serait-elle une « démocrature » (ou « une démocratie qui tend de plus en plus à la remise en cause de l'État de droit ») ? C'est ce qu'affirmait, en septembre 2017, le député France insoumise Adrien Quatennens – reprenant l'argumentaire développé dans l'hebdomadaire *Marianne* par ses camarades Ugo Bernalicis et Danièle Obono sous le titre « L'état d'urgence est mort. Vive l'état d'urgence ! ».

Dans l'esprit des Insoumis, « démocrature » correspond à la transposition annoncée, dans le droit commun, de certaines dispositions de l'état d'urgence. C'est la contamination de la démocratie par l'arbitraire, à l'image du mot lui-même de « démocratie » progressivement envahi par celui de « dictature ».

Qu'ils aient – ou non – raison de le penser, ils revisitent, de cette façon, la vieille question de savoir si la sécurité doit prévaloir sur la liberté au sein d'un espace démocratique. Pour le dire simplement :

jusqu'où faut-il aller trop loin dans la protection des personnes ? Et sommes-nous en danger quand la démocratie restreint la liberté au profit de la surveillance ?

Ce sont d'excellentes questions qu'il faut inlassablement poser au législateur, sous peine de s'éveiller un jour en marge de l'État de droit.

Seulement, la « démocrature » ne désigne pas uniquement la dialectique bien connue de la liberté et de la sécurité, sinon toutes les démocraties seraient des « démocratures » (en particulier en période d'attentats). La « démocrature » désigne, plus profondément, un *processus* qui conduit de la démocratie *vers* la dictature... au nom même de la démocratie !

Quand on fait entrer, en France, des dispositions de l'état d'urgence dans le droit commun, les promoteurs de cette initiative (Édouard Philippe, Gérard Collomb et l'ensemble du gouvernement) ont au moins la décence de la présenter comme une restriction nécessaire des libertés face au danger terroriste.

Au Venezuela, à l'inverse, l'amputation de la liberté n'est pas présentée comme une concession à la sécurité, mais comme une augmentation de la liberté.

Au Venezuela, c'est au nom de la paix qu'un Président élu ordonne l'usage des armes à feu contre les manifestants. C'est au nom de l'État de droit que la police torture les prisonniers. C'est au nom de la vérité que le président Maduro fait fermer les médias. C'est au nom de la justice que les opposants sont arrêtés sans mandat. Enfin, et surtout, c'est au nom du peuple et de la démocratie réelle qu'une Assemblée constituante a dépouillé le Parlement légitime de tous ses pouvoirs.

Le propre d'une « démocrature » (que la France n'est pas) est que l'édification d'un État autoritaire n'est pas l'effet d'une restriction (temporaire) des libertés, mais le résultat d'une *falsification de la liberté* qui, en son nom, transforme un pays entier en prison.

D'abord on décide, après on hésite

> « Qu'est-ce qu'un homme révolté ? Un homme qui dit non. Mais s'il refuse, il ne renonce pas : c'est aussi un homme qui dit oui, dès son premier mouvement. »
>
> Albert Camus, *L'Homme révolté*

« Je vais prendre pour la première fois la décision la plus difficile de ma vie. Je ne veux plus me mentir. Je ne veux pas donner l'illusion que ma présence au gouvernement signifie que nous sommes à la hauteur… Et donc, je prends la décision de quitter le gouvernement. »

À première vue, la démission de Nicolas Hulot est le résultat d'une série de déceptions, et du constat que le pouvoir en place n'a pas pris la mesure de la « tragédie climatique ». L'anaphore qui précède l'annonce de son retrait est conçue pour donner ce sentiment : « Est-ce que nous avons commencé à réduire nos émissions de gaz à effet de serre ? *La réponse est non.* Est-ce que nous avons commencé à réduire l'utilisation des pesticides ? *La réponse est non.* Est-ce que nous avons commencé à enrayer l'érosion de la biodiversité ? *La réponse est non.* Est-ce que nous avons commencé à nous mettre en situation d'arrêter l'artificialisation des sols ? *La réponse est non…* » À l'entendre, on imagine volontiers Nicolas Hulot devant son miroir – au lendemain d'un arbitrage budgétaire défavorable, d'une polémique sur Notre-Dame-des-Landes ou d'un pas de côté gouvernemental sur le glyphosate – se dire : « Mais merde, qu'est-ce que je fous là ? Suis-je avaleur de couleuvres ? »

Pourtant, Nicolas Hulot ne dit pas de mal du gouvernement ni de ses membres, refuse que son départ fasse l'objet d'une récupération politique, et salue lui-même le fait que la France a fait « plus de petits pas dans la bonne direction » que l'ensemble de ses partenaires européens. Le départ de Nicolas Hulot n'a rien à voir avec la désertion de Jean-Pierre Chevènement pendant la première guerre du Golfe[1] ou la première démission de Jacques Chirac[2]. Dans le cas Hulot, le démissionnaire n'est pas belliqueux. Et d'ailleurs, après son départ, les éléments de langage de la majorité n'étaient pas de défendre l'action gouvernementale contre d'éventuelles critiques, mais de dire à la fois la fierté du travail abattu et l'impatience d'en faire davantage.

Comment expliquer que cette démission soit à la fois sans appel et si peu virulente ?

Comment expliquer que les raisons que Hulot donne à son geste n'aient pas été tellement, à sa propre demande, brandies par l'opposition comme un constat d'échec ?

1. « Un ministre, ça ferme sa gueule ou ça démissionne », avait déclaré le démissionnaire, en 1991, dans une sentence qui disait à la fois sa propre insolence et son profond respect des institutions.

2. « Je ne dispose pas des moyens que j'estime aujourd'hui nécessaires pour assumer efficacement mes fonctions de Premier ministre… » (1976)

En vérité, la décision qu'il a prise n'était pas consécutive, mais préalable aux raisons qu'il lui donnait. Hulot n'a pas démissionné *parce que* le gouvernement n'en faisait pas suffisamment, mais il a étayé la décision liminaire de rendre son portefeuille (et de quitter la politique) par l'énoncé de l'immense travail qui restait encore à accomplir. Ce n'est pas la même chose.

L'usage (ou l'illusion logique) est de distinguer quatre temps dans le processus de décision : la conception, la délibération, la décision et l'exécution. Et de faire comme si les raisons qu'on donne à une décision précédaient cette décision. Or, les actes mentaux qu'on appelle « délibération » ne sont pas séparables de la décision elle-même, mais immanents à cette décision. Qui veut tuer son chien l'accuse de la rage. Qui veut fumer tombe à point nommé sur un médecin qui lui explique les vertus (imaginaires) d'une ou deux cigarettes quotidiennes. Qui veut tromper sa femme se persuade aisément qu'il est cocu (et que son propre comportement n'est, en somme, qu'une mesure de rétorsion). Qui veut voter dans un sens brandit opportunément les raisons de son vote… qui eussent été différentes s'il avait décidé de voter pour le camp d'en face. Qui veut divorcer découvre soudain, après dix ans de vie commune, de nouveaux défauts insurmontables à son conjoint. Qui veut démissionner, enfin, gémit sur la pesanteur des contraintes qu'il connaissait en acceptant son poste. L'erreur que nous faisons est de croire qu'on hésite *avant* de décider, alors que, dit Jankélévitch : « Une expérience vraiment contemporaine de l'action démontre, au contraire, qu'on délibère après avoir résolu, bien plutôt qu'avant de résoudre… tout se passe comme si le moment des hésitations n'était, en quelque sorte, qu'une petite comédie inconsciente que nous nous jouerions à nous-mêmes pour être en règle avec l'intelligence et pour légitimer rétrospectivement une décision qui, au fond, était arrêtée bien à l'avance dans notre esprit. La décision est ainsi le plus souvent préformée dans la délibération, qu'elle gouverne par le dedans, loin d'en procéder à la suite d'un verdict abstrait. »

Et c'est la raison pour laquelle, à l'en croire, Hulot ne savait pas, en entrant dans le studio, qu'il allait annoncer son départ du gouvernement : la décision de partir était prise depuis longtemps. Restait au décisionnaire-démissionnaire à en prendre conscience et (sous l'effet des maïeuticiens qui l'interrogeaient) à trouver les mots pour l'annoncer. Mais ses paroles, qui ont valeur d'explication, n'ont pas valeur de cause. Hulot n'avait pas encore décidé, mais il *était décidé*. Il ne lui restait qu'à y consentir, comme on consent à ce qu'on sait.

Hulot n'a pas démissionné parce que l'écologie serait le parent pauvre de l'action gouvernementale (ou parce que, la veille de son annonce, l'Élysée avait divisé par deux le prix du permis de chasse), mais parce qu'il n'est tout simplement pas fait pour la politique, ni pour les compromis que suppose l'exercice du pouvoir. Si Hulot a démissionné, et s'il a décidé de le faire (en un sens, au moment même où il a accepté de devenir ministre), ce n'est pas la faute de telle ou telle politique publique, mais la faute de la politique elle-même et des déceptions qu'elle inflige aux hommes de bonne volonté. Si Hulot est sorti du jeu, ce n'est pas parce que l'écologie est négligée (ce qu'elle est certainement), mais parce que, comme dit Raymond Aron, après avoir lui-même démissionné du RPF : « Dans la jungle, la velléité ne pardonne pas. »

La décision

« L'État capitule devant des hordes de voyous… »

Christian Jacob, janvier 2018

Contrairement à ceux qui s'en plaignent (et dont l'opinion sur cette question est uniquement dictée par l'intérêt qu'ils trouvent à l'existence d'un aéroport en cet endroit), l'abandon de la construction de l'aéroport de Notre-Dame-des-Landes n'est pas une perte de l'autorité de l'État. La perte d'autorité eût été de ne pas décider.

En la circonstance, une décision a été prise, une décision souveraine.

Emmanuel Macron et son Premier ministre, Édouard Philippe, avaient clairement le choix entre deux options dont les avantages et les inconvénients politiques étaient comparables. D'ailleurs, nul ne savait vraiment ce qu'ils allaient décider.

C'est à Carl Schmitt qu'il faut faire appel pour comprendre le moment politique que nous avons vécu à cette occasion. Aux yeux du juriste allemand, l'État n'est pas neutre, l'État n'est pas sans volonté : au principe de la souveraineté se trouve une décision. Une décision individuelle que rien ne précède, mais qui se soutient toute seule, et qui, *d'autorité*, rétablit le droit quand la situation est inextricable. C'est ce qu'a dit Édouard Philippe à propos de la ZAD : « Nous mettrons *fin à la zone de non-droit* qui prospère depuis dix ans sur cette zone. » Quelle que soit la décision, une décision que rien ne précède remet du droit là où il n'y en avait plus. Qu'on soit pour ou qu'on soit contre l'aéroport, l'essentiel est de décider. Aux yeux de Carl Schmitt, l'acte de décider est plus important que la nature même de la décision qu'on prend. « Il n'y avait pas de bonne décision », dit Édouard Philippe, tout en présentant sa décision comme « claire et irrévocable »... avec pour seul objectif de sortir d'une situation de blocage.

Pour ou contre l'aéroport, au fond, on s'en moque. Ce qui compte est de gouverner. Ce qui compte est que la souveraineté (qu'il appelle aussi le « pouvoir suprême ») supprime le désordre en imposant le droit.

François Hollande n'a jamais pris de véritable décision. Chaque fois qu'il a fait quelque chose, que ce soit le remplacement de Jean-Marc Ayrault, les bombardements contre Daech ou la crucifixion de Cahuzac, il en avait le pouvoir mais il n'avait *pas le choix*. En la circonstance, malgré cinquante années de conflit, le Président et son Premier ministre avait le choix, et se sont souvenus que – comme dit Hobbes[1], que Schmitt adorait citer – « c'est l'autorité, et non la vérité, qui fait la loi ».

1. Hobbes, *Léviathan* (1651), livre I, chapitre VI, tr. fr. Tricaud, Sirey, 1971, p. 48.

Planer, avant le décollage

« Je ne pourrais croire qu'à un Dieu qui saurait danser. »

Friedrich Nietzsche, *Ainsi parlait Zarathoustra*

C'est le seul moment où, juste avant le décollage, alors que l'avion s'ébroue, l'équipage nous demande de retirer nos écouteurs et de lui accorder *quelques instants d'attention* – ce que les passagers ne font pas, évidemment.

Le cérémonial des consignes de sécurité, dispensées par un personnel blasé à des voyageurs qui le sont tout autant, met face à face des gens qui gigotent sans y penser, et des spectateurs qui regardent ailleurs. Boucler sa ceinture ? Chacun sait le faire. Enfiler un gilet de sauvetage ? Personne n'aura à le faire. Rien n'est plus inutile.

Mais c'est leur inutilité même qui rend *lesdites* consignes intéressantes, parce que l'attention qu'on leur porte dépasse le calcul de l'intérêt. La beauté d'un geste est ordinairement recouverte par le sens qu'on lui donne. Mais un geste inutile se donne à voir pour lui-même, pour ce qu'il est, pour ce qu'il montre, et non plus, bêtement, pour ce qu'il dit. Et quand on regarde ainsi le cérémonial des consignes de sécurité dans un avion, ce n'est plus une obligation légale et fastidieuse que l'on contemple, mais une danse, un haka, un moment de nô... La chorégraphie qu'un automate offre à un aveugle en signe de bienvenue.

Bouchez-vous les oreilles...

N'écoutez pas la voix qui dit : « Les issues de secours, signalées par un panneau EXIT sont situées à l'avant, au centre et à l'arrière de l'appareil. » Et alors... vous avez sous les yeux le spectacle insensé d'un personnel en tenue de combat qui synchronise une brasse coulée d'un genre nouveau dont les bras s'écartent davantage à chaque mouvement, et où c'est le dos (et non plus la paume) de la main qui repousse l'eau.

Et si vous n'entendez pas « Un marquage lumineux vous indiquera le cheminement vers ces issues », vous verrez soudain deux mains jointes en direction du sol qui s'élèvent en un geste où certains voient une offrande et d'autres une défense par choc génital avec le tranchant de la main quand on est ceinturé à hauteur des coudes...

Puis le rite bascule dans l'érotisme sans retenue.

Sous nos yeux ébahis, les masques *tombent*, on s'*oxygène*... Les ceintures *s'attachent et se détachent de cette façon*, et enfin, bouquet final, arrive l'heure du gilet, avec la tête dans l'encolure et les sangles si serrées qu'on fait gonfler en tirant sur les poignées toutes rouges avec les doigts bien écartés... Non, vraiment. Quand on oublie la raison d'être de ces consignes, on découvre un ballet.

Peut-on faire un doigt d'honneur à une caméra de surveillance ?

C'est l'histoire d'un automobiliste poursuivi pour avoir fait un doigt d'honneur à deux radars automatiques en train de le flasher, et qui a été finalement relaxé par le tribunal correctionnel de Roanne, alors que le procureur demandait de deux à quatre mois de prison ferme à son encontre…

Heureusement. Une caméra n'est pas un homme !

Certes, malgré ses dénégations (« À ce moment, explique-t-il, j'étais en discussion avec ma compagne, et j'étais énervé, car elle parlait de son ex-compagnon. Le doigt d'honneur lui était destiné… » – ce qui n'est pas très glorieux), il est évident que le type n'insultait pas la caméra, mais l'appareil d'État et les fonctionnaires qui se trouvent derrière elle. Mais cela n'a aucune importance ; qu'il ait, ou non, destiné son doigt d'honneur à la caméra de surveillance, l'automobiliste ne peut pas, en démocratie, être condamné pour ça. Comme dit son avocat : « L'outrage à une machine n'existe pas. Donc l'outrage à une personne par extension n'existe pas non plus. » Relaxe !

Quand on démonte une caméra de surveillance (ce qui n'est pas malin), ce n'est pas comme si l'on crevait les yeux d'un fonctionnaire. La *délégation* ne s'étend pas si loin. Une caméra de surveillance n'est qu'une caméra. Et quand on fait un doigt d'honneur à une caméra de surveillance, c'est à un symbole qu'on s'adresse, pas à une personne. Le corps de l'État n'est pas un corps physique. Sinon, chaque dégradation volontaire de biens publics serait jugée comme une agression : le moindre mégot écrasé serait un acte de torture, la moindre déjection canine serait une humiliation de la chaussée, l'occupation d'une fac serait un kidnapping, un feu brûlé serait une vraie brûlure et n'importe quel graffiti serait jugé comme une scarification sous la contrainte... Faire un doigt d'honneur à une caméra de surveillance est aussi grave que de faire une grimace à un trottoir.

J'étais un jour place Tian'anmen, à Pékin.

Et dans ce Disneyland ultra-kitsch truffé de militaires avec un gigantesque pot de fleurs en son milieu, il y a tellement de caméras de surveillance que le moindre signe obscène peut être interprété comme une offense et vous envoyer directement en prison. Or, c'est le propre des régimes totalitaires. La dureté d'une dictature ne vient pas du contenu de ses lois, mais du fait que l'irrespect de la loi est aussi répréhensible, à leurs yeux, que l'agression d'une personne. Là est la véritable *personnalisation du pouvoir* ! La personnalisation du pouvoir, ce n'est pas seulement un dictateur qui se prend pour un Dieu. C'est aussi, plus sournoisement, le moment où le pouvoir se prend lui-même pour un homme qui se vexe quand on lui fait un doigt d'honneur et qui, par conséquent, se venge quand il exerce la justice.

Les poissons-globes (esquive par l'hyperbole)

Lorsque l'écrivaine Céline Pina rédigea un long article[1] à charge sur l'humoriste Yassine Belattar, ce dernier réagit modestement par la déclaration suivante : « Encore une qui souhaite la mort des musulmans… » Autant accuser d'Hiroshima l'enfant qui met un pétard dans une fourmilière.

Le sens de la réponse est noyé dans l'outrance. Et pourtant, malgré le ridicule du procédé, ce genre d'esquive par l'hyperbole est très répandu dans le débat public…

Le journaliste Edwy Plenel, par exemple, avait réagi exactement de la même manière (ajoutant l'imposture à l'hyperbole) lorsqu'il avait présenté comme une « guerre aux musulmans » le portrait de sa moustache en une de *Charlie Hebdo*. De même, quand Charline Vanhœneker, découvrant qu'Alexis Corbière avait été rémunéré par l'État pour ses interventions dans les médias pendant la campagne présidentielle, se moqua un peu de celui qu'elle appelle son « collègue du service public », l'épouse du moqué,

1. Céline Pina, « Yassine Belattar au Conseil présidentiel des villes : qui Macron choisit-il d'écouter ? », *Libération*, 16 mars 2018.

Raquel Garrido, accusa aussitôt l'humoriste de se mettre (*sic*) « au service des puissants ».

Tout cela relève d'une stratégie mieux identifiable sous le nom de « syndrome du poisson-globe ». Tout comme le poisson-globe (ou fugu) se gonfle d'eau quand il se sent en danger, le syndrome du poisson-globe consiste, en cas de critique, à se donner l'ampleur d'un emblème, ou la valeur d'un symbole. Le but est d'accroître artificiellement sa propre importance afin de transformer en offenses capitales (et universelles) les reproches qu'on reçoit. On se gonfle à l'hélium pour être certain que la flèche nous atteigne. Ainsi, quand on critique Belattar ou Plenel, c'est un peu comme si on assassinait Malcolm X ou Lawrence d'Arabie, et quand on se moque d'Alexis Corbière, c'est comme si on abattait Gavroche.

Or, c'est à la littérature, comme souvent, que ces autruches opportunément susceptibles empruntent leur échappatoire.

Au premier acte de *Cyrano de Bergerac*, l'acteur Montfleury (« Un acteur déplorable qui gueule, Et qui soulève avec des han ! de porteur d'eau, Le vers qu'il faut laisser s'envoler ! »), convaincu que les marquis prendront sa défense en cas d'esclandre, brave l'interdiction que Cyrano lui a faite de monter en scène. Les conséquences sont terribles pour lui : « Coquin ! Ne t'avais-je pas interdit pour un mois ? Roi des pitres ! Hors de scène à l'instant... » Et Montfleury, tremblant – tel Plenel ou Belattar qui se prennent soudain pour l'ensemble des musulmans –, se prend lui-même pour la Muse de la comédie en personne : « En m'insultant, Monsieur, vous insultez Thalie ! »

Pathétique réplique, que dépasse la réponse de Cyrano pour s'adresser à tous les poissons-globes de tous les temps…

« Si cette Muse, à qui, Monsieur, vous n'êtes rien,
Avait l'honneur de vous connaître, croyez bien
Qu'en vous voyant si gros et bête comme une urne,
Elle vous flanquerait quelque part son cothurne. »

Autrement dit : quand on se déguise en symbole pour échapper aux arguments, on mérite la fessée.

« Ce n'est pas ça qui intéresse les Français » (esquive par l'altitude)

« Le Président est occupé avec des choses qui sont d'un tout autre ordre. »

Aurélien Taché, député LREM
(à propos de l'affaire Benalla)

L'une des dérobades favorites de l'homme politique embarrassé consiste à disqualifier la question qu'on lui pose en faisant valoir que « ce n'est pas ça qui intéresse les Français... ». L'esquive par l'altitude offre le double avantage d'échapper à son propre embarras tout en faisant la morale à celui qui vous y a mis... Tel Rousseau convaincu d'échapper à l'énorme chien danois qui fond sur lui en accomplissant « un grand saut si juste que le chien passât sous [lui] tandis [qu'il] serait en l'air » avant que le chien, « n'ayant pu retenir son élan », se précipitât sur ses deux jambes et, le choquant de sa masse et de sa vitesse, le fît « tomber la tête en avant[1] », les politiques adorent échapper à une question

1. Jean-Jacques Rousseau, *Rêveries du promeneur solitaire*, « Deuxième promenade ».

en la dénigrant – par le décret qu'elle n'est pas à leur hauteur ni (par conséquent) à la hauteur des électeurs...

Quand on parle, par exemple, de Florian Philippot à Marine Le Pen, ou de ses voyages en première classe à Jean-Luc Mélenchon, ou de sœur Emmanuelle à Laurent Wauquiez (qui s'est vanté, sans vergogne, d'avoir été son ami, avant d'être démenti), si l'on observe que le cache des ordinateurs de la web TV Le Média recouvre des logos de La France insoumise, ou si l'on demande à une députée LREM comment elle cuisine les pâtes qu'elle est désormais « obligée de manger »... Bref, chaque fois qu'on pose une question gênante, c'est toujours la même réponse indignée qu'on reçoit : « Comment ? Vous vous dites journaliste, et c'est *ça* qui vous intéresse ? Alors qu'il y a tant de sujets importants... le racisme, le chômage, l'inflation, la dette ou le sexisme ! »

Quand on l'accule, le politicien de bas étage (qui flatte volontiers les bas instincts de son peuple) accuse. À la seconde où *il* est coincé, il mute soudain, pour échapper à la question, en dispensateur de sagesse présumant que les Français s'intéressent uniquement à des sujets sérieux (ce qui est faux, d'ailleurs. Ce qui intéresse les Français, c'est ce qui les amuse. Et la mauvaise foi du type qui – pour se sortir d'un mauvais pas – se déguise en demi-Dieu, que voulez-vous ? c'est hilarant).

Jean-Paul Sartre décrit le procédé dans *L'Être et le Néant :* une femme, raconte-t-il, se rend à un premier rendez-vous – tout en sachant très bien les intentions du Monsieur. Au début, tant que le type la drague à distance, elle est tranquille. Il la regarde, il lui parle gentiment, il lui raconte des trucs, il lui fait des compliments, qu'elle écoute... Il lui dit « Je vous admire » (ce qui veut dire « J'ai envie de vous »), mais elle feint de l'entendre au pied de la lettre... Et, ce faisant, « elle désarme cette phrase de son arrière-fond sexuel, elle attache aux discours et à la conduite de son interlocuteur des significations immédiates qu'elle envisage comme des qualités objectives ». Bref, tout va bien. Le désir et son ambiguïté restent sous contrôle. Mais soudain – comme un méchant journaliste pose une question fâcheuse –, sentant qu'il a peut-être une chance de parvenir à ses fins, le type précise ses intentions et lui prend la main. Cet acte risque de changer la situation de Madame, en appelant une décision immédiate...

Que faire ? Abandonner à l'oiseleur la petite main qu'il a saisie ?

Ce serait s'engager.

Retirer cette main ?

Ce serait briser le charme.

Alors, tel Jean-Luc Mélenchon invoquant l'idéal de justice sociale quand on lui parle du coût de ses voyages, « elle entraîne son interlocuteur jusqu'aux régions les plus élevées de la spéculation sentimentale... Et pendant ce temps, la main repose inerte entre les mains chaudes de son partenaire... ». Elle a échappé à la requête en prenant la route du ciel, frayant ainsi la voie à tous ceux qui, à sa suite, élèveront le débat parce qu'ils redoutent l'odeur de leurs pieds.

Le monde de la tautologie

« La France doit pouvoir compter sur *une droite qui soit vraiment de droite* », a déclaré le tautologue Laurent Wauquiez lors d'un discours en Haute-Loire qui lançait sa candidature à la présidence du parti Les Républicains.

Qu'est-ce qu'une droite *vraiment de droite* ?

C'est exactement ce qu'on imagine (qu'on y adhère ou pas) : une « droite vraiment de droite » est une droite qui assume de défendre des valeurs sulfureuses dans un monde égalitaire, comme le travail, les racines chrétiennes de la France, la famille à deux sexes et l'idée de nation… Rien de nouveau là-dedans.

Ce qui est intéressant, c'est la tournure de style : la répétition tempérée par un adverbe (« droite *vraiment* de droite ») désigne, en fait, une amélioration. La droite *vraiment de droite* relève de ce que Clément Rosset appelle « la tautologie didactique, ou édifiante[1] » qui « prétend attirer l'attention sur le fait qu'une chose quelconque est la chose qu'elle est, sans qu'il y ait quelque possibilité que ce soit de modification ou d'altération ». Or, il n'en est rien

1. Clément Rosset, *Le Démon de la tautologie, suivi de Cinq petites pièces morales*, Éditions de Minuit, 1997, p. 32-33.

dans le cas de Laurent Wauquiez. Comme lorsqu'on dit « un sou est un sou » : sur le papier, c'est une tautologie, mais en vérité c'est une façon de dire qu'un sou vaut plus que lui-même quand on n'en a pas beaucoup... Ou bien dans *Les Bijoux de la Castafiore* quand la cantatrice déclare : « On a beau dire, Tristan Bior, c'est Tristan Bior ! » – ce qui veut dire que, pour elle, Tristan Bior est *vraiment* ce qu'il y a de mieux...

La tautologie édifiante est aux antipodes du « Je dirais même plus » cher aux Dupondt. Car les Dupondt commencent par « Je dirais même plus », mais ils disent la même chose. Alors que Wauquiez dit la même chose (droite de droite) tout en disant quelque chose de plus. « Une droite vraiment de droite » est une expression qui joue sur les deux tableaux de la fermeture et de l'ouverture : elle s'enferme sur elle-même (en se répétant) tout en donnant le sentiment qu'elle s'augmente par cette précision : une *droite vraiment de droite* est une droite qui veut s'étendre tout en se contractant.

La conséquence de ce double mouvement est à trouver dans le discours lui-même, réduit, comme en cuisine, à ses éléments les plus prévisibles, et destiné aux éléments les plus crédules de la base : « La droite est de retour, elle va se relever, on fait renaître l'espoir, c'est un destin commun... » On dirait une comptine. En cherchant la conquête par le repli, ou la rénovation par le rappel des valeurs, Wauquiez se condamne tout seul à tenir un discours le plus attendu qui soit... Non parce que qui que ce soit attendrait son discours, mais parce qu'il s'adresse uniquement aux gens qui pensent déjà comme lui. Wauquiez n'est pas le candidat de toute la droite, mais le candidat des gens qui, à droite, sous le prétexte d'être « vraiment de droite », ont la faiblesse de réduire la vérité à ce dont eux-mêmes ne doutent pas. La dureté leur tient lieu de densité.

Pour que la France « reste la France »

Après la « droite vraiment de droite », Laurent Wauquiez a inventé « la France [qui] reste la France ». Force est d'admettre, une fois de plus, que sous un aspect rudimentaire, les tautologies de Wauquiez abritent maints paradoxes.

D'abord, le patron de la droite française est évasif par excès de précision.

Rien n'est plus flou que la France dont il parle.

Elle n'est ni belle, ni grande, ni républicaine, ni blanche ni quoi que ce soit, non... Elle est *la France*. Son seul attribut est elle-même. Rien n'est plus indécis, ni (pourtant) plus précis. En affirmant que la France *est* la France (et doit le rester), Laurent Wauquiez se dispense précisément de dire *ce qu'est* la France. Défendre la France lui permet de ne pas dire ce qu'il défend. C'est brillant. Une fermeté d'apparat est posée comme un couvercle sur un néant d'idées.

Le deuxième étonnant paradoxe de cette profession de foi est qu'elle a l'ambition de se donner le passé pour avenir : « Que la France *reste* la France » signifie que la France *a été la France*, et qu'elle est en péril de ne plus l'être. Autrement dit, mon *projet* est un *rejet*, et mon *projet* est un *regret*. Le regret d'une

France révolue que sa décadence, elle-même imaginaire, nimbe indûment de toutes les perfections.

Le troisième paradoxe est le plus beau, le plus profond, et nous est fourni par le souvenir de Molière. Dans le *Tartuffe*, à la scène IV de l'acte I, quand Orgon est sommé par son frère Cléante d'expliquer l'amour immodéré qu'il porte au dévot, les raisons que donne le maître de maison ressemblent, à s'y méprendre, au slogan des Républicains : « Mon frère, dit-il, vous seriez charmé de le connaître, et vos ravissements ne prendraient point de fin. C'est un homme… qui… ha… un homme… *un homme enfin.* » Si Orgon aime Tartuffe, ce n'est pas en raison d'éventuelles qualités objectives, mais uniquement parce que Tartuffe est… Tartuffe ! Et la seule chose qu'Orgon demande à Tartuffe, c'est (sans savoir qui il est) que *Tartuffe reste Tartuffe*. Comme tout amoureux dont l'amant fait l'objet d'une élection massive et immotivée, Orgon ne peut rien en dire d'autre. Dépourvu de qualités objectives, Tartuffe ne peut avoir aucun défaut. Le vague dont le sentiment lui-même s'entoure est la raison pour laquelle Orgon pardonne tout à Tartuffe (ne lui demandez pas pourquoi) : ce dernier peut courtiser sa femme et mentir éhontément, Orgon s'en fiche, car Orgon aime Tartuffe, quoi que fasse Tartuffe et qui que soit Tartuffe… Exactement de la même manière que Laurent Wauquiez croit aimer son pays en refusant, par exemple, qu'on en dise du mal ou qu'on s'attarde sur ses pages sombres. Dans le slogan « Pour que la France reste la France », la France ne fait pas l'objet d'une *conception*, mais d'une *fascination* qui, à l'image d'Orgon devant Tartuffe, refuse de connaître l'être (ou le pays) qu'il encense.

L'impopularité heureuse

> « Quand on est président, on est responsable du temps qu'il fait. »
>
> Nicolas Sarkozy

Trois mois après son élection, la popularité d'Emmanuel Macron a soudain connu un étonnant trou d'air et chuté de 24 points pour recueillir uniquement 40 % d'opinions favorables. Était-ce un handicap ou une liberté, pour le Président ?

La question est centrale en démocratie où, à l'exception du général de Gaulle, tous les Présidents sont (avant, parfois, d'être réélus) plus longtemps impopulaires que l'inverse. Ce fait-là prouve au demeurant que l'impopularité d'un Président ne tient pas seulement à un programme ou à des décisions, mais d'abord à la position éminente qu'il occupe et qui fait de lui le bouc émissaire de tous les maux. Il est, pour cette raison, à peu près impossible (à moins d'être en guerre) d'être au pouvoir sans que l'impopularité croisse avec le dépit.

L'erreur serait d'y voir une entrave à l'action.

En politique, l'action n'est entravée que par le souci de plaire.

C'est exactement de cette contrainte-là (inévitable en campagne) que vous débarrasse l'impopularité (une fois que vous êtes au pouvoir). Un candidat doit plaire à chacun. Un Président doit gouverner tout le monde. Ce qui est l'inverse.

C'est l'une des raisons pour lesquelles Alain Juppé (pendant la campagne présidentielle) était favorable, pour lui-même, à un septennat non renouvelable qui, le dispensant d'être à nouveau candidat, lui aurait permis de rester impopulaire (et donc efficace) jusqu'au bout.

Croire que l'impopularité d'un Président puisse le conduire à la démission, c'est avoir une conception publicitaire du politique, et soumettre le pouvoir non pas à la souveraineté du peuple, mais à la nécessité de le séduire en permanence. Écoutez Rousseau : « La domination même est servile quand elle tient à l'opinion : car tu dépends des préjugés de ceux que tu gouvernes par les préjugés. Pour les conduire comme il te plaît, il faut te conduire comme il leur plaît. Ils n'ont qu'à changer de manière de penser, il faudra bien par force que tu changes ta manière d'agir[1]. »

Si Angela Merkel avait eu peur de l'impopularité, elle n'aurait pas accueilli autant de migrants. En prenant le risque de défendre l'impopulaire abrogation de la peine de mort *avant même son élection*, François Mitterrand montrait par là qu'il avait la stature d'un Président. Si Helmut Kohl avait eu peur de l'impopularité, il y aurait peut-être encore aujourd'hui deux Allemagne. À l'inverse, si Jacques Chirac n'avait pas eu peur de l'impopularité, il n'aurait pas changé dix fois d'opinion durant sa carrière ni passé douze ans à arroser les braises au lieu de tenir ses promesses.

1. Jean-Jacques Rousseau, *Émile ou De l'éducation*.

L'heuristique de la peur

> « Agis de façon que les effets de ton action ne soient pas destructeurs pour la possibilité future d'une telle vie. »
>
> Hans Jonas, *Le Principe responsabilité*

L'ouragan Irma, qui a sévi dans l'Atlantique entre fin août et début septembre 2017, a tous les attributs du monstre. C'est un titan de 1 000 kilomètres, dont les vents atteignent 350 kilomètres/heure, qui a pris des proportions dantesques en traversant l'Atlantique, dont la température, disent les experts, est anormalement élevée... Mais en réalité, Irma n'est pas un monstre. Irma (qui a causé tant de dégâts, notamment à Saint-Martin) est une conséquence. Irma est le résultat, objectif et identifiable, du réchauffement des océans.

La question n'est pas ici de savoir si l'homme en est responsable.

La seule certitude dont nous disposions est que le réchauffement des océans est la cause directe d'Irma. Voici un point sur lequel climato-sceptiques et catastrophistes doivent s'entendre : qu'on pense, ou non, que l'homme est responsable du réchauffement des océans, on ne peut pas ne pas penser que le réchauffement des océans soit la cause d'Irma !

Ce qui permet de poser directement une question aux climato-sceptiques : que voulez-vous faire ? Vous dites-vous : puisqu'il n'est pas certain que l'homme soit responsable du réchauffement des océans, à quoi bon changer nos comportements ? Ou bien : puisqu'il est *possible* que l'homme soit responsable du réchauffement des océans, alors faisons *comme si c'était le cas ?*

Comment trancher entre ces deux attitudes ?

Le philosophe Hans Jonas aide les climato-sceptiques à sortir du dilemme dans un livre qui s'appelle *Le Principe responsabilité.*

Partant du principe que la technique moderne est devenue une menace et qu'à force de soumettre la nature l'humanité s'est confrontée seule au plus grand défi qu'elle ait jamais eu à relever, un défi dont dépend sa propre survie, Jonas développe, pour relever ce défi, ce qu'il appelle l'« heuristique de la peur ».

La peur ne signe pas l'échec de la raison, mais son prolongement par d'autres moyens. La seule façon, enseigne Jonas, d'éviter la menace est de l'anticiper. La seule manière d'éviter le pire est d'en prévoir l'arrivée. Quand la technique était moins puissante, nous étions dispensés de redouter le futur. Jonas le dit en latin : « *In dubio pro malo.* » Autrement dit, dans le doute, il faut retenir l'hypothèse la plus pessimiste. En cas de doute, mieux vaut abandonner les usages dont les effets sont peut-être ceux-là. Il ne s'agit pas d'affirmer qu'« Irma » est la conséquence de nos comportements, et que ça n'est qu'un début… mais de dire que c'est possible. De dire que, dans le pire des cas, il y a un doute sur la responsabilité de l'homme, et que, *dans le doute,* nous n'avons pas le choix. Qu'on soit convaincu de la responsabilité de l'homme dans le réchauffement climatique ou qu'on ait un doute à ce sujet, la logique et la prudence commandent de faire *comme si* l'homme était responsable… En matière de climat, la peur est toujours bonne conseillère.

Nos sensations sont-elles une objection ?

> « In the East, it could be the COLDEST New Year Eve on record. Perhaps we could use a little bit of that good old global warming that our country, but not other countries, was to pay TRILLIONS OF DOLLARS to protect against. »
> *(sic)*
>
> Donald Trump, Twitter, 29 décembre 2017

« Comment pouvez-vous dire que la Terre se réchauffe, alors qu'il n'a pas fait aussi froid depuis longtemps ? » Après le grand froid qui s'est abattu sur la France en février 2018, cet argument (pourtant rudimentaire) contre l'hypothèse du réchauffement climatique a, de nouveau, été maintes fois brandi.

Peut-on dire, en réponse aux sceptiques, que les « épisodes glaciaux » sont, eux aussi, des symptômes du réchauffement climatique ? et leur opposer l'hypothèse que la disparition de la banquise, modifiant la circulation des vents polaires, provoque des incursions d'air glacial aux latitudes moyennes de l'Europe ou des États-Unis, et donc d'inhabituels grands froids ? Qu'une telle hypothèse soit efficace et avérée (ou non), il est fascinant qu'il suffise, aux yeux de gens parfois raisonnables, de dire « Moi, j'ai froid ici et maintenant » pour contredire l'augmentation tendancielle des températures moyennes vraisemblablement causée par les émissions de gaz à effet de serre... Comment un argument aussi sot peut-il résister ? D'où vient qu'une parole aussi stupide puisse avoir les reins aussi solides ?

Du fait – encore plus sot – que, dans l'esprit de chacun, « réchauffement » signifie qu'il fait tout de suite (et toujours) plus chaud. Comme dit Jean-Marie Le Pen, dans un tweet parfait : « Brr Brr... on se caille les miches ! Ceux qui dénoncent le réchauffement climatique sont désespérés. » Ceux qui mesurent la réalité d'un phénomène à l'aune du sens qu'ils donnent eux-mêmes au mot qui le désigne ressemblent aux enfants allongés sur le dos et les jambes en l'air jouant à croire que leur pied est plus grand que la Lune ou qui décrètent que la Terre est plate parce que l'horizon est aussi plat que la règle de leur bureau. Comme « réchauffement » paraît signifier « augmentation de la chaleur », ils lui objectent l'expérience palpable du froid qu'ils éprouvent. Et affirment sérieusement qu'il ne peut pas faire *plus* chaud puisqu'eux-mêmes ont *plus* froid.

Si un discours aussi faible est aussi répandu, c'est qu'en réduisant le *réchauffement* à l'idée qu'il s'en fait il s'autorise à tenir une expérience pour un contre-argument. Et en réhabilitant l'*impression* d'avoir froid, il oppose la réalité d'une épreuve (« On se caille les miches ») à l'abstraction d'une théorie (« La Terre se réchauffe »). En un mot, il réduit le *réchauffement* à la hausse du mercure... et brandit opportunément l'expérience qui dit le contraire. Aussi n'est-il pas rare que les gens qui disent en substance « Le réchauffement, c'est bidon, puisque moi j'ai froid » se présentent aussi comme les défenseurs du réel face aux illusionnistes qui nous font croire au réchauffement alors qu'on se *caille les miches*. Or, l'illusionnisme n'est pas d'affirmer le réchauffement climatique malgré le froid polaire, mais de se prendre pour la mesure de toute chose et de *nier* le dérèglement climatique, malgré les vagues de froid qui (peut-être) en témoignent aussi.

Les plaintifs

> « Ah ! jeunes Dieux, vous avez foulé aux pieds les Lois antiques, et vous avez arraché cet homme de mes mains ! Et moi, couverte d'opprobre, méprisée, misérable, enflammée de colère, ô douleur ! je vais répandre goutte à goutte sur le sol le poison de mon cœur, terrible à cette terre. Ni feuilles, ni fécondité ! Ô Justice, te ruant sur cette terre, tu mettras partout les souillures du mal ? Gémirai-je ? Que devenir ? que faire ? »
>
> Eschyle, *Les Euménides*

Il ne faut pas confondre les plaignants et les *plaintifs*.

Dans une société démocratique, la loi prend en charge les plaignants.

Mais à la récré, ce sont les plaintifs qui font la loi.

Les *rois du game*, ce ne sont plus les caïds, mais ce sont les victimes qui vont pleurer dans les jupes de la maîtresse en se frottant la tête d'une main et en désignant leur bourreau de l'autre. Or, le plus souvent, s'ils se frottent la tête, c'est qu'ils cachent une absence de bosse. Mais on s'en moque : les larmes emportent le morceau.

« Maîtresse, dit la petite Caroline[1], il a dit qu'il voulait me gifler ! Je porte plainte. »

« Maîtresse, dit le petit Thomas[2], il a dit que j'étais arriviste et que j'avais retourné ma veste ! Je porte plainte. »

« Maîtresse, maîtresse, dit la petite Rokhaya[3], elle a dit, s'appuyant sur mes propos, que n'étant pas voilée moi-même, j'étais à la disposition des hommes, c'est un appel au viol ! Je porte plainte ! »

Tel Fabrizio Ravanelli, l'ancien attaquant de l'OM – bien connu pour se faire à lui-même des croche-pattes dans la surface de réparation avant de regarder l'arbitre avec un air douloureux dans l'espoir (honteux) d'obtenir un penalty –, les plaintifs sont des filous déguisés en victimes. Ils aimeraient bien ressembler à saint Sébastien ; mais ils ressemblent à Calimero.

Le fait que ce genre de plaintes n'aboutisse jamais et que, dans le meilleur des cas, l'offenseur reçoive

1. De Haas. Qui a menacé Dominique Besnehard d'un procès après que ce dernier a déclaré qu'il avait « envie de la gifler » (mars 2018).

2. Guénolé. L'ancien homme de droite passé à la France Insoumise, qui m'a menacé d'un procès (avant de se rétracter) parce que j'avais émis l'hypothèse de son « opportunisme ».

3. Diallo. Qui a porté plainte en février 2018 contre l'enseignante et essayiste Fatiha Boudjahlat, après que celle-ci (s'appuyant sur l'idée développée par Madame Diallo, selon laquelle le port du voile était une façon de signifier que le corps d'une femme n'était pas à disposition des hommes) a déclaré sur Twitter « Avis à tous les prédateurs… Rokhaya Diallo est un corps à votre disposition ». Fatiha Boudjahlat ne faisait que retourner la logique de son interlocutrice contre elle-même. Mais cette dernière, prospérant uniquement sur le sentiment d'être menacée, a dénoncé un appel au viol et porté plainte. Résultat : un « rappel à la loi » que Madame Diallo a sans vergogne présenté comme une victoire.

un « rappel à la loi » n'a aucune importance. L'enjeu n'est pas d'obtenir réparation (aucun des plaintifs ne l'espère sérieusement).

L'enjeu est d'obtenir *dommage*.

L'enjeu de ce recours abusif à la loi (qui coûte cher, qui ne sert à rien et qui encombre les tribunaux) est d'*objectiver* l'agression, de faire passer, *parce que la loi s'en empare*, une critique pour une offense et une pichenette pour un coup de poing.

C'est la raison pour laquelle on ne voit jamais un plaintif porter plainte sans *dire*, aussitôt, qu'il porte plainte. À la rigueur, s'il pouvait s'épargner le dépôt de plainte lui-même et se contenter du tweet où il annonce qu'il le fait, le plaintif serait content. Car il sait bien que le droit ne fait pas de politique et que sa plainte n'aboutira jamais… Seul compte le vacarme de la plainte, le gémissement collectif.

Certains disent que ces plaintes à répétition prouvent d'abord que la loi est trop laxiste avec un certain nombre d'incivilités. C'est possible. Mais un univers où la loi punit effectivement des choses aussi anodines que les offenses imaginaires dont s'indignent les plaintifs ne serait pas un régime de libertés. Ce serait un régime de terreur. Dans le monde que les plaintifs dessinent en creux, l'insolence est un délit, l'humour est banni et le procès d'intention recevable en justice.

Heureusement, pour l'heure, les tribunaux ne sont pas des bacs à sable.

L'indignation calculée

En amont de la marche blanche du 28 mars 2018 en hommage à Mireille Knoll[1], le président du Conseil représentatif des institutions juives de France (le Crif), Francis Khalifat, a cru bon, dans un tweet dévastateur, de déclarer Jean-Luc Mélenchon et Marine Le Pen *personae non gratae*… Comme si le Crif était puissance invitante, et comme si l'antisémitisme n'était pas l'affaire de tout le monde. Résultat : ils sont venus, ils se sont fait insulter et ils sont repartis, à la grande honte des gens qui les ont chassés.

On peut comprendre, à cet égard, que dans le texte où il revient sur les incidents qui ont émaillé sa participation Jean-Luc Mélenchon ne mâche pas ses mots. Il parle d'un « jour de honte », fustige un « particularisme communautariste arrogant et sans pudeur », une « vindicte d'extrême droite avec la complicité des autorités de l'État », « superstition, fanatisme, racisme, *face hideuse de mon pays* »… Le tribun va même jusqu'à traiter à quatre reprises de « miliciens » les juifs qui s'opposaient à sa présence[2].

1. Octogénaire assassinée à son domicile le 23 mars 2018 parce qu'elle était juive.

2. Accordons à Mélenchon qu'il parlait de l'extrémiste Ligue de défense juive (LDJ), dont les membres ont protégé Marine Le Pen et Gilbert Collard, tandis qu'ils viraient le patron de La France insoumise.

En 1943, les miliciens tuaient des juifs. C'est dire le mal qu'il souhaite à ses censeurs.

L'outrance de ses paroles vient-elle d'une légitime colère ou est-elle une façon de capitaliser sur un mécontentement ? Plus simplement : si légitime soit sa colère, l'Insoumis n'en fait-il pas un peu trop ?

On trouve un élément de réponse à cette question décisive dans le fait que, six jours plus tard, le 3 avril, Jean-Luc Mélenchon était de nouveau chahuté lors de la manifestation des cheminots.

Et comme le 28 mars, les images sont accablantes pour les quelques manifestants qui l'insultent à son passage : « charognard », « salaud », etc. Seulement là, non seulement Mélenchon ne s'en plaint pas, mais, dans un communiqué ahurissant, il présente ces injures (qui, dans le cas du 28 mars, étaient un attentat contre la République ourdi par une milice fasciste) comme le simple fait (*sic*) d'« une ou deux personnes un peu excitées »...

Il est vrai qu'aucun syndicaliste n'avait interdit sa présence avant la manif, à la façon de Francis Khalifat. Les insulteurs-cheminots n'étaient pas, eux, en service commandé, ils l'ont fait spontanément... Mais tout de même ! Qui peut penser que si de telles insanités étaient venues des rangs de militants LR ou LREM (ou du Crif) Mélenchon aurait présenté ça comme des « cas isolés » ? Tant d'indignation d'un côté, et si peu de l'autre !

Comment expliquer cette géométrie variable dans l'indignation ?

Toute indignation politique est à géométrie variable.

Dès qu'un homme politique s'indigne, c'est qu'il veut plaire. Quand il grimpe aux rideaux, c'est qu'il espère monter dans les sondages. L'emphase est une affectation. Dans le cas du Crif, l'intérêt de Mélenchon est de dramatiser ce qui lui arrive, pour se donner à peu de frais le rôle du chevalier républicain qui ferraille contre des hordes communautaires. Mais quand il s'agit des cheminots, son intérêt est de nier les insultes, de feindre un accueil fraternel, de sourire en toute circonstance et de regarder (courageusement) ailleurs quand il se fait distinctement traiter de « charognard ».

La joie mauvaise

> « — Tu me plais, lui dit l'ange, demande-moi ce que tu veux et tu l'obtiendras, mais à une seule condition.
> — Laquelle ? demanda le paysan.
> — Quoi que tu obtiennes, ton voisin obtiendra le double.
> — Alors, crève-moi un œil. »
>
> Conte africain

« Joie pure : la Mannschaft est éliminée. Trop forts, les Coréens. »

C'est en ces termes que Jean-Luc Mélenchon a réagi à la défaite de l'Allemagne face à la Corée du Sud, lors de la Coupe du monde 2018. Quelle que soit la modalité de la joie qui consiste à se réjouir du malheur d'autrui, celle-ci ne peut pas être appelée « joie pure ». Joie mauvaise, joie méchante, bonheur malsain, d'accord. Mais « joie pure », non. Une joie n'est pas pure quand sa source est le fiel. D'ailleurs, Jean-Luc Mélenchon lui-même – détaillant doctement son allégresse dans un second temps – prend à son compte le mot allemand de *schadenfreude*, qui signifie littéralement « se réjouir de ce qui fait du mal ».

Il existe trois façons d'éprouver ce genre de volupté.

La première version de la *joie mauvaise* se trouve dans *À la recherche du temps perdu*, quand l'inoffensive Madame Verdurin dévore littéralement les détails du naufrage du *Lusitania* tout en se régalant d'un croissant trempé dans du café au lait : « Quelle horreur ! dit-elle. Cela dépasse en horreur les plus affreuses tragédies... » Mais, observe Proust, « la mort de tous ces noyés ne devait lui apparaître que réduite au milliardième, car tout en faisant, la bouche pleine, ces réflexions désolées, l'air qui surnageait sur sa figure, amené probablement là par la saveur du croissant, si précieux contre la migraine, était plutôt celui d'une douce satisfaction ». Dans le cas de Mme Verdurin, le naufrage du *Lusitania* n'est pas lui-même la source de la joie. La source de la joie, ce sont les croissants. Mais on peut quand même parler de « joie mauvaise » dans la mesure où le récit pathétique des gens qui se noient complète avantageusement son petit déjeuner. Un peu comme du sel de truffe sur un œuf au plat.

La deuxième forme de joie mauvaise nous est fournie par le poète latin Lucrèce, qui, depuis le rivage, se dit qu'« il est doux, quand les vents troublent au loin les ondes,/De contempler du bord sur les vagues profondes/Un naufrage imminent[1]... ». La différence avec Mme Verdurin vient du fait que le spectacle du naufrage est ici, explicitement, reconnu comme la source de la joie mauvaise. Madame Verdurin se persuade que le naufrage la désole, alors que Lucrèce admet que ça le fait jouir.

1. « *Suave, mari magno turbantibus æquora ventis/E terra magnum alterius spectare laborem* », Lucrèce, *De la nature des choses*, trad. André Lefèvre, Société d'éditions littéraire, 1899.

Seulement, Lucrèce et Madame Verdurin, ces petits sadiques, ont en commun de ne vouloir aucun mal aux gens eux-mêmes dont la souffrance leur donne du plaisir. La victime, tant qu'elle souffre, peut avoir n'importe quel visage. Bref, il n'y a là-dedans rien de personnel, contrairement à l'éjaculation germanophobe de Jean-Luc Mélenchon devant le naufrage de la Mannschaft, qui incarne la troisième (et la pire) forme de joie mauvaise.

Ce n'est pas (comme pour les deux autres) l'égoïsme ni le sadisme qui lui donnent le jour, mais c'est la haine. Et le *nanananananère*. Si Lucrèce avait contemplé un autre naufrage, il aurait joui de la même manière, alors que si l'Allemagne avait battu la Corée, Mélenchon n'aurait pas joui du tout. Ce qui le rend heureux n'est pas le malheur en général (Jean-Luc Mélenchon est tout à fait hostile au malheur en général), mais bien le malheur de l'Allemagne, qui a, comme lui, connu l'échec au premier tour. Ainsi fait la « joie mauvaise » : elle tient l'amertume pour un nectar et le désespoir auquel, cette fois-ci, on échappe soi-même, pour une bonne nouvelle.

Europhobes de tout le continent, unissez-vous !

« Grande et nette victoire de Viktor Orbán en Hongrie : l'inversion des valeurs et l'immigration de masse prônées par l'Union européenne sont à nouveau rejetées. Les nationaux peuvent être majoritaires en Europe aux prochaines élections européennes de 2019 ! » La réaction de Marine Le Pen à la victoire, en Hongrie, du gouvernement de Viktor Orbán est aussi compréhensible que contradictoire.

Idéologiquement, c'est l'évidence. Viktor Orbán et Marine Le Pen, c'est blanc bonnet et bonnet blanc. Tout comme le serait celle du Rassemblement national, la politique économique du Premier ministre hongrois est résolument nationaliste, dépensière, insoucieuse de la dette, et son discours constamment médiaphobe, bruxellophobe et russophile ; Orbán prospère (et entame son quatrième mandat) sur les deux diables opportuns de l'immigration de masse et de l'« islam », et l'administration hongroise est largement sous contrôle (à l'image de Marine Le Pen menaçant de mettre au pas les fonctionnaires non patriotes, si elle était élue). De ce point de vue, il est tout à fait logique que la dirigeante frontiste – dont le discours est identique – se félicite de la victoire du populiste hongrois.

La contradiction, néanmoins, saute aux yeux, quand on songe au septième album du *Chat du rabbin*, de Joann Sfar. On y fait notamment la connaissance de deux personnages très cons, très antipathiques, mais (encore plus) émouvants, qui sont le « rabbin du rabbin » et « l'imam de l'imam »... Les deux ont en commun de ne rien vouloir mettre en commun. Et ils passent leur temps à déplorer (fraternellement) les méfaits de la fraternité. À tel point qu'ils en viennent un jour à constituer le « Comité des juifs et des musulmans qui refusent de prier ensemble... ». Et le comité est actif ! Les intégristes sont nombreux, et se réunissent souvent. Entre eux, des liens se tissent, des amitiés se nouent, en un mot, la *fraternité* fait son œuvre... Tout comme le désir de vivre à distance les uns des autres rapproche Marine Le Pen et Viktor Orbán.

Quelle différence entre des europhobes de plusieurs pays qui fraternisent, et des intolérants de plusieurs confessions qui se réunissent ? Quelle différence entre des nationalistes qui saluent l'*internationalisation* de leurs idées, et des intolérants juifs et musulmans qui communient dans le refus de s'entendre ? C'est la même contradiction. Leur discours est infidèle à leur démarche. Ils fusionnent entre gens dont le programme est d'être séparés. Ils se réunissent pour dénoncer ceux qui voudraient qu'ils vivent ensemble. Et ce faisant, à leur corps défendant, les intégristes qui se soutiennent contribuent au développement de la laïcité, comme les europhobes qui s'européanisent contribuent au développement de l'Europe. L'Europe est aussi l'horizon commun des gens qui communient dans le désir d'être séparés.

L'extrême droite à l'épreuve du pouvoir

Le fait est qu'en valeur absolue, depuis quinze ans, l'extrême droite a considérablement progressé en Europe.

L'arrivée de trois ministres du Parti libéral autrichien (FPÖ) à des postes régaliens en décembre 2017 n'est que le dernier épisode (en date) d'une poussée qui remonte à la fin du XXe siècle. Déjà, en 1999, l'extrême droite faisait partie du gouvernement autrichien. *Idem* en Slovaquie, entre 2006 et 2010, et de nouveau depuis 2016. En Bulgarie, les Patriotes unis ont vingt-sept députés alliés au Premier ministre. Au Danemark, l'extrême droite soutient le gouvernement sans en faire partie. En Norvège, le Parti du progrès compte aujourd'hui sept ministres. Aux Pays-Bas, Geert Wilders a tutoyé les sommets. Et on pourrait également citer Ukip au Royaume-Uni, la Ligue du Nord en Italie, ou encore les seize députés nazis grecs sous l'étiquette « Aube dorée »…

Une telle progression menace-t-elle la construction européenne ? Ou a-t-elle pour effet, paradoxalement, de la renforcer ?

L'idée européenne a tout à gagner à ce que ses concitoyens vérifient la nullité de l'extrême droite quand elle arrive aux affaires (un peu comme la démocratie américaine dont les institutions sont plébiscitées depuis qu'un populiste est à leur tête). Regardez ce qui s'est passé en Finlande : les « Vrais Finlandais » (comme ils s'appellent) ont été divisés et laminés par leur expérience gouvernementale. Regardez l'état du Front national depuis qu'il a passé le premier tour de la présidentielle et que les Français ont constaté l'indigence de sa dirigeante dans les débats cruciaux... Tel est le propre des partis d'extrême droite : *ils sont tellement mauvais qu'ils sont toujours durablement vaincus par leur propre victoire*. Il suffit qu'ils arrivent aux affaires (ou qu'ils montrent le bout de leur nez verruqueux) pour que l'Europe, la démocratie, les droits de l'homme et la tolérance marquent des points.

Peut-on aller jusqu'à dire que, plus l'extrême droite progresse, mieux l'Europe se porte ? Ce serait optimiste. Disons plutôt que plus l'extrême droite *se plante*, mieux l'Europe se porte. Et pour se planter, il faut avoir les leviers en main.

Le philosophe Hegel appelle ça la « ruse de la raison ». L'idée en est simple : le progrès de la raison impose, paradoxalement, de mobiliser l'irrationnel. C'est en *laissant faire* les hommes, en laissant fermenter leurs passions et leurs égoïsmes que l'on gagne, *in fine*, en rationalité. Les acteurs de l'Histoire ne sont, aux yeux du penseur, que les pantins d'une rationalité qui marche en zigzag, à leur insu, *via leurs délires*, vers un monde meilleur... Sans être hégélien, on peut aisément admettre que la meilleure façon d'être séduit par l'Europe (et donc dégoûté de l'extrême droite) est encore de la voir à l'œuvre, et, qu'à ce titre, pour détruire l'extrême droite, nous n'avons besoin que de l'extrême droite.

Le banc de poissons

Les malhonnêtes qui invoquent l'Europe pour dire qu'on leur force la main sont un peu comme les marionnettistes qui miment une agression de leur *propre main*. Ou comme les enfants qui prennent un bain moussant et qui s'amusent à croire que le bout de leur pied, séparé du visage par un océan de mousse, ne leur appartient pas vraiment.

« Emmanuel Macron ne fait qu'appliquer les directives de Bruxelles », a déclaré le député La France insoumise Adrien Quatennens au micro de Jean-Jacques Bourdin, sur RMC.

C'est faux.

L'Europe n'est pas l'URSS ni même les États-Unis.

L'Europe n'existe pas séparément des États qui la constituent, comme une puissance abstraite. L'Europe n'est pas un Léviathan qui, depuis son Olympe, nous enverrait des directives ou nous envahirait en cas de sécession. L'Europe n'est pas un *politburo* anonyme dont les oukases seraient appliqués par un Président zélé. L'Europe est un banc de poissons. Dont l'ensemble prend la forme d'un individu global, mais dont les vingt-huit qui la composent peuvent quitter l'équipe quand ils souhaitent (comme en témoigne le Brexit). L'Europe, aujourd'hui, c'est (essentiellement) le

Conseil européen des chefs d'État et de gouvernement. C'est-à-dire les États membres. Et n'en est membre que celui qui le veut bien. En un mot, l'Europe n'est pas une fédération (comme les États-Unis), mais une confédération. Si les États-Unis fonctionnaient comme l'Europe, il n'y aurait pas de Président et le gouvernement serait composé de tous les gouverneurs, qui, comme c'est le cas du Conseil européen, décideraient de tout à l'unanimité (hormis les nominations)... On fait difficilement moins gouvernable et plus démocratique[1] !

À l'échelle européenne, 95 % des propositions de la Commission (qui a le monopole de l'initiative des lois) sont demandées par les États à l'unanimité. Tout ce que propose la Commission européenne (la courbure des bananes, la hauteur des tables de restaurant, la température des plats chauds, la présence des gastéropodes en zones constructibles ou la taille des graviers), tout ça – qu'on aime tant caricaturer comme la preuve d'une bureaucratie mortifère – a été préalablement demandé par les États.

« Pour faire l'Europe du fric, on est en train de défaire la France », dit Quatennens C'est d'autant plus inexact et outrancier que jamais, jusqu'à présent, dans l'histoire de l'Europe, la France ne s'est vue imposer une décision dont elle ne voulait pas. Pourquoi, dans ces conditions, prospère le sentiment que « c'est Bruxelles qui décide de tout » ?

Parce que l'invocation de « Bruxelles » (c'est-à-dire l'idée d'un monstre froid) permet aux gouvernements

1. L'honnêteté commande de dire que c'est à l'excellent *Les salauds de l'Europe* (Calmann-Lévy, 2017), de Jean Quatremer, que je dois la totalité des objections qui font cette chronique.

en place de présenter comme des contraintes européennes les décisions impopulaires qu'ils ont eux-mêmes choisi de prendre.

Parce que les démagogues se donnent ainsi les moyens de taper sur un monstre imaginaire (l'Europe !) des privilèges duquel ils bénéficient et dont, dans leur grande majorité, ils ne voudraient jamais partir.

Couleur noyade

> « Aucune voix ne lui répondit.
> Il baissa les yeux. Toutes les têtes étaient sous l'eau. Pas un ne s'était levé. Ils s'étaient laissé noyer à genoux. »
>
> Victor Hugo, *L'homme qui rit*

La Seine a pris ses aises au début de l'année 2018. Le fleuve s'est étalé. Une nappe d'eau a recouvert les quais de Paris. Une catastrophe de cette nature est rarement décrite parce que, si rapide soit-elle, elle donne toujours le sentiment de la lenteur. Et que dire, à première vue, d'une flache qui n'a ni la violence d'un séisme, ni la splendeur d'une éruption ou d'un tsunami ? Et pourtant… L'eau morte a souvent le dernier mot.

Ouvrons *L'homme qui rit*, de Victor Hugo.

Il y a trois cent vingt-huit ans, un soir glacial de janvier 1690, dans une anse du golfe de Portland, une dizaine de brigands, vêtus de longues capes rapiécées, s'apprêtent à fuir la police britannique pour rejoindre la France, dans une ourque biscayenne, de coque robuste, appelée *Matutina*.

Au début, tout va bien. Après avoir longé la falaise qui lui servait de paravent, le navire est porté au large par une brise ferme, sur une mer visqueuse et sous un ciel encore clair. Rien ne laisse imaginer que les fugitifs seront bientôt pris en étau entre un vent d'ouest déchaîné, un nuage de neige (comme un morceau de ciel clair dans la nuit) et les brisants d'Aurigny qui menacent la coque si elle dérive à l'est.

Malheureusement, un immense nuage trouble se précipite sur l'ourque, et l'ourque se rue dedans. Comme pour une insulte. Le mât craque et ploie. Son penchement fait par instants avec la mer un angle de 15 degrés, des paquets d'eau traversent le pont comme un déluge, et les passagers hurlent de terreur… mais la bonne quille ventrue de l'ourque adhère au flot comme à de la glu et elle virevolte, admirable, au milieu de l'océan désordonné.

Alors, l'ouragan, « comme un bourreau pressé », écartèle soudain le navire et arrache les huniers, les haubans, le mât… L'épave, précipitée vers les brisants, échappe à la montagne grâce à sa dernière poutre, dont l'équipage se sert comme d'un repoussoir, quand une lame de travers, une « vague-tigre », démembre ce qui reste, emporte le capitaine et réduit l'épave à un radeau.

Puis le vent s'interrompt.

C'est fini.

Tout est fini. La cale est pleine d'eau.

Il n'y a plus de pompe, la Terre est trop loin, la barre a disparu, le gouvernail aussi, et il n'y a pas de rames… Les passagers sont condamnés. Et ces valeureux, qui ont traversé un ouragan, triomphé d'un nuage de neige, survécu à une mer folle et échappé aux rochers en poussant une montagne avec une poutre, sont vaincus par une eau vénitienne, qui, comme la Seine, monte tranquillement. Alors, ils font leur prière, s'agenouillent et se laissent recouvrir en silence par le liquide sombre qui les emporte, tout en les laissant sur place.

Amor fati

> « Au cœur de ma révolte dormait un consentement. »
>
> Albert Camus, *Noces*

« Je vis encore, je pense encore : il faut encore que je vive, car il faut encore que je pense. » Nietzsche écrit cela le 1er janvier 1882, alors qu'il entame, à Gênes, la rédaction du quatrième livre du *Gai Savoir*… Autant dire qu'à cet instant le philosophe est heureux. Si heureux, d'ailleurs, qu'il cède à une tentation dont lui-même délivre ordinairement l'antidote : la tentation (banale entre toutes) de la table rase. La tentation de croire que tout recommence un 1er janvier. Nietzsche pourtant ne voit pas les choses comme ça. Le monde est rarement net, les choses ne sont jamais vierges… Tout est toujours déjà mélangé et même un chimiste n'y retrouve pas ses éléments.

Mais Nietzsche a aussi la faiblesse, parfois, sous l'effet du bonheur (qu'il connaît bien, si rarement), de croire que les débuts existent, et qu'à l'aube de l'année il faut (comme il dit) « permettre à tout le monde d'exprimer son désir et sa pensée la plus chère… ». Or, son désir, qui sera, pour lui, la raison, la garantie et la douceur de vivre, est de considérer comme la beauté ce qu'il y a de nécessaire dans les choses.

Le monde n'a aucun sens et il n'est pas là pour nous faire plaisir.

Mais tout ce qui existe est absolument nécessaire puisque ça existe – contrairement à Dieu. Ce n'est pas la beauté qui est belle, mais l'existence elle-même, dans son ensemble comme en chacun de ses détails… De cette toile d'araignée au « sillon aérien que trace le clair de lune entre les arbres », tout s'explique, rien n'a de sens, et (pour cette raison) tout est beau. Et de ce constat, de cette énergie prodigieuse qui lui donne la force d'aimer le monde sans avoir besoin, pour cela, de lui trouver une signification, Nietzsche déduit une morale et un principe d'action. Ne jamais entrer en guerre contre la laideur ! Trouver la douleur plus intéressante que douloureuse ! Ne jamais accuser personne, pas même les accusateurs ! Ne pas imputer à l'injustice des choses ou des événements les malheurs qui l'accablent (à commencer par ses douleurs intestinales). Et tout cela tient en deux mots : *Amor fati*, l'« amour du destin ».

Nulle renonciation dans cette joyeuse promesse.

L'amour du destin est, chez Nietzsche, résolument affirmateur. L'amour du destin n'est pas de se résigner, mais d'y *consentir*. D'y consentir, ou de dire oui à ce qui ne dépend pas de soi, au lieu de se lamenter et d'ajouter ainsi du malheur à la peine. Et d'aimer les êtres et les instants, qu'ils soient aimables et qu'on les glorifie, ou qu'ils soient détestables et qu'on les dissèque. L'amour du destin n'est pas une façon de plier devant la nécessité, mais d'*éprouver* la nécessité, d'épouser ses commandements et de conquérir en retour, paradoxalement, la force de changer sa vie.

Les chroniques auxquelles vous avez échappé

Et puis il y a les mauvaises idées. Les idées mort-nées. Celles qu'on n'a pas préférées, et qui gisent aux pieds de la mémoire, vieilles vies possibles tenaces comme des cadavres, lentes à se décomposer.

Comme la rafale providentielle qui révéla le crâne chauve de Donald Trump, alors qu'il montait à bord de l'avion présidentiel (on lui a vu le cul de la tête, Montaigne aurait jubilé), ou bien les déclarations du cheikh Béchir Ben Hassen (selon qui « les tremblements de terre en Tunisie sont une mise en garde de Dieu contre les appels à l'égalité dans l'héritage »), ou encore la découverte (par des chercheurs californiens) de la plus vieille empreinte morphologique et chimique de la vie, sous la forme de onze spécimens microbiens…

J'aurais aimé parler des Gilets jaunes, et de la raison pour laquelle une révolte qui n'est pas un amour mais un refus coalise fatalement des intérêts disparates.

J'aurais voulu me demander qui était « Madame Michu », commenter le coup de pied d'un arbitre sur un joueur de foot, trouver les mots pour me moquer de la première Barbie voilée, des taxis roses réservés aux femmes ou de l'emploi du verbe « solutionner » par Alexis Corbière.

J'aurais voulu parler de cette femme[1] qui laisse pourrir l'oreille de son fils, parce qu'elle en a marre d'être celle qui l'emmène chez le pédiatre, ou du jour où, prenant appui sur la rhétorique du Tea Party, Laurent Wauquiez présente la PMA comme l'avant-goût du nazisme, – mais je n'étais plus à l'antenne.

Qui parlera du tweet où la SPA demanda le retrait d'une sculpture (« Domestikator ») installée devant le centre Pompidou, représentant un homme en train de violer une chèvre ?

Qui s'étonnera qu'un fossile de nodosaure exhumé en 2011 soit si bien conservé qu'on y observe la forme des écailles ?

Qui reviendra sur l'exclusion des francs-maçons par le gouvernement Mattarella ? ou sur le jour où Yassine Belattar s'est décrit comme « plus français que Valls » au motif qu'il était né, lui, « à Conflans-Sainte-Honorine » ?

Qui empêchera toutes ces âneries de basculer dans la longue série des sottises oubliées ?

J'aurais aimé critiquer davantage les gens qui vous écrasent de leur supériorité morale, parce qu'on les a, un jour, virés de quelque part. J'aurais aimé dire en quoi la question « à qui profite le crime ? » est toujours une mauvaise question, et revenir sur l'expression « *Force* est de constater ». J'aurais adoré décrire la start-up qui vend des érections sur commande et dépeindre les cheveux mauves de Mélenchon un soir d'émission politique (mauves, comme le sont les cheveux du docteur Cottard, dans le portrait qu'Elstir en propose). J'aurais

1. Titiou Lecocq.

voulu plaindre et célébrer la journaliste chinoise qui lève les yeux au ciel et se voit privée de carte de presse et tenter de comprendre le geste d'une alpiniste contrainte d'abandonner son compagnon pour sauver sa propre vie... etc. Intuitions bancales. Sujets abandonnés. Idées mal enfouies. Cimetière des élans. Mauvaise graine. C'est comme ça.

Index nominum

Remerciements

À Adèle Van Reeth,

Au carré magique de mes enfants,

À mes amis, lecteurs patients,

À mes lecteurs, amis patients,

À Patrick, Hélène, Dora, Donat, Pierre, Jean-Philippe, Nikos et Nicolas,

À Julie, Jérôme, Wendy, Kamel, Matthieu et l'autre Nicolas,

À Gérald et Géraldine, Alain, Marion, Christophe et Émilie,

Thierry, Sonia, Maxime, Axel, David, Laurent,

Aude, Guy, Daphné, Jérôme… etc.

À l'antique Europe 1 et son bleu studio,

Mais aussi…

Aux victimes qui font commerce de leurs cicatrices pour dénier aux autres le droit de parler,

Aux belles âmes satisfaites d'avoir de nobles intentions,

Aux gens qui croient qu'il suffit d'être rigide pour être ferme,

Et à tous ceux qui, par leur mauvaise foi, m'ont donné non pas du fil à retordre, mais du grain à moudre,

Reconnaissance et – n'en déplaise à certains – fraternité.

Table

Du même auteur

Un jeu d'enfant. La philosophie, Fayard, 2007 ; Pocket, 2008.

L'Endroit du décor, Gallimard, 2009.

La Dissertation de philo (dir.), t. I, Fayard, 2010 ; Le Livre de poche, 2011.

Le Philosophe de service et autres textes, Gallimard, 2011.

La Dissertation de philo (dir.), t. II, Fayard, 2012 ; Le Livre de poche, 2014.

Matière première, Gallimard, 2013.

Dictionnaire amoureux de Marcel Proust, avec Jean-Paul Enthoven, Plon/Grasset, 2013.

Le Snobisme, avec Adèle Van Reeth, Plon/France Culture, coll. « Questions de caractère », 2015.

Anagrammes pour lire dans les pensées, avec Jacques Perry-Salkow, Actes Sud, 2016.

Little Brother, Gallimard, 2017.

Morales provisoires, Éditions de l'Observatoire, 2018 ; Le Livre de poche, 2019.

Composition et mise en pages
Nord Compo à Villeneuve-d'Ascq

Achevé d'imprimer en janvier 2019
sur les presses de Normandie Roto Impression s.a.s.
61250 Lonrai (Orne)
N° d'imprimeur : 1805013

Imprimé en France